大陸角度思考下的臺灣問題和平發展

胡文生 著

崧燁文化

目錄

序言
自序

臺灣歷史

臺灣民眾國家認同問題的由來、歷史及現實
  一、殖民地傷痕：臺灣民眾國家認同問題的根源
  二、國民黨在臺統治失誤與臺灣民眾國家認同的惡質化
  三、臺灣社會轉型過程中的國家認同困境

中國歷史上三次收復臺灣之異同比較及其啟示
  一、三次收復臺灣的相異點
  二、三次收復臺灣的共同點
  三、三次收復臺灣對當代中國統一大業的啟示

論儒學傳統與臺灣本土化運動
  一、臺灣本土化運動的基本內涵
  二、當代臺灣本土化運動的內在矛盾
  三、臺灣的文化宿命及其未來發展

論臺灣中學歷史教科書的修訂問題——兼論兩岸史觀的重新連接
  一、臺灣中學歷史教科書修訂的基本脈絡
  二、臺灣中學歷史教科書必須進行撥亂反正
  三、重定臺灣歷史的坐標，實現兩岸人民心靈的連接

臺灣政局

民進黨「臺獨」轉型的現狀及前景評估
　　一、「臺獨」意識形態對於民進黨的意義和價值
　　二、「臺獨」意識形態是民進黨當前所要面對的主要問題
　　三、民進黨「臺獨」意識形態所面臨的諸多困境
　　四、民進黨徹底完成「臺獨」轉型的可能性預測

論民進黨轉型的當前困境及未來走向
　　一、民進黨短期之內無法啟動改革進程
　　二、民進黨改革所要突破的困境
　　三、民進黨需及早啟動二次轉型進程

民進黨的轉型之路能走多遠？
　　一、務實派求轉型，黨中央不急於辯論
　　二、民進黨路線調整任重道遠

民進黨的發展現狀與未來走向
　　一、民進黨發展的基本狀況
　　二、民進黨發展的社會空間及其侷限
　　三、民進黨的發展前景

2008年以來民進黨大陸政策轉型的總體分析
　　一、民進黨大陸政策調整的基本脈絡
　　二、民進黨大陸政策調整的目的及侷限
　　三、現階段民進黨大陸政策的本質及其前景

現階段民進黨大陸政策主要幕僚群體研究
  一、民進黨大陸政策幕僚群體的構成及派系背景
  二、蔡英文大陸政策決策及運行的基本布局
  三、幾點結論

民進黨的世代交替問題及其前景
  一、民進黨世代交替的基本脈絡
  二、民進黨新世代的構成及其政治特點
  三、當前民進黨世代交替的基本特徵及其前景

「王馬之爭」及對臺灣政局的影響
  一、「王馬之爭」的實質及當前的競爭態勢
  二、「王馬之爭」的未來走向及對臺灣政局的影響

馬英九大陸政策的基本內涵及其制約因素
  一、馬英九大陸政策的基本內涵
  二、阻礙馬英九大陸政策調整的制約因素

藍綠陣營的發展態勢及對兩岸關係的影響
  一、馬英九當局執政狀況及其前景
  二、民進黨再起的勢頭及其前景

臺灣選舉

2008 年臺灣領導人選舉的選情評估
  一、對於當前「大選」選情的總體評估
  二、謝的「逆轉」戰略及當前選情的最新態勢
  三、幾種可能導致選情發生逆轉的非常態因素

2008 年臺灣「大選」結果及其影響評析
  一、「大選」結果的影響
  二、「大選」後臺灣政治版圖變化的可能態勢
  三、馬英九面臨的執政難題與兩岸關係的開展

2009 年底縣市長選舉的選情評估及影響預測
  一、客觀環境及戰略戰術應用的總體評價
  二、選舉席次的基本評估
  三、選舉結果的可能影響評估

新北市長選舉，藍綠勝算幾何？
  一、新北市成為藍綠對決的主戰場
  二、鏖戰在即，主將缺位
  三、選舉結果牽動臺灣政局未來走向

「五都」選舉的結果預測及其影響評估
  一、藍綠選舉情勢的對比分析
  二、對於選舉結果的預測
  三、選舉結果的影響

民進黨 2012 年「大選」參選人點評
　　一、蔡、蘇、呂相爭，誰將最終出線？
　　二、看得見，不一定吃得到
　　三、國民黨不要掉以輕心

2012 年臺灣領導人選舉結果的定量分析
　　一、藍綠基本盤的測定
　　二、中間選民的定義與構成
　　三、宋楚瑜的選票及對「雙英」選情的影響
　　四、結論：2012 年「大選」結果的基本預測

意料內外：臺灣「二合一」選舉結果評析
　　一、既在意料之中，也在意料之外
　　二、臺灣社會正在走向理性成熟
　　三、難以改變臺灣問題的舊有格局

兩岸關係

中美戰略博弈與兩岸關係的現實定位
  一、亞太安全格局下的中美日三邊關係
  二、中美戰略博弈與臺灣問題
  三、維持臺灣現狀的現實與前景

臺灣政局發展與兩岸關係未來走向
  一、臺灣政局發展與兩岸關係的演進
  二、選票極大化策略下的民進黨大陸政策
  三、國民黨及馬英九的大陸政策及其未來走向

從宏觀層面分析兩岸關係的未來走向
  一、大陸、美、臺三角關係格局的發展趨向
  二、內政因素對兩岸三方關係的影響與未來發展
  三、「大選」後兩岸關係的發展預測

大陸對臺政策的調整開闢兩岸關係新局面
  一、大陸對臺政策調整的背景分析
  二、構建兩岸關係和平發展新局面的現實與前景

2009年度兩岸關係展望
  一、兩岸關係和平發展繼續推向深入
  二、要看到兩岸關係的複雜性

「六點意見」與兩岸關係和平發展架構的建立
　　一、「六點意見」的時代意義及思想內涵
　　二、「六點意見」與兩岸關係和平發展架構的建立
　　三、兩岸關係的大發展還需要大力解放思想

共享、共治、共創——兩岸關係和平發展的必由之路

兩岸關係和平發展與臺灣統「獨」民意逆向發展的原因分析
　　一、臺灣統「獨」民意逆向發展的基本情況
　　二、臺灣統「獨」民意逆向攀升的原因分析
　　三、幾點結論

ECFA開啟兩岸合作新時代
　　一、兩岸商簽ECFA的過程與必要性
　　二、ECFA的特點與重大意義
　　三、全面推動落實ECFA任重道遠

兩岸民間交流步入「共同生活」新階段
　　一、兩岸關係和平發展帶來兩岸人民大交流
　　二、兩岸民間交流正逐步構建兩岸「生活共同體」
　　三、繼續推動兩岸民間交流走向深入

序言

　　以我多年從事臺灣問題研究的切身體會，我覺得做臺灣問題研究不易，要做出點兒成就更難。這裡面除了個人的勤奮努力之外，還要有以下幾個方面的必備因素：

　　首先，要有較為廣博的學術積澱。臺灣問題既大也小，既虛也實。說其大，是指臺灣問題包含的內容很多，牽涉的面很廣，舉凡政治、經濟、文化、歷史、社會等幾乎所有人文社會學科都可以臺灣為模本進行研究，而事實上，如果僅從某一個學科領域入手，是很難對臺灣問題有較為全面而深入的認識的。當然，臺灣問題研究也不是要事事通，當「萬金油」，什麼領域都去碰，都想精通，而要有所側重。因為有側重，才會有特色。

　　其次，要勤於做調查研究，把握臺灣的社會脈動，熟悉臺情民意。臺灣研究是一門實踐性很強的學問，單純靠上網，靠看書看報看電視，在書齋裡是不可能做出符合實際的研究成果的。必須要深入臺灣社會做調查，瞭解臺灣的政治、經濟、社會、文化、歷史等方方面面，這樣寫出來的文章才能符合臺灣的現實狀況，言之有物，言之有理。「沒有調查，就沒有發言權」，做臺情調研，這是每一個對臺研究人員都必不可少的工作。

　　第三，要熟悉政策，要有高度的政治敏感性和工作責任感與使命感。臺灣問題不同於一般的學術研究，首先是「政治的」，其次才是「學術的」。

　　文生博士自進入臺灣研究領域之後，我和他同事多年，眼見他在以上這幾個方面的成長與進步是很明顯的。他的這部文集共分為四個部分，分別為：「臺灣歷史」、「臺灣政局」、「臺灣選舉」、「兩

岸關係」。其中有很多篇章都是很有深度的，如對於民進黨的一些研究文章，分析得較為細緻深入。關於臺灣選舉的幾篇文章，分析結果大致都正確，有一些還比較「精準」，這對於一名初學者來說是不容易的。此外，兩岸關係部分的幾篇文章，如對於兩岸關係的宏觀分析，對於胡錦濤總書記「六點意見」的解讀等就比較有深度。此外，文集中的許多文章都具有很強的政策意識和問題意識，非一般的泛泛而談，這也是值得肯定的地方。當然，文集中有些篇章的某些觀點和論述還欠火候，還有待進一步完善，但作為一名涉入臺灣研究年資尚淺的年輕研究人員來說，這是成長的過程和必然。

　　文生博士這些年在臺灣研究領域下了很大功夫，無論是在學術積累、政策研究還是在實地調查方面，都打下了堅實的基礎。目前他的這部專著出版，等於是做了一個很好的階段性的總結。我相信，在未來的學術研究過程中，文生博士必定能夠在現有的基礎上更上一層樓，取得更大的進步。

　　是為序。

　　徐博東

自 序

從事臺灣研究這些年，也積累了一些學術成果。我把這些成果整理一下，結集出版，也算是一個階段性的學術小結吧。這本學術文集共分四個部分：臺灣歷史、臺灣政治、臺灣選舉、兩岸關係。每個部分都收錄了相關文章數篇。這些文章有的公開發表過，有的是一些內部課題等，沒有公開發表。為了避免造成課題委託單位的困擾，對於文集中的文章都沒有註明發表出處。這很不合乎學術規範，但也只能如此了。由此造成的閱讀不便，還望得到讀者的諒解。另外，對於部分文章的內容也做了一定程度的修改，以便於公開發表和供讀者閱讀。當然，由於許多文章是「舊作」，在結集出版前會儘量尊重文章的原貌，如一些評估性的文章，對於預測的結果就沒有改動，當「事後諸葛」並不是實事求是的態度。因此，有一些預測結論是準確的，有一些並不一定準確。但基本而言，我的一些評估文章結論都是正確的，至於錯漏之處自然難免，還望有方家斧正。

胡义生

臺灣歷史

臺灣民眾國家認同問題的由來、歷史及現實

　　國家認同是臺灣社會存在爭議最大的問題之一，對臺灣政治生態的演進有著至關重要的作用，也是在歷次選舉中被「臺獨」勢力操弄得最厲害的一個政治議題。毋庸諱言，目前臺灣民眾在國家認同問題上已經發生嚴重混淆，而民族國家觀念的形成是現代民族國家賴以存在的基礎，對一個國家的生存至關重要，臺灣民眾在這一問題上所存在的認識誤區是一個需要嚴肅對待的政治問題。臺灣民眾的國家認同問題為什麼長期得不到解決？它給臺灣社會帶來了什麼樣的影響？這些問題的研究對於我們深入認識臺灣問題的癥結，是有著重要理論和現實意義的。

一、殖民地傷痕：臺灣民眾國家認同問題的根源

　　臺灣民眾國家認同問題產生的根源可以劃分為兩個層次：其一是歷史根源；其二是現實的政治根源。歷史根源即臺灣自中午戰爭以來的被殖民經歷，而現實的政治根源則是臺灣光復後所發生的「二二八」事件和50年代初期的白色恐怖統治。當然，國共內戰以及臺灣社會自70年代以後的社會轉型也應納入考察的範圍之內。可見，臺灣民眾國家認同問題的形成有著十分複雜的歷史和現實因素。

　　對於臺灣社會國家認同的異化究竟始於何時，兩岸學術界有著廣泛的爭議。有一些臺灣學者認為清代臺灣社會存在著一種「本土化」

的趨勢,這種「本土化」使得臺灣社會和中國本土社會「逐漸疏離」。[1]而一些「臺獨」學者甚至把這時臺灣民眾對臺灣的「鄉土認同」上升為「國家認同」,並認為「臺灣民主國」的成立就是這種「國家認同」的極端體現。[2]但正如陳孔立教授指出的:「直到被日本占據以前,臺灣社會……還沒有『化』到『本土化過程已經完成』,或從大陸社會『疏離出去』。」[3]至於「臺灣民主國」,那更不是臺灣人民國家認同異化的證明,相反是臺灣民眾中國認同的明證。因為成立「臺灣民主國」,是在甲午戰爭失敗之後,割臺已成定局的情況下,臺灣人民群起自衛的一種反映。「臺灣民主國」以「永清」為年號,表達永屬清朝之意。在「獨立宣言」中也明確說明成立「臺灣民主國」的原委在於:「今已無天可籲,無人可援,臺民唯有自主,推擁賢哲,權攝臺政,事平之後,當再請命中朝,作何辦理。」[4]可見成立「臺灣民主國」是在當時特定的歷史條件下的不得已之舉,其中並沒有像某些人所想像的臺灣人「國家意識」。因此,那種把日據以前臺灣民眾的「鄉土意識」上升為政治層面的「國家認同疏離」的看法是錯誤的。

在臺灣學者中比較普遍的看法是認為,臺灣民眾國家認同的異化始於「二二八」事件,我們覺得這種觀點也是有失偏頗的。誠然,我們承認「二二八」事件是造成臺灣民眾國家認同向惡質化方向發展的一個重要媒介,但如果僅僅以此來作為解釋臺灣民眾國家認同異化的原因顯然不足。因為它過於忽略殖民統治給予臺灣民眾的巨大傷害,而過於強調國民黨政權在此問題上所應承擔的責任,這是不公平的,也是不符合歷史事實的。臺灣民眾國家認同問題的產生,其根源在於日本對臺灣的殖民統治,如果沒有這段被殖民經歷,也就沒有所謂的臺灣民眾國家認同問題。因此如何清算殖民統治的罪惡,這是在討論臺灣民眾國家認同問題時不能忽略的問題。更何況,在日據時期,有少數接受「皇民化」思想的臺灣民眾,他們的國家認同確實已經發生

了異化，還有許多臺灣民眾心中存在的「亞細亞孤兒」的心態也是必須要面對的事實。

可見，臺灣民眾國家認同問題的產生始於1895年之後5，這是一個基本正確的判斷，但是如何估價被殖民經歷給臺灣民眾國家認同問題所造成的傷害，則是需要細細加以甄別的。這裡面牽涉到對於三個不同層面的概念的處理：即「臺灣意識」——「具有主體性的『臺灣意識』」——「異化了的『臺灣意識』」，這三個概念實際上包含著臺灣自明鄭以來的三個歷史階段：即清代——日據時期——國民政府統治時期。臺灣作為一個以漢族移民為主的社會，自明鄭以來，逐步凝聚出一種對於臺灣本土的認同，這種認同屬於「鄉土意識」的層面，它並不牽涉政治層面的國家認同問題。隨著甲午戰爭的失敗，臺灣被清政府割讓給日本，臺灣社會由於受到外力的強烈衝擊而開始逐步形成「具有主體性的『臺灣意識』」。這種動力來自於兩個方面：一方面是由於對清政府執意割臺的怨恨情緒，感覺自己被拋棄，因此對於母體產生了疏離感；一方面是由於對日本殖民統治者的不滿，不甘心做「二等公民」，而希望自己當家作主。這兩種情緒促使臺灣社會逐步形成「具有主體性的『臺灣意識』」。6

臺灣光復後，國民黨統治者對於臺灣社會已經形成的「具有主體性的『臺灣意識』」沒有清醒地認識，漠視了臺灣人民當家作主的願望，並因為自己的統治失誤而導致「二二八」事件發生，國民黨在處理這 事件的過程中採用了殘酷鎮壓的方式，終於一發而不可收，使得臺灣民眾的祖國認同發生了嚴重的變異。其後又由於國民黨的白色恐怖統治而使得臺灣民眾心中的憤懣無法發洩，隨著國民黨威權體制的瓦解，這種情緒也就如火山般爆發，成為國民黨2000年下臺的重要社會基礎。

檢視臺灣民眾國家認同問題的基本邏輯應當如此。從這裡我們看

出，被殖民經歷確實是臺灣民眾國家認同問題產生的重要歷史根源。被殖民經歷究竟給臺灣民眾的國家認同造成了什麼樣的傷害？我們認為可以從以下幾個方面來理解：

首先，臺灣的被割占使得臺灣脫離了祖國母體，臺灣和祖國的歷史聯繫被強行割斷，臺灣與祖國此後經歷了長達50年的分離，這種分離給臺灣人民的民族國家認同造成了難以磨滅的歷史傷痕。

其次，臺灣被割占的50年，正是中華民族國家觀念形成的關鍵時期，中國各民族在反對外來侵略，維護國家統一的鬥爭中逐步形成的了中華民族這一國族認同。這種歷史的共同記憶是中國人國家認同的重要心理基礎，而臺灣人民由於與祖國的長期分離，因此無法體會到中華民族國家觀念所蘊含的深刻歷史內涵，這對於臺灣人民形成正確的國家認同同樣造成了致命的傷害。[7]

再次，雖然臺灣人民從未放棄反對日本殖民統治的鬥爭，從乙未反割臺鬥爭到臺灣光復，臺灣人民的抗日鬥爭可謂前仆後繼，這其中所表現出的臺灣人民的中國意識是不言而喻的。[8]但是我們也應當看到，日本人占領臺灣後一直處心積慮的推行其殖民政策，對臺灣人民實行「皇民化」教育，企圖割斷臺灣人民對於中華文化的認同，日本的皇民化政策雖然遭到了臺灣人民的堅決抵制，但不可否認，由於長時間的殖民統治，臺灣部分民眾在民族認同上發生畸變，轉而認同殖民者的制度文化，這部分民眾的存在在近代臺灣也是一種歷史事實。這同樣是造成臺灣民眾民族國家認同混亂的歷史根源。

被殖民經歷給臺灣民眾國家認同造成了巨大的傷害，在臺灣光復後，如何去醫治臺灣民眾心靈的創傷，使臺灣民眾基於特殊的歷史經歷而形成的「具有主體性的『臺灣意識』」不要向惡質化方向發展，這是國民政府需要精心處理的一個重大課題。但很顯然，國民政府對於這個問題的處理是失敗的。

二、國民黨在臺統治失誤與臺灣民眾國家認同的惡質化

在日據時期,雖然臺灣社會形成了「具有主體性的『臺灣意識』」,甚至有少數民眾的國家認同已經發生了異化,但我們也應當認識到,這種具有主體性的臺灣意識並不必然就會向否定「中國認同」方向發展,如果引導得當,這種具有主體性的臺灣意識也可以回覆到鄉土認同意義上的「臺灣認同」層面上去。何況臺灣絕大部分民眾對於回歸祖國是真心擁護的,這種民意基礎是有利的。可惜的是,國民政府對於這一問題的處理完全失敗。以陳儀為首的國民黨臺灣行政當局,對於接收的準備不足,一些統治政策的制定也沒有充分考慮到臺灣人民在經歷殖民統治後的複雜心態,接收過程也十分草率,特別是在對臺灣的管理過程中所發生的種種貪汙腐敗情形更是讓臺灣人民深惡痛絕。

臺灣民眾對於回歸祖國的美好期待很快就被殘酷的現實變為了泡影。被光復的光芒所掩蓋下的殖民傷口開始迅速惡化、變質。此前已經形成的「具有主體性的『臺灣意識』」開始迅速向惡質化的方向發展。社會氛圍也開始發生變化,「本省人」與「外省人」的對立情緒逐步蔓延開來。最終,這種情緒在「二二八」事件中來了一個總爆發。

「二二八」事件的發生可能還有其他一些更為複雜的原因。但不可否認,以陳儀為首的國民黨臺灣行政當局負有不可推卸的直接責任。更為嚴重的是,國民政府在對於「二二八」事件的處理上採取了殘酷鎮壓的方式,這樣做的後果是更加深了「本省人」與「外省人」的隔閡,並進一步強化了「本省人」的受壓迫感。這種受壓迫感後來成為一些臺灣民眾心中最難以消除的夢魘,「臺灣人出頭天」就是臺灣人感到被壓迫而渴望早日「出頭」的情緒反映。這種情緒後來被臺

獨分子充分利用,成為臺獨分子追求臺獨的「民意」基礎。「二二八」事件作為一種政治壓迫的符號,成為國民黨難以洗刷的原罪,在後來國民黨在臺執政的過程中,這一原罪讓國民黨付出了極為慘痛的政治代價。

「二二八」事件的傷口還未癒合,1949年之後,隨著國民黨政權的遷臺,臺灣又被捲入國共內戰的漩渦。為了繼續其內戰政策,一方面,國民黨將大陸的共產黨政權視為「叛亂政權」,而強調「中華民國」法統地位的正當性,並將它在大陸的統治機構整個移植到臺灣。另一方面,為了鞏固對臺灣的統治,國民黨進行了大規模的政治肅清運動,在臺灣製造白色恐怖,從而建立起一套威權體制。在這個過程中,大量的臺籍人士被作為共產黨人而遭到逮捕、槍殺,特別是抗戰期間堅持抗日的一批臺灣愛國志士也受到了極不公正的對待,像李友邦、楊逵、王添燈、宋斐如等。這些做法對於臺灣民眾心中正確的中國意識都是嚴重的打擊。

在國共政權隔海對峙的總體格局下,臺灣民眾被強制納入國民黨反共體系中,臺灣民眾的國家認同被國民黨以狹隘的意識形態所操控,在這種意識形態下,大陸共產黨政權是邪惡的,在臺灣的國民黨政權才具有代表中國的正統地位。反共、恐共、仇共成為一種社會的基本心理。雖然國民黨也堅持「一個中國」政策,並採取許多措施來強化臺灣民眾的「大中國意識」,如在文化領域推行「中華文化復興運動」,把自己打扮成中國傳統文化的捍衛者和繼承者等等。國民黨以狹隘的意識形態來塑造臺灣民眾的國家認同,雖然可以在某種程度上取得成功,但這種國家認同教育有一個先天性的缺陷,也即,國民黨在臺灣維持著的中華民國國家圖騰,是一個帶有某種虛構性的國家認同符號。因為中華民國在大陸確實已經被中華人民共和國取代了,中華民國要維持「中華民國憲法」所規定的地域、人口、主權等國家要素都只能憑藉部分的想像來虛構。中華民國的這種虛構性遲早是會

現出原形的,而一旦中華民國這一國家認同符號破滅,由於國民黨長期的「反共」教育,臺灣人民早已失去了認同中華人民共和國的可能。臺灣民眾將陷入國家認同的真空狀態。

中華民國還面臨著另外一種威脅,也即臺獨思潮的興起。現代臺獨思潮在臺灣光復後才產生,並且早期的臺獨思潮有著明顯的國際背景。特別是美日兩國在幕後扮演著十分重要的作用。日本是因為不甘心失去對臺灣的統治而支持臺獨活動,而美國則為了以臺灣來牽制新中國的崛起,企圖製造「兩個中國」或「一中一臺」。這種分裂中國的政策遭到了國共兩黨的一致抵制,因此無法得逞。國民黨憑藉在臺灣建立起來的一套威權體制,可以對臺灣的各種社會思潮進行嚴密控制,臺獨活動在島內沒有生存的空間。臺獨活動真正從內部發酵則是在1970年代以後,隨著臺灣社會的轉型而逐步興起的。

我們可以認為,至少在1970年代以前,國民黨以「國共內戰」為基本框架而在臺灣建立起來的一整套統治體系是基本成功的。在國共對峙的總體格局下,臺灣民眾的殖民地傷痕被暫時掩蓋,「二二八」事件所造成的傷害也被有意淡化,禁止討論,50年代初的白色恐怖統治所帶給臺灣民眾心靈的傷害更是諱莫如深。但暫時的掩蓋並不意味著問題的解決,一旦遇到恰當的時機,這些問題就會爆發,不僅會反噬到國民黨的權力基礎,而且會成為臺灣民眾形成正確的國家認同的巨大心理障礙。戴國輝先生分析道:「臺籍人士在一九四五年──一九五四年間有關自我同定的糾葛、危機、迷失之探討」,對於弄清臺灣社會的認同困境有著特別重要的意義。並認為對這一段歷史的檢討是解開「臺灣結」中的死結的關鍵所在。[10]的確,這一段歷史對於臺灣民眾在國家認同問題上所造成的傷害需要認真加以檢討。

三、臺灣社會轉型過程中的國家認同困境

1970年代，隨著中華人民共和國取代國民黨政權在聯合國的合法代表席位，以及尼克森訪華、中日建交等一系列重大外交事件的發生，國民黨政權被打回了原形。這種危機直接轉化為國民黨政權在島內統治的合法性危機。在內外交困之下，由蔣經國主導啟動了臺灣本土化和民主化的進程。國民黨企圖以此來獲得其統治的合法性基礎，但這條路注定是充滿凶險的。因為自臺灣光復以來，國民黨在整個統治過程中積聚了太多的矛盾。省籍矛盾、族群矛盾、中央和地方權力架構的矛盾等等，這些矛盾都需要找到渠道宣洩。

　　本來，按照美國學者魯斯托（Dankwart A. Rustow）的觀點，發展中國家進行民主轉型的唯一前提條件是「國家統一」。因為只有一個國家的全體人民對其所從屬的政治體制具有高度的認同感，這樣才能保證一個國家在民主制度下「國家領土疆界的穩固和國民構成的延續性」。[11]可見，在後發現代化國家（或地區）實行民主化，全體人民對於其所從屬的政治體制的高度認同感是一個必要條件，而臺灣恰恰在這點上存在著先天不足。臺灣民眾的心靈傷痕一直沒有得到很好的醫治，並且透過省籍矛盾、族群矛盾而表現出來，整個社會時刻存在著分裂的危險。這些問題都決定臺灣的民主化進程會發生嚴重的變異。

　　我們發現，在臺灣社會轉型的過程中有一個十分詭異的現象，也即民主化、本土化與臺獨化形成了一種奇特的共生結構。民主化進程的推進也就意味著臺獨進程的加深，同時也就意味著對中華民國國家符號認同的淡化。這一現象的產生確實是值得深思的問題。若林正丈認為，「70年代的外交危機以後，蔣經國之所以推動『臺灣化』及『十大建設』，並以民間的人脈及經貿力量展開實質外交，基本上都可視為體制本身在靜悄悄地促進『臺灣圖騰』的正統化。」[12]這說明了中華民國國家認同與本土化進程確實存在著的一種反向關係。

為什麼臺灣的本土化和民主化進程要以犧牲國家認同為前提呢？這個問題可以做多方面的解說，我們認為可以從兩個方面尋找原因：其一，中華民國本身所存在的結構性矛盾。因為中華民國在治權範圍上與其治下的臺灣省高度重合，這種政治形態是十分荒謬的。因此如何從體制上處理中華民國和臺灣省之間的關係，這確實是一個難題。而這種調整恰恰又會不斷強化「臺灣主體性意識」，從而誘發臺灣向「獨臺」化方向發展。這一過程在李登輝時代表現得最為明顯。其二，是省籍與族群矛盾導致的臺獨意識對中華民國國家認同符號的拋棄。臺灣人由於在臺灣光復後受到「二二八」事件和政治肅清運動的打擊，在心理上對中國認同產生了嚴重的排斥，從而將此前已經形成的「具有主體性的『臺灣意識』」異化為一種獨立意識，並滋生了臺獨運動。這種獨立意識藉由民主化進程而表達出來，因此在臺灣民主化的進程中，民主化和臺獨形成了一種伴生關係。

　　另外，不能忽視的一點是，在臺灣社會轉型的過程中，在很多時候，民主化和本土化都被用來作為爭權奪利的工具。作為一種工具性的民主化和本土化，黨外人士可以抓住這兩個武器向國民黨索取更大的權力。而國民黨政權由於其流亡性質以及專制本質，對於民主化與本土化進程缺乏應對的能力和資源。

　　70年代以來的黨外運動，很大程度上表現為黨外勢力與國民黨勢力爭奪權力的遊戲。（70年代以來的民主化運動是本土力量占據了主導地位，因此這個時期的黨外運動未嘗不可以看作是本土力量的奪權運動）。最初，一大批本土精英企圖透過參加選舉活動來分享更多的權利。但是這種分權畢竟是有限的，這與黨外勢力的要求相差太遠。最終，這種矛盾的積聚導致了「美麗島」事件的爆發。「美麗島」事件意味著國民黨勢力與本土勢力在體制內競爭的遊戲規則徹底破局。從此，黨外運動逐步斥諸「臺灣獨立」的訴求，本土化迅速向臺獨化方向發展。

1986年，民進黨宣布成立，臺灣的第一個反對黨誕生，黨外勢力集聚在民進黨的周圍，對國民黨的專制統治造成了致命衝擊。國民黨此時已經無法有效控制本土化和民主化的進程。相反，它自己也被這一進程牽扯著跟蹌而行。迫於社會的強大壓力，國民黨不得不宣布開放黨禁，國民黨一黨專制統治至此已經搖搖欲墜。而隨著蔣經國的突然逝世，具有強烈臺獨意識和「皇民化」情結的李登輝被推上了國民黨的權力巔峰。本土化終於反噬到國民黨的權力核心。

　　1990年，「動員戡亂時期臨時條款」宣布取消，這就為民進黨推動臺獨運動撤去了最後一道藩籬。當年民進黨四全二次會議通過了「臺灣事實主權獨立案」，宣布「中國（實指臺灣）事實主權不及於中國大陸與外蒙古」。1991年，民進黨五全大會通過了「建立主權獨立自主的臺灣共和國案」，臺獨黨綱正式出籠。至此，民進黨已經完全放棄了對於中華民國的國家認同。

　　掌握國民黨最高權力的李登輝，也開始採取一系列步驟，從體制內來逐步消解中華民國這一國家認同符號。像第一屆「國民代表大會」改選（1991年），推動「總統」直選（1996年），實行「凍省」（1998年），提出「兩國論」（1999年），宣布兩岸是「國家與國家的關係，至少是特殊的國家與國家的關係」。至此，李登輝作為國民黨和中華民國的最高統治者已經宣布背叛「中國認同」。與此同時，李登輝還採取一系列措施強化所謂「臺灣主體性」意識，像形形色色的「文化臺獨」活動等，企圖建立實行臺獨的社會文化基礎。

　　2000年，在李登輝的操縱下，以臺獨作為意識形態的民進黨成為執政黨，中華民國至此事實上已經成為民進黨進行臺獨活動的一塊遮羞布。臺獨分子處心積慮地想隨時廢除中華民國這個稱謂，而掛出「臺灣共和國」的招牌。

　　今天我們應當承認，臺灣社會在一些臺獨政客的操弄下，經過近

一二十年的發展演變,「臺灣主體性」意識已經在臺灣社會生根。「臺灣主體性」意識不等於「臺獨意識」,但是如何能將這種「臺灣主體性意識」與對中華民族的國家認同結合起來,這對於兩岸將來的最終統一是一個巨大挑戰,需要我們認真加以思考。

中國歷史上三次收復臺灣之異同比較及其啟示

中國歷史上曾先後三次收復臺灣:鄭成功收復臺灣(1662年)、康熙統一臺灣(1683年)、國民政府光復臺灣(1945年)。[13]對於這三次收復臺灣的相關史實,一直是學術界關注的重點領域,研究的成果很多。但在現有的研究成果中,對於這三次復臺之間的異同進行綜合對比研究的成果尚不多見。筆者認為,把這三次復臺的過程加以綜合研究,總結其中的經驗教訓,對於今天的對臺工作顯然有著十分重要的現實意義。

一、三次收復臺灣的相異點

三次收復臺灣的不同點是顯而易見的,我們大致可以歸納出以下五個方面:

首先,就戰爭的性質而言。鄭成功驅荷復臺和國民政府光復臺灣是屬於反對異族侵略、維護祖國統一的民族解放戰爭。康熙統一臺灣是清政府和明鄭之間為爭奪對國家統一主導權的鬥爭。因此,這是兩種不同性質的統一戰爭。這其中需要注意的是,由於在明末清初中國還不具備現代意義的「民族—國家」觀念,因此,鄭成功收復臺灣只是在形式上具有民族戰爭的性質。事實上,鄭成功作出收復臺灣決策

的首要原因還是為了對抗清政府的現實需要，民族意識的影響還在其次。當然，我們並不是要貶低鄭成功收復臺灣的歷史意義，從歷史的客觀效果來看，鄭成功收復臺灣使臺灣正式成為中國的神聖領土，沒有鄭成功，臺灣可能會被認為是一塊無主之地，而被荷蘭或者其他西方殖民者永遠侵占。因此，鄭成功收復臺灣的意義是再怎麼強調也不過分的，但這並不影響我們實事求是地評價鄭成功收復臺灣的歷史動機。

從嚴格意義來講，國民政府光復臺灣才是一場真正意義的民族解放戰爭。臺灣在與中國分離50年後重新回到中國的懷抱，是甲午中日戰爭以來，中國人民在日益嚴峻的民族危機面前，經過不屈不撓的艱苦卓絕的鬥爭，特別是經過八年的抗日戰爭，才最終取得的勝利成果。臺灣光復是中國近代以來追求民族解放鬥爭的一個最重要的成果。在這個意義上，鄭成功收復臺灣是無法與之相提並論的。

其次，從三次收復臺灣的規模和影響而言。鄭成功收復臺灣是一場局部戰爭，作為明清易代之間興起的一股地方政治勢力，鄭成功收復臺灣是為了尋找一塊抗清基地，它只是明鄭與清政府之間為了爭奪對於中國統一主導權而採取的一個階段性戰略舉措。因此我們可以說，鄭成功驅荷復臺是隸屬於明鄭與清政府之間的鬥爭之下的，它所牽涉的深度和廣度比康熙收復臺灣要低。

就康熙收復臺灣而言，它是明清易代之際國家重新尋求統一過程中的一個重要組成部分。由於明鄭和清政府作為明末清初爭奪國家統一主導權的兩股政治勢力，他們在當時都有機會去完成中國的最後統一，因此，明鄭和清之間的戰爭在最初並無所謂誰是誰非的問題。但在戰爭後期，清政府打敗了國內其他幾股反清勢力，並確立起在全國的統一地位，相反明鄭勢力則逐步蛻變成為一個企圖在臺灣偏安的地方政權，喪失了追求統一中國的雄心。這種變化，使得康熙收復臺灣

的歷史正當性凸顯出來。因此，我們可以說，康熙收復臺灣是一場尋求國家統一的正義戰爭，它的廣度和深度要比鄭成功收復臺灣來得大14。

其實就規模和影響而言，臺灣光復無疑是三次復臺運動之中最大的。臺灣光復是中華民族全體抗戰的結果，中國近代民族危機的嚴峻性，特別是抗日戰爭的全面性、持久性，使得中華民族的絕大部分人都被捲入這場空前的民族戰爭之中。在追求民族解放的偉大鬥爭中，「中華民族」作為一個國族概念被提煉昇華，並被中國人民所認同和接受。抗日戰爭的勝利不僅使中國雪洗了百年恥辱，收回了包括臺灣、澎湖等在內的中國被日本占領的領土，同時也促成了近代中國「民族—國家」建構的基本成型。可見，臺灣光復所牽涉的深度和廣度以及這一事件背後所折射出的歷史意義，是鄭成功驅荷復臺與康熙收復臺灣所不能比擬的。

第三，就收復臺灣過程的難易程度而言。鄭成功收復臺灣只用了不到一年的時間就得以完成，康熙統一臺灣則經過了23年的反覆鬥爭，至於國民政府光復臺灣則可以從1931年九一八事變開始算起，經過了15年的艱苦鬥爭才得以實現。可見，鄭成功收復臺灣相比較而言是最容易的，康熙統一臺灣次之，而國民政府光復臺灣則最為艱難。鄭成功收復臺灣與國民政府光復臺灣都是反對外來侵略的民族戰爭，為什麼鄭成功以一股地方武裝集團，在面對清軍的強大壓力之下，還可以輕而易舉地從號稱當時世界上最為強盛的殖民帝國——荷蘭手中收復臺灣，而國民政府傾全國之力，尚且要經過如此漫長的鬥爭，在付出了巨大的人員傷亡和物質損失代價之後才取得最後勝利？這從一個側面說明了近代中國國勢衰落的嚴重性。這種衰落既是相對的，也是絕對的。中西方自15、16世紀以來（相當於中國的晚明時期）經歷了兩條完全不同的發展道路。中國在經過明清易代之後，作為少數民族的滿清入主中原，為中原的封建專制帝制注入最後一絲活力，經歷

康雍乾三朝皇帝的勵精圖治，創造了中國封建社會的最後一個盛世——「康乾盛世」。而西方則先後經過了文藝復興、思想啟蒙、資產階級民主革命等社會運動和第一、二次工業革命，科技生產力也獲得空前發展。這樣，西方社會逐步建立起一套資產階級民主政治體制，這一套政體在當時遠遠領先於其他非西方國家，而伴隨著工業革命和科技革命的實現，西方國家擁有了前所未有的物質力，這其中包括強大的軍事和商貿力量。西方國家正是憑藉這種高度發達的物質力，展開了對全世界的殖民掠奪，從而建立起一套資本主義世界殖民體系。鴉片戰爭以後，中國也逐步被納入這種體系之中，淪為半殖民地社會。

可見，明鄭驅荷復臺的相對容易與國民政府光復臺灣的艱難背後所隱藏的是中西方從大航海時代也即15、16世紀以來所經歷的巨大歷史變遷，西方率先走出中世紀，逐步完成了從傳統向現代的轉型，同時也掌握了世界權力的中樞，建立了一個龐大的世界殖民體系，而中國則在康乾盛世的虛假繁榮中故步自封，逐步走向衰落，淪為被殖民的境地。這一盛一衰所透露出的歷史教訓是相當慘痛的。中國的衰落決定了任人宰割的地位，也注定了中國將要經歷漫長的苦難歲月，而臺灣的屈辱命運，則是中國近代慘痛歷史中最為傷心的一頁。雖然抗日戰爭勝利後臺灣得以光復，重新回到中國懷抱，但旋即因為國共內戰的爆發而被捲入其中，兩岸隔海分離如今已達六十餘年之久，這成為中國人心中最大的傷痛。

臺灣問題的產生，最直接的原因雖然是國共內戰，但更深層次的原因則是二戰後以美蘇爭霸為特徵的冷戰體系。臺灣被強行納入冷戰體系之下，成為美國遏制中國的橋頭堡。冷戰體系解體後，美國視中國為最大的威脅，臺灣又被美國用為遏制中國崛起的一枚棋子。可見，臺灣問題是帝國主義強權干涉中國領土主權完整的一個現實顯例。國際因素特別是美國因素已經成為影響臺灣問題解決的一個主要

因素，我們不得不加以小心應對。這從一個側面說明中國還沒有強大到可以隨意應付外力的干涉，中國重新崛起的路還有很遠要走，而臺灣問題的最終解決無疑是一塊檢驗中國崛起與否的試金石。

第四，從收復臺灣過程中所採用的戰略戰術而言。鄭成功收復臺灣的成功之處主要在於對戰略時機的把握和戰術手段的運用上，鄭成功抓住順治新亡（順治十八年正月，1661年2月）而荷蘭殖民者防備空虛這一千載難逢的有利時機，迅速出兵臺灣，並能採取一系列合理的戰術手段，從而取得了戰爭的最後勝利。可以說，把握時機和戰術得當是鄭成功收復臺灣的最為成功之處15。相較而言，康熙統一臺灣最大的成功之處在於充分利用軍事與政治的兩手策略，特別是政治手段在整個統一臺灣的過程中造成了很大的作用。在清政府與明鄭數十年的鬥爭過程中，清政府始終沒有放棄對於鄭氏集團進行招撫的努力，清與明鄭之間的和談也時斷時續，伴隨著雙方鬥爭的全過程。清政府的招撫政策經過幾個階段的調整，最終形成了一套系統的政策。招撫政策雖然有值得檢討的地方，甚至有時候被明鄭集團一方利用，但總體而言，這一招撫政策是成功的，在分化、瓦解鄭氏集團方面造成了十分重要的作用。康熙統一臺灣的過程中除在澎湖有一場惡戰之外，對於本島基本上採用的是和平接收的方式，這一成果的達成與清政府一貫採用的招降政策是有很大關係的。和平統一是我們今天解決臺灣問題的基本國策，是最符合兩岸中國人的根本利益的。因此深入分析康熙在統一臺灣過程中的政治與軍事策略對於今天臺灣問題的最終解決有著十分重要的啟迪意義16。

至於臺灣光復，它是中國人民在經過了八年艱苦抗戰之後取得的一個最為重要的成果。在抗戰後期，國民政府為在戰後順利接收臺灣做了許多細緻的前期準備工作。臺灣光復後，國民政府組織對臺灣實施接收，但從歷史的實際來看，這次接收是不成功的，並最終釀成了「二二八」事件，成為一場民族的悲劇，其所造成的歷史傷痕到今天

都沒有完全平復，帶給我們的教訓相當深刻。未來兩岸重新實現統一的過程中，這次教訓是必須要加以吸取的。

第五，從三次收復臺灣的內在邏輯聯繫來看。鄭成功收復臺灣和康熙統一臺灣是一個有機的歷史整體，這兩件事不能割裂開來看。並且我們只有把鄭成功收復臺灣和康熙最終統一臺灣都放在明清易代的歷史大背景下去考察，才能更清楚地認清這兩個歷史事件之間的內在邏輯聯繫。至於臺灣光復，以及隨後的兩岸內戰對峙，直到不久的將來中國重新實現完全統一，這應當屬於一個歷史時段，這一歷史進程目前還正在不斷演進過程中。這一個歷史時段與明末清初中國由分裂走向統一的歷史有著邏輯上的相似性。當然，今天由於兩岸統一牽涉到十分複雜的國際國內因素，其情況比明末清初遠為複雜。但不論怎樣，中國重新實現完全統一的步伐是誰也不能阻擋的，這一歷史進程不是外力可以改變的。把明末清初的那段歷史與今天的兩岸情形進行對比，我們會從中得到許多歷史啟迪。

二、三次收復臺灣的共同點

以上我們大致分析了中國歷史上三次收復臺灣的相異之點，至於它們之間的共同點，我們也可以大致歸納出以下幾個方面：

首先，三次收復臺灣都是透過戰爭手段實現的。從歷史上看，中國的國家統一都是透過戰爭完成的，清代統一全國也是透過戰爭形式實現的，雖然清政府在統一臺灣的過程中充分運用了政治手段，但事實證明，如果沒有強大的軍事手段作後盾，純粹政治的談判是難有實質效果的。只有在施琅的大軍兵臨城下，在臺灣的鄭氏集團才最終同意了和平統一的方式。而此前雖然清政府曾作出大量的讓步但都無濟於事，可見軍事鬥爭是解決統一問題的必要手段。至於反對外來侵略的鬥爭則必須要訴諸戰爭，在維護國家主權和領土完整的問題上是很

難透過談判達成的，只能透過戰爭形式去完成，鄭成功收復臺灣如此，國民政府光復臺灣也是如此。臺灣在近代的失而復得充分說明了國家要維護主權和領土的完整必須要有強大的軍事和國防力量。由此我們也可以斷言，在未來的國家統一過程中，戰爭形式也許是不可避免的，即使是和平統一，也必將是在大陸具有絕對的軍事實力時方可實現。

其次，三次收復臺灣的歷史反覆證明了臺灣是屬於中國領土不可分割的一部分的事實，並且一次比一次得到強化。鄭成功收復臺灣代表著臺灣第一次正式納入中國版圖，他在臺灣仿照大陸建立起一套行政官僚體制，同時確立了中華文化在島內的正統地位，臺灣的歷史至此被全面導入中國漢民族文化歷史的軌道。清政府統一臺灣之後，這一趨勢得到不斷強化，經過兩百多年的經營，臺灣已經完全與內地的政治、經濟聯為一體，並且在晚清的洋務運動中，臺灣一度走在了中國現代化的前列，可惜在隨後的甲午中日戰爭中，臺灣被日本強行割占，與中國大陸分裂達51年之久。在經過艱苦卓絕的鬥爭後，臺灣終於重新回到中國的懷抱。臺灣光復是在現代國際體系下實現的，是受到國際條約肯定的，它再一次確認了臺灣屬於中國領土的歷史事實，這一原則是任何人無法否認的。

第三，三次收復臺灣的歷史也充分說明了臺灣與中國國運的關係。自晚清以來，嚴格地說是從大航海時代以來，中國已經遭受到西方殖民主義勢力的衝擊，只是那時中國的國力相比較還十分強大，尚能應付西方的挑戰，但自晚清以來，中國與西方的力量對比一落千丈，面對西方的衝擊，中國面臨著深刻的民族生存危機。處於中西方衝突風口浪尖上的臺灣又率先感受到這種衝擊，並最終在甲午中日戰爭中被強行從中國母體割裂出去，中國隨之淪為半殖民地社會。經過50年的奮鬥，中國才透過抗日戰爭的勝利重新使臺灣回到中國的懷抱。可見，臺灣的命運折射著中國的國運，它的每一次失與得都牽涉

到中國命運的轉折。這也決定了對臺灣問題必須要從國運興衰的高度來看待。

三、三次收復臺灣對當代中國統一大業的啟示

上面我們比較了三次收復臺灣的異同之處，三次收復臺灣有著各自不同的歷史背景和具體過程，但都為我們提供了各自不同的經驗教訓，對這些經驗教訓加以總結，無疑具有十分重要的歷史和現實意義。

如果我們把臺灣問題放在更廣闊的歷史視野下去考察，可以發現，圍繞著臺灣的失與得至少可以牽涉到兩個不同層面的歷史內涵：從縱的角度來說，臺灣的分裂與統一反映的是中國歷史上歷次興衰治亂、王朝更替歷史傳統的一個環節。中國傳統的歷史觀是「一治一亂若循環焉」的循環史觀，中國歷史的演進是透過王朝興衰治亂的循環過程來實現的。中國幾千年的歷史經歷過無數次大的分裂與統一的循環過程，這種分分合合是中國歷史的常態，是不以人的意志為轉移的。臺灣自明鄭時期被納入中國的歷史範疇以來，就被納入中國歷史演進的歷史軌道上來。不難發現，臺灣的失與得正是發生在明末清初和清末民初中國王朝更替的時代。可見，臺灣問題應當放在中國傳統歷史演進的內在邏輯中去考察。

從另一方面來講，臺灣問題從其誕生以來就牽連著複雜的國際背景，它是中西方衝突的風向標，臺灣歷史的得與失是中西方兩種文明進行歷史角力的結果。從大航海時代以來，中西方文明的碰撞衝突就已經開始，在晚明和晚清圍繞著臺灣的得與失，折射出的是中西方兩種文明自前近代以來所經歷的巨大歷史變遷。西方在近代突飛猛進，而中國在近代卻故步自封，結果導致中國淪為被西方列強宰割的命運。臺灣在晚明的得與在晚清的失正是中西方兩種文明力量此消彼長

的具體體現。可見，臺灣問題還必須納入中西方文明衝突的歷史大背景下考察。

透過這縱與橫的兩軸，結合臺灣歷史上的三次統一過程，我們可以從中獲得什麼樣的啟示呢？

首先，我們應當認識到，中國的分裂與統一是一種歷史進程，應當遵循一定的歷史規律。中國歷史無論是統一還是分裂，都有其內在的演進邏輯，這是不以人的意志為轉移的。中國文化具有巨大的歷史張力，可以容許一定時期甚至是相當長時間的分裂，並不影響中國歷史的最終走向統一。

臺灣問題也應放在這種國家分裂和統一的大背景下去考察。國家的分裂有其歷史的因素，國家的統一同樣需要這種相關因素發生有利於統一的變化。比如清朝統一臺灣，它是在明清易代的時代大背景下發生的產物，這是一個巨大的複雜的歷史變遷過程，明鄭與清政府之間的對峙正是這種歷史變遷的集中體現。歷史變遷需要一個過程，只有在相關力量發生此消彼長的結構性變化之時，才能有一個最後的結果。譬如明鄭與清之間的對峙，只有等到明鄭集團在政治、經濟、軍事等各方面發生衰變而清政府相繼完成對各種抵抗勢力的徹底征服之時，對臺灣的統一才能水到渠成。同樣，今天兩岸的分離，也必須要經過兩岸力量發生此消彼長的結構性變化，才能有一個最終的結果。這一過程是不以人的意志為轉移的。

其次，在追求國家的統一過程中，個人應當充分發揮主觀能動性。要善於創造形勢，抓住機遇，果斷決策，爭取國家統一的早日到來。中國歷史上國家的分裂與統一問題雖然有其規律，但這並不是說個人在其中就可以無任何作為，相反，作為分裂時代的個人應當充分發揮主觀能動性，主動地去創造局勢，抓住機遇，促成統一。時勢造英雄，同樣英雄也可以創造時勢，個人主觀能動性的發揮與否往往能

夠影響歷史進程的到來，特別是大分裂的時代，正是大英雄輩出的時代，個人正應當在其中大有作為，做時代的英雄人物。

其實，中國歷史上的分裂都是暫時的，並且都是動態的，是在彼此鬥爭中的分裂。當彼此對峙的任何一方不能維持這種動態平衡時，那麼統一的時機就會到來。中國大一統的歷史觀不會允許偏安小朝廷的存在，任何偏安思想都是沒有出路的，都只能是被動地等待統一。今天，臺灣一些政治人物恰恰存在著嚴重的偏安思想，其結局是可想而知的。

第三，在追求統一的過程中，要堅持政治和軍事的兩手，以政治手段為主，軍事手段為輔。統一戰爭不同於反抗外族的侵略戰爭，特別是對於臺灣的統一戰爭，由於臺灣老百姓的主體是漢人，統一的民心是可用的。無論是鄭成功收復臺灣，還是清政府統一臺灣，以及臺灣光復，臺灣民眾嚮往統一、不甘於被異族奴役的普遍民意都在其中發揮了重要作用。這種民心向背可以為在統一過程中充分採取政治手段提供了最大的現實基礎。統一問題絕不是純粹的軍事問題，事實上，用純粹的軍事手段也無法解決國家統一問題。這從中國歷史上的歷次統一戰爭都可以看出來，純粹靠武力是不足以收復民心的，統一也無法持久，如秦始皇的統一、項羽的短暫統一等，都是這方面的顯例。相反，如果能打出正確的旗號，注意做爭取民心的工作，往往能爆發出巨大的政治能量，如三國紛爭時期的劉備就是利用傳統社會普遍存在的正統思想，把自己打扮成東漢劉氏王朝的正統繼承人，從而獲得了民意的支持，成就了三分天下有其一的歷史霸業。歷史上這種例子並不多見。在近現代中國歷史上，國民黨和共產黨又上演了一出生動的民心向背的悲喜劇，共產黨由於爭取到了民意支持，從而迅速崛起，打敗了失去民心的國民黨，這其中的教訓是深刻的。

可見，在未來追求統一的過程中，一定要注意爭取民心的工作，

民心向背是解決兩岸未來統一問題的關鍵。當然,強調政治工作的重要性,並不是說不要武力。事實上,中國歷史上的統一沒有透過和平談判解決的先例。武力必須要有,而且要強,必須要一方在武力上取得絕對優勢才行。如果說兩個或者幾個政治集團在軍事力量相差不大的情況下,則統一幾乎是不可能的。因此,強大的武力是統一的基礎。但不能把武力作為統一的唯一基礎,武力要備而不用,以武力為基礎推進政治工作的進行,要不戰而屈人之兵。以武力為後盾而採取政治的手段。政治手段應當要具有寬闊的胸懷,要敢於退讓和妥協,只要原則性的立場不喪失,就應當盡最大的努力去爭取弱者一方的支持。一句話,要能體現王道,而不能只講霸道。

第四,臺灣問題自古以來就具有複雜的國際背景,是中西方文明衝突的風暴點。臺灣問題對於中國的國運有其指標意義。在近代,臺灣如果出現危機,甚至發生外敵入侵的情況,則一定是中國的全面危機。因此,臺灣問題是關係到中國全局的問題,一定要從國家興亡的角度來看待臺灣問題,重視臺灣問題的解決。在這一問題上不能有半點妥協,實現兩岸中國人的最終統一,這是無論如何也要達到的戰略目標。

從這個意義來講,臺灣問題不僅僅是傳統意義的國家統一問題,而且是一個中國在面對西方的挑戰時能不能立於不敗之地,能不能贏得國家的尊嚴與獨立的問題。在晚明,雖然當時中國已處於封建社會的末期,但仍然有足夠的力量應對西方殖民主義的挑戰,到了晚清,在經過近三百年的歷史演進之後,中國與西方相比已處於絕對弱勢的地位,因此很快就淪為被宰割的境地,臺灣正是在這種歷史大背景下被割讓給了日本。抗戰勝利之後,臺灣光復,但這一成果並不鞏固,兩岸很快又因為國共內戰而陷入分裂狀態。兩岸的分裂,國際因素特別是美國的介入是一個重要原因,而美國是代表西方最強大的資本主義國家,美國介入是近代西方列強干涉中國內政的一個邏輯延續,並

成為西方遏制中國重新崛起的一個重要的戰略工具。臺灣問題的解決就是要打破西方對於中國的遏制，實現國家的完全統一，從而推動中華民族復興的早日到來。因此中國必須要強大，要擁有排除一切外來干涉的實力，只有這樣才能促使臺灣早日回歸。相信這一時刻很快會到來。

論儒學傳統與臺灣本土化運動

儒學在臺灣的發展大致經歷了明鄭時期生根、清代發展繁榮、日據時期沉潛和光復後再度勃興等幾個階段，經過長期的歷史積澱，儒學早已奠定了作為臺灣社會與文化底盤的地位。但隨著1980年代以來臺灣本土化運動的急速開展，儒學在臺灣的發展受到了空前挑戰。一方面由於社會多元化的發展，作為官方意識形態的「國家化儒學」難以為繼而逐步走向解體；另一方面則是由於臺獨運動的衝擊。臺灣大學陳昭瑛教授曾對此加以評論，她說：「第三次的儒學破壞運動正以尋求『臺灣獨立』為名在臺灣蔓延，企圖由國家民族認同的顛覆來造成文化認同的顛覆，再經由後者來強化前者的理論基礎。『臺獨』運動將儒學視為外國文化，甚至敵國文化與殖民者文化，從而視臺灣人所受的儒學教化為受到外國殖民統治者的『同化』。」[17]正是這雙重的衝擊，使得儒學在意識形態領域受到嚴重挫折。

不僅在思想層面儒學受到排斥，在社會實踐層面，儒學也同樣日益邊緣化。儒學越來越脫離臺灣社會的實踐，臺灣大學黃俊杰教授曾對此發出感嘆，他說，「自從戒嚴令在1987年7月廢除以來，社會運動風起雲湧，但卻沒有一次運動，是高舉儒家思想的大旗從事改革的。」又說，「在中國歷史上具有悠久的經世傳統的儒家思想，卻在臺灣社會中游的轉型時刻裡缺席了。我們只能從被扭曲在官方意識形態下的中國文化基本文化教材中，看到儒家思想的餘影；或者將儒家

倫理視為被議題化的客體,成為學者探討東亞文明的變項之一。儒家思想不再作為探討、反省以致批判社會的主體,而只是一項在學術的實驗室中待分疏、待評估以至待解決的課題。我們不禁要問:是臺灣社會拋棄了儒家思想?還是儒家思想已經退出了臺灣的歷史舞臺?」[18]

黃教授所提示的這一問題確實是發人深省的,今天臺灣的儒學傳統不僅在意識形態領域受到清算,而且在社會實踐領域被日益邊緣化,這種現象是正常的嗎?這一結果對於臺灣社會轉型究竟會帶來何種影響?它與今天臺灣政治的亂像有何關係?臺灣儒學的出路究竟何在?在今後臺灣社會轉型的過程中儒學傳統會不會出現價值回歸?這些都是每一位關心臺灣儒學命運的學者所應當關注的問題。本文擬抓住臺灣本土化運動這一當代臺灣社會變革的核心問題來分析儒學傳統在其中的地位和作用。恰當與否,尚祈專家賜教。

一、臺灣本土化運動的基本內涵

本土化(localization)有著十分複雜的內涵,但基本而言,可以從文化和政治兩個層面來進行界定。從文化層面而言是指被外來勢力統治的社會或地域,要擺脫外來文化(主要指西方文化)的控制而確立本土社會在文化、精神等領域的獨立地位。就政治層面而言則指此一社會或地域擺脫外來政治勢力控制而在政治、行政、經濟等方面實現自主的努力。另外,隨著全球化運動的開展,本土化又獲得了與「全球化」相對立的意義。

具體到臺灣的本土化運動,由於臺灣在近代獨特的歷史遭遇,其本土化運動隨著歷史的變遷而有各自不同的歷史內涵。陳昭瑛教授將臺灣的本土化運動分成三個時期:日據時代之「反日」、戰後之「反西化」與今日之「反中國」。[19]陳教授是從「本土的(native)/外來的

（foreign）」或「本土主義（nativism）/殖民主義（colonialism）」這組對立觀念來進行劃分的，並且主要是側重於從文學的角度立論，如果就嚴格意義的本土化運動的本質屬性而言，這種概括或許還有值得推敲的地方，比如把日據時期與「戰後」及「今日」三個歷史時段對立是否恰當等？又如「反日」與「反西化」及「反中國」就政治性質而言顯然不同，將三者並立容易讓人忽視三者的本質差異，等等。

當然，陳教授將「反中國化」作為今日臺灣本土化運動的本質特徵，這種概括本身是無疑義的。的確，今日臺灣的本土化運動肇始於1970年代臺灣鄉土文學的發展，但在其演變過程中由於受到臺獨思潮的誘導，本土化運動逐步轉化為臺獨運動的組成部分。對於臺灣本土化運動的這種轉變，著名鄉土文學作家、「中國統一聯盟」發起人陳映真先生一直對此憂心忡忡，他說：「臺灣的文學界轉變成『臺獨』的比例，連我都出乎意料」，「在70年代末期，有一場鄉土文學論爭，當時還信誓旦旦地說臺灣的文學是中國文學的一部分的一些臺籍作家，也是一夕之間，隨著政治形勢的改變，就完全都站到『臺獨』那一邊。這是投機，是機會主義。」他認為，今天臺灣的本土主義就是「一種非常極端的反中國主義」，他說，「他們甚至用日本人侮辱中國人的言語來侮辱中國，像『清國奴』等等，還說外省人是『中國豬』。」[20]

可見，臺灣今日的本土化運動已經因為臺獨思潮的侵襲而發生嚴重異化，本土化運動與臺獨運動相互糾纏不清，這種混淆確實是十分令人痛心的。如今本土化運動已經被臺獨運動綁架，而成為落實臺獨實踐的一個工具。這種被臺獨汙染化的本土運動大致包括以下幾個層次：其一，在文化層面，表現為高度強調臺灣文化相對於中華文化的獨立性，認為臺灣文化是「多元文化的融合」，中華文化只是臺灣文化的一部分，臺灣文化具有獨立自在的主體性價值。如今，本土化已經成為臺灣一切文教政策的核心。特別是自民進黨上臺之後，借助行

政資源的主導,在文教領域展開大規模的「去中國化」運動,而全面落實臺灣的本土化文教政策。其二,在意識形態層面,強調臺灣優先,強調以維護「臺灣主體性」為核心的「臺灣意識」,而反對「中國意識」。「臺灣意識」與「中國意識」是割裂的甚至是相互否定的,「臺灣意識」以「反中國化」為其存在的前提。「愛臺灣」成為一切價值判斷的基礎。第三,在政治領域,臺獨分裂主義利用臺灣歷史上特有的悲情意識和「臺灣人出頭天」意識,將之引導為「反中國」的分裂意識。相應地,在族群問題上,則肆意操弄族群政治和省籍矛盾,實行大福佬沙文主義,這其實是一種十分狹隘的民粹主義政治。在國家認同層面上則透過建構一個所謂「臺灣民族」,最終達到獨立建國的目的。

二、當代臺灣本土化運動的內在矛盾

臺灣本土化運動的這種異化發展,雖然一度甚囂塵上,但卻有其自身難以克服的內在矛盾。這些矛盾主要表現在如下幾個方面:

其一是文化層面上臺灣文化的本質屬性與臺獨分裂主張的內在矛盾衝突。臺獨運動雖然寄生於臺灣本土化運動之中而獲得發展,但由於臺灣文化作為中華文化一部分的本質屬性難以改變,因此臺灣本土化運動從邏輯上而言只能是強化其中華文化的本質屬性,回歸中國化,本土化的過程即是「中國化」的過程。這與臺獨理論的期待是背道而馳的。

臺灣的本土化運動肇始於1895年臺灣人民的「乙未反割臺」鬥爭。由於甲午中日戰爭中國的戰敗,日本強行割占臺灣。面對這一奇劫巨變,臺灣民眾奮起反抗,不願意接受這一事實,於是宣布成立「臺灣民主共和國」,反對日本對臺灣的占領。「臺灣民主國」以「永清」為年號,表達永屬清朝之意。在「獨立宣言」中也明確說明

成立「臺灣民主國」的原委在於：「今已無天可籲，無人可援，臺民唯有自主，推擁賢哲，權攝臺政，事平之後，當再請命中朝，作何辦理。」21可見成立「臺灣民主國」是在當時特定的歷史條件下的不得已之舉，其中包含的恰恰是臺灣人民的大中華意識，而非主張臺灣獨立的分裂意識。在整個日據時期，臺灣人民為了反抗日本的殖民統治，進行了前仆後繼的英勇鬥爭，這種鬥爭包括文化層面、政治層面等，其中都包含著臺灣人民強烈的中國意識。總體而言，日據時期臺灣的本土化運動在政治層面上表現為反抗日本帝國主義殖民統治的民族解放運動；在文化層面則表現為反對日本殖民同化的新文化運動。這種以反對殖民統治和殖民同化的本土化運動是最本質、最具正面意義的本土化運動。

　　至於臺灣光復後臺灣的本土化運動，其最初表現為文學領域內臺灣鄉土文學的興起。「臺灣鄉土文學是在蔣氏政權統治下反共文學、現代文學盛行的環境中掙紮成長起來的。它具有濃厚鄉土氣味，是反權威、反西化（現代主義）的人民文學。它繼承了日據時代反日本帝國主義殖民、反封建精神的傳統，在新的時代背景下復甦茁壯起來。這樣的鄉土文學很難為依仗美、日等外國勢力的國民黨政權所容忍，這是容易想像的。於是鄉土文學遭到了國民黨御用文人和現代派文人的圍剿，對此鄉土派給予反擊，這就是鄉土文學論戰。」22以上這段文字把臺灣鄉土文學興起的背景、過程及性質都做了簡要的概括。可見，臺灣鄉土文學的興起是對國民黨過分強調臺灣文化作為中華文化一部分的同一性，而忽略甚至壓制臺灣文化特殊性的一種反動，它具有反威權的性質，但絕不是反殖民，它與日據時期在文化領域的本土化運動是有本質區別的。由於臺灣鄉土文學的興起具有其正當性，而且此時的臺灣鄉土文學並不否認臺灣文學作為中國文學一部分的事實。臺灣本土作家的著名代表吳濁流在1964年4月創辦了《臺灣文藝》，他談到他興辦《臺灣文藝》的意圖是：為了繼承和發展中華民

族的優秀的文化傳統。1969年他又設置了「吳濁流文學獎」，為的是培養新人，殷切期望青年擺脫「自甘屈居於西洋文學腳下掙扎以為榮」的「奴化思想」。又說：「我們的固有文學，不消說須要近代化，但近代化不是西化，亦不是日化。所謂近代化是要將固有文化的優點及其特質繼承下來，不能拿西、日文學來代替，需要自立自主。」他在《漫談臺灣文藝的使命》一文中明確指出：「臺灣文藝要根據臺灣的特殊環境而產生一個個性，這個性又要合於中國的普遍性，同時具有世界的普遍性，才有價值可言」。23

可見臺灣鄉土文學是在承認臺灣文學作為中國文學一部分的共性的前提下，企圖尋找臺灣文學的個性，二者是普遍性與特殊性的統一。從本質上說臺灣鄉土文學是一種鄉土意識的反映，它所表現的臺灣意識與北京意識、湖北意識等都沒有本質區別。正因為如此，臺灣鄉土文學獲得了部分外省籍知識分子如徐復觀等的支持。但在70年代末，隨著鄉土文學論戰的白熱化，臺灣意識開始從中國意識中分裂出來，本省籍作家「幾乎一夜之間就轉向『臺獨』那邊」，陳映真對於臺灣文學領域的這種變化極為痛心。到了80年代後期，鄉土文學論戰逐步演化為「臺灣意識」與「中國意識」的論戰。在這裡，「臺灣意識」已經由原先純粹的鄉土意識而轉變為具有特定政治意涵的政治認同了，「臺灣意識」成為與「中國意識」相對立的一個具有某種獨立性的概念。

臺灣本土化運動的這種轉變牽涉到七八十年代臺灣政治環境的複雜變遷。1970年代初，在反攻大陸無望，且國際上發生尼克森訪華、臺灣退出聯合國等重大政治事變之後，蔣經國提出了「革新保臺」路線，啟動了臺灣本土化和民主化的進程。其目的在於化解省籍矛盾，爭取地方勢力的支持，擴大國民黨統治的社會基礎。但隨著本土化與民主化的啟動，島內的反對勢力也趁勢而起，而盤踞在美日等地的海外臺獨勢力也蠢蠢欲動，二者大有結合之勢，「美麗島事件」爆發

後，國民黨與黨外勢力的矛盾空前激化，由於黨外運動是由本省籍人士所主導的，所以美麗島事件也可以理解為蔣經國企圖以本土化來尋求本省籍人士支持的政策的失敗。此後，本土化運動脫離了國民黨當局的控制而向臺獨運動急劇發展，本土化運動成為本土政治勢力尋求民眾支持的政治工具。至此，本土化已經因為政治的汙染而發生嚴重異化。此後發展只是本土化在政治的操弄下迅速向臺獨化狂飆的過程。

就這一邏輯發展過程而言，陳昭英教授將80年代以來本土化運動的性質概括為「反中國」是合理的，但它與日據時期以「反日」為特徵的本土化運動存在著本質區別。主要在於「反日」的本土化運動是符合本土化運動的本質屬性的、正面的運動，而「反中國」的本土化運動則是異化的、不符合本土化運動本質屬性的偽本土化運動。其根本分歧點在於，臺灣相對於日本誠然是殖民與被殖民者的關係，但臺灣和中國則是局部和整體的關係，臺灣文化屬於中華文化一部分的事實不能改變，而國民黨政權也不能被簡單視為「外來政權」，這是「反中國」的本土化運動最大的邏輯悖論。

而從實踐層面來看，由於臺灣文化本質上是中國文化，因此徹底的「去中國化」不但不可能，而且有害，很難想像徹底「去中國化」後的臺灣文化還能剩下什麼。這就決定任何文化領域魯莽的「去中國化」只能是一種精神自戕，除了造成自身的精神分裂和痛苦之外終將一無所獲。而從政治層面而言，臺獨勢力將「中國」解釋成「中華人民共和國」，似乎這樣就能使臺灣自外於中國。但這種解釋只能是自欺欺人，因為臺灣屬於中國一部分的事實無法改變，這是歷史事實與國際現實決定的，自欺欺人的製造臺灣和中國的對立除了能獲得阿Q式的自我安慰以外還能獲得什麼？特別是由於臺獨勢力為了獨霸臺灣的政治資源，將國民黨等視為中國的代言人，從而造成島內政治認同的嚴重混亂。今天臺灣政治的一切亂象不都是因為如此嗎？從這裡也可

見偽本土化運動的危害之烈。

其二是意識形態層面「臺灣意識」中「文化認同」和「政治認同」分裂的內在矛盾，這種狀態與中華文化歷史傳統是相違背的。被政治化後的「臺灣意識」其實具有某種「國族認同」的意涵，但這個「臺灣意識」無法克服其內在的「文化認同」與「政治認同」相分裂的矛盾。「文化認同」和「政治認同」大抵相當於中國歷史上的所謂「政統」和「道統」之別。在儒家世界裡，道統是從文、武、周公，孔孟程朱而一以貫之的。這個道統在中國人的精神世界裡具有十分重要的地位，它是中國人身分認同的一個重要方面。至於政統，則比較複雜，由於中國歷史分分合合的循環演進，要建構一個一以貫之的政統比較困難，特別是確定一個政權是否屬於正統，是一樁十分複雜的公案。因此在中國人的精神世界裡，特別是對於傳統士人而言，道統比政統更為重要。明末大儒顧炎武嘗謂：「有亡國有亡天下。亡國與亡天下奚辨？曰：異姓改號，謂之亡國。仁義充塞，而至於率獸食人，人將相食，謂之亡天下。」[24]在他的眼中，「亡國」與「亡天下」是有其差異的。所謂「亡國」是政統層面的問題，也可以理解為「政治認同」對象的崩潰；而「亡天下」則是文化層面的問題，是指「文化認同」的瓦解。二者的界限十分清楚。

在中國歷史上，「政統」和「道統」在大部分的時間裡都是統一的，但也有相分離的時候，最為典型的就是明末清初和清末民初兩次歷史巨變。明清易代，滿清少數民族入主中原，變革漢人衣冠髮飾，這對於漢人來說是難以忍受的奇恥巨劫，人們紛紛群起反抗。而對於以「為晚世繼絕學，為萬世開太平」的傳統士人來說，其精神上所受的挫折是難以想像的，明末大儒顧、黃、王、顏等莫不以遺民自居，承受著精神上的巨大煎熬。清末民初的時代巨變，伴隨著歐風美雨的侵襲，傳統文化又遭受著滅頂之災，當時的中國人同樣經受著精神上的痛苦，最為激烈者如王國維等則以自殺的方式來尋求解脫，足可見

中國人對於文化傳統的珍視。

這種「文化認同」與「政治認同」相分離而產生的痛苦在日據時期的臺灣人身上同樣有十分明顯的反映。由於日本強行割占臺灣，臺灣人在政治認同上因為外部環境的變化而轉向日本，而在文化認同上他們仍然堅持中華文化，這種文化認同和政治認同的斷裂「引起臺灣人極大的痛苦」。關於此點，黃俊杰教授在《論「臺灣意識」中「文化認同」與「政治認同」的關係》一文中有很好的論述，他以日據時期臺灣知識分子李春生、張深切和臺籍知識分子與梁啟超的互動為例，分析了臺灣人在面臨政治認同和文化認同分裂時所產生的巨大痛苦。25這種痛苦是日本殖民主義強加在臺灣人民頭上的，隨著臺灣的光復，這種痛苦也即宣告解除。

但奇怪的是，80年代以後興起的臺灣意識又企圖將二者分裂，以達到「臺獨建國」的目的。按照臺獨思想的邏輯，他們認為政治認同和文化認同是可以分裂的，如臺獨代表人物彭明敏就說：「現代國家的建立不是以種族、文化、語言或宗教等作為基礎，而是以共同命運和共同利益的信念作為根基。後者是從共同的歷史所產生的主觀感覺，未必與那些客觀的種族、文化、語言、宗教等因素有關。在近代歷史上有許多例子，相同種族、文化、語言或宗教背景的人們，卻分別成立不同的國家，因為他們缺乏上述共同命運、共同利益的信念；相反，也有許多例子，種族、文化、語言或宗教背景不同的人們，則構成為單一國家，因為他們具有共同命運、共同利益的信念。」26

這一理論今天也被許多臺獨論者提及，並特別舉例子說，像新加坡同樣為華人社會，但卻可以成為一個國家，言外之意即臺灣也可以援引新加坡例而成為一個國家，這顯然是與常識相違背的。這一理論的最大錯誤在於忽略了中國人的國家認同是透過歷史解釋而建構的這一事實。重史是中國人的一大傳統，在先秦時代，歷史書寫就已成為

一種重要的政治活動，朝廷設有史官，「左史記言，右史記事」，歷史意識的高度發達是中華民族的一個重要特徵。中國歷代的修史制度，綿延兩千多年而不絕，成為世界上唯一保存有完整歷史紀錄的民族。這一傳統對於維繫中華民族的多元一體格局有著十分重要的意義。

對於歷史意識高度發達的中國社會來說，任何一個政權的合法性都是透過歷史建構而獲得的。臺灣屬於中國領土的一部分，這一歷史事實是難以更改的，任何違背這一事實的解釋都不能獲得中國人的認同。中國人從來不主張對於韓國、越南的主權要求，雖然他們都屬於中華文化圈，並且歷史上與中國有著十分密切的聯繫，這是基於中國人歷史常識的簡單判斷，它並沒有太複雜的理論背景。

對於臺獨論者來說，要建構其臺獨主張的合理性也必須透過歷史解釋來獲得。因此才有今天形形色色的「臺獨史觀」，如臺灣四百年史都看做是外來政權統治的歷史，以強化建立所謂「本土政權」的正當性，但這些歷史解釋都無法掩蓋其虛構的歪曲的本質，是經不起歷史檢視的。

如果說日據時期臺灣人因為文化認同與政治認同的分裂而產生痛苦，那麼今天的臺灣人民會因為臺獨勢力的鼓噪而忍受這一痛苦嗎？

第三，在政治層面上臺獨分裂主義與中華民族的根本利益存在著矛盾衝突。如前所言，臺灣本土化運動在政治上的表現即是利用臺灣歷史上的悲情意識和出頭天意識，來構建臺灣的所謂主體性，並最終達到獨立建國的目的。這一政治企圖與中華民族的整體利益是相衝突的，對正在追求民族復興的中國來說是絕對難以容忍的。因此，臺獨活動無論在現實層面，還是在歷史層面都不可能得到中國人民的同情和體認。二者的衝突是根本性的，無法調和的。就當今的世界形勢而言，臺獨運動要突破現有的國際格局而獲得獨立無疑是不現實的。國

際政治的現實及大陸反臺獨的堅定決心使得臺獨運動注定只能是一個空中樓閣，總有坍塌的一天。

三、臺灣的文化宿命及其未來發展

以上所述當代臺灣本土化所包含的三組內在矛盾，從根本上說這是臺獨意識形態和中國歷史文化傳統之間的矛盾，也可以具體歸結為臺獨意識形態與作為臺灣文化底盤的儒學傳統之間的矛盾。

儒學作為中國傳統文化的核心，它已經滲透入中國傳統社會的方方面面，從經濟基礎到上層建築，包括日常倫理、社會秩序、政治制度等各個方面。雖然自近代以來，隨著中國經濟社會的變革，儒學作為官方意識形態已經解體，但儒學作為中國傳統文化的核心組成部分，仍然在社會各個層面發生作用，這種潛藏的影響可能還沒有被我們意識到。因為近代以來傳統儒學經過幾次嚴重的清洗，特別是自五四運動以來中國社會對於文化傳統表現出越來越敵視的態度，這種徹底反傳統的情緒到文化大革命達到巔峰，中國傳統文化在這一過程中遭受浩劫。

但是正如當代新儒家所抱定的一個信念：儒學與現代化並不違背，儒學同樣可以開出民主與科學。如果傳統被徹底消滅了，那中國之所以為中國的特性也就被消滅了，那樣的社會即使實現了現代化，但其實已經不能稱其為中國。事實證明，中國在實現現代化的過程中，徹底拋棄傳統不但不可能，而且有害。中國大陸在經過文化大革命的反傳統運動狂飆之後又逐步向傳統回歸，這一事實本身已經做出了說明，相信中國現代歷史上最為嚴重的反傳統運動已經過去，在未來必然是以包括儒學在內的中國傳統文化的全面復興時代。

就臺灣而言，它對於中國傳統文化有著十分特別的意義。明清易

代之際，鄭成功開疆拓土，收復臺灣，這不僅具有政治上的意義，也具有文化上的意義，一大批明遺民不甘淪為異族所統治，紛紛隨鄭成功渡臺，將臺灣作為他們安身立命之所，從這時起臺灣就成為一方含蘊中華文化的熱土。正如沈葆楨所題的延平郡王祠的對聯所揭示的：「開萬古得未曾有之奇，洪荒留此山川，作遺民世界；極一生無可如何之遇，缺憾還諸天地，是創格完人。」鄭成功收復臺灣不僅有開疆闢土的意義，而且具有十分重要的文化意義。

在近代，臺灣雖然淪為異族之手，但以儒學為核心的傳統文化仍然很好的保存在臺灣社會之中，並且是臺灣人民對抗日本帝國主義文化殖民的重要資源。臺灣光復後，臺灣重新確立了中華文化的主體地位，但在隨後，隨著國共內戰的爆發及國民黨政權的退據臺灣，臺灣又一次被捲入了中國政治的風暴中心。政治上兩岸的分裂與鬥爭無需多論，在文化上其實也經歷了一場暴風驟雨式的分化變革。在中國近代三大思潮中，大陸是馬克思主義一枝獨秀，而自由主義的主體部分則來到了臺灣，新儒家也在臺灣茁壯成長（還有香港和海外）。臺灣這塊小小的土地承載著多麼沉重的文化命運！隨著後來兩岸政治的發展，在中國大陸政治氣氛越來越激進，傳統文化也在政治的狂飆運動中遭受到滅頂之災。而臺灣的蔣介石政權雖然是出於反共的本意而發起中華文化復興運動，但無論怎樣還是為中華傳統文化的發展保留了一個避風港，憑藉這個生存的空間臺灣也成為了新儒家發展的重鎮。並且由於儒學成為國民黨的官方意識形態，透過政治權力有助於儒學擴大在臺灣社會的影響。黃俊傑教授認為，儒學在戰後臺灣有兩種存在形式：在官方存在於中小學教科書中；在民間則以學院中的學術思潮的形式而存在。27雖然作為官方意識形態的儒學伴隨著臺灣社會的轉型已經走向解體，但教育的影響是不可能那麼輕易被抹去的，而從民間儒學存在形式來看，仍然有很大的學術生命力，臺灣的新儒家研究在整個華人文化圈中仍然占有十分重要的地位。可見臺灣對於中國

傳統文化有其獨特的價值和地位，這種地位是臺灣社會一定要珍惜的。

可惜的是，在臺獨思潮泛濫成災的情況下，臺灣正在自我毀滅這種寶貴的文化價值。臺獨把中華文化看作是外來文化，看作所謂本土文化的大敵，必欲除之而後快，於是我們看到各種自殘式的「去中國化」行為，這既是臺灣的不幸，也是中華文化的不幸。今天臺灣社會已經逐步品嚐到這種「去中國化」的惡果。我們看到今天臺灣的政治，只見政客肆意操弄臺獨意識形態，撕裂臺灣族群，社會動盪不安，經濟民生迅速惡化，人民生活痛苦指數不斷升高，甚至基本的倫理道德都受到威脅，臺灣人民在這一過程中又何嘗得到了臺灣人的尊嚴？

可見，臺獨思潮對於臺灣社會來說是一場浩劫。臺獨不但不可能，而且有害，臺灣在追求臺獨的過程中除了自我毀滅之外將什麼也得不到。一切有良心的中國人，難道不應當為此而感到揪心嗎？難道不應當奮起而與之鬥爭嗎？這既是為了臺灣，也是為了中華文化的未來發展。臺灣在中華文化發展的過程中承擔著重要的文化使命，臺灣不僅是臺灣人的臺灣，也是全中華民族的臺灣，臺灣的價值必須要在中華民族的歷史發展中去體現。這是臺灣的宿命，是臺灣的責任，也是臺灣未來必走的路。

論臺灣中學歷史教科書的修訂問題——兼論兩岸史觀的重新連接

從上世紀90年代以來，臺灣中學歷史教育呈現出全面「去中國化」的趨勢。簡而言之，即是放棄了中國歷史本位的課程設置，如將臺灣歷史從中國歷史中剝離出來單獨成冊，賦予臺灣歷史與中國歷史

對立的地位，用「臺獨史觀」重新建構臺灣歷史，等等。臺灣中學歷史教科書的「去中國化」趨勢經過李、扁執政20年的刻意推動，已經嚴重混淆了臺灣民眾特別是青年的民族國家認同，造成了兩岸民眾認同的疏離和隔膜，可謂遺毒無窮。但遺憾的是，這一趨勢到今天仍然沒有得到有效遏制。在兩岸關係進入和平發展的新時期，兩岸民眾認同的疏離是橫亙在兩岸人民心靈中的一個巨大鴻溝，嚴重影響著兩岸人民的心靈溝通，也影響著兩岸關係和平發展的持續深入。如何排除兩岸民眾心理認同的障礙，實現兩岸民眾心靈的連接，這已經成為一個必須要嚴肅面對並加以解決的問題。在這種背景下，全面檢討和清理臺灣中學歷史教育中的臺獨毒素，就顯得特別重要。

一、臺灣中學歷史教科書修訂的基本脈絡

臺灣中學歷史教育，包括國民中學（初中）和高級中學（高中）兩個階段，前者屬於義務教育階段，後者屬於普通高中。中學歷史教育的主要依據是《中學歷史課程標準》，課程標準規定了歷史教育的目標、內容、課時、考核等，是中學歷史教育的準繩。因此，課程標準的變動直接影響了歷史教科書的編訂。

從南京國民政府統治時期算起，臺灣所施行的《中學歷史課程標準》迄今大約經過了13次修訂。但以1994年的課程標準修訂為界，臺灣中學歷史教育開始發生巨大變化。簡單地說，就是臺灣中學歷史教育開始全面推行「去中國化」的臺獨政策。這種變動最初是從初中歷史教育開始的。1994年，臺灣教育行政部門頒布《國民中學課程標準》，增訂《認識臺灣》為必修課程。《認識臺灣》包括「社會篇」、「歷史篇」、「地理篇」。在課時安排上，初中一年級講《認識臺灣歷史篇》，初二講本國史，初三講外國史。這樣就把臺灣史從中國史中抽離出來單獨成冊。把臺灣史分裂出來並賦予其主體性地

位,這是臺灣中學歷史教育的一個重大變動,這也是此後臺灣中學歷史教育「臺獨化」的一個重要方向。

不僅如此,1994年的國中歷史課綱在教育方針方面也發生了巨大變化。試以1983年版課綱和1994年版課綱教學目標對照說明:(見表一)

表一 1983、1994年版國民初級中學歷史教科書教學目標

1983年版初中歷史課程教學目標	1994年版初中歷史課程綱要及「認識台灣（歷史篇）」教學目標
1.使學生明了中華民族的演進和歷代疆域的變遷。 2. 使學生就國民小學社會學科所學基礎，進一步明了我國政治、社會、經濟、文化的發展，以期增強其愛國家、愛民族的情操與團結合作的精神。 3. 使學生從我國悠久歷史、燦爛文化的史實中，使學生認識民族的傳統精神、國民的地位與責任。 4. 使學生明了世界各民族歷史的演進、文化的發展、時代的趨勢以及中國在國際上的地位與責任。	(一)歷史 1. 引導學生了解歷史知識的本質。 2. 引導學生對歷史發生興趣，才能主動學習。 3. 引導學生認清國家創建的艱辛及個人的責任。 4. 培養學生具有開闊的心胸並成為具有世界觀的國民。 (二)認識台灣(歷史篇) 1.認識各族群先民開發台、澎、金、馬的史實,加強承先啟後、繼往開來的使命感，並培養團結合作的精神。 2.認識自己生活周遭環境，培養愛鄉愛國的情操與具有世界觀的胸襟。 3.增進對台、澎、金、馬文化資產的了解，養成珍惜維護的觀念。

資料來源：《國民中學課程標準》（1983）、《國民中學課程標準》（1994）。

從上圖對比可知，1994年初中歷史課綱與1983年初中歷史課綱在教學目標方面有著很大的不同。最主要的是1994年課綱模糊和淡化了歷史教育在培養學生的國家認同與民族文化認同方面的責任，而另一方面又在《認識臺灣（歷史篇）》中強調對於臺、澎、金、馬地區的「使命感」和忠誠。一退一進之間，企圖藉歷史教育而建構「臺灣主體性」的用心昭然若揭。1994年國中歷史課綱的版本代表著臺灣在教育部已經放棄了對於中華民族和中國的民族國家認同，轉而尋求建立所謂的「臺灣主體性」。臺灣的中學歷史教育已經成為李登輝等臺獨勢力推行「臺獨意識形態」的主要戰場。而以此為開端，臺灣的統獨兩股力量在歷史教育領域也展開了持續長期的對抗。當然，由於臺獨勢力掌握了執政權，「統派」力量最終無法阻止臺灣中學歷史教育的「臺獨化」傾向，但他們的批評仍然是有力而深刻的，值得加以認真

梳理和總結28。我們在這裡不對此展開。

從1995年開始，臺灣教育部開始依據1994年通過的初中歷史課綱編撰《認識臺灣》歷史教科書，主其事者是諸如杜正勝、黃秀政等極具臺獨意識形態色彩的學者。杜正勝還發明了一套所謂「同心圓理論」，強調以學習者的「時空環境為中心」，一圈圈地往外推移。因此，他理想的「同心圓理論」課程架構為：鄉土史—臺灣史—中國史—亞洲史—世界史，從低年級到高年級依次安排教學內容。29「由近及遠」安排教材內容似乎並無不妥，但問題的關鍵在於，這個「同心圓」課程結構打亂了中國傳統史學的敘事結構，特別是把臺灣史從中國史中獨立出來，使臺灣史獲得了獨立的主體性地位。這個理論在教學實踐上也存在很大問題，相關學者已經對此進行了批評30。但由於「同心圓理論」迎合了當政者建立「臺灣主體性」的意圖，強調用臺灣的觀點來看待臺灣與外界的歷史聯繫，因此這套理論成為此後臺灣中學歷史教育進行臺獨改造的指導思想。杜正勝本人也身體力行，長期參與和主導了這一過程，成為推動臺灣中學歷史教育全面「去中國化」的最大推手。

由這樣一批極具臺獨意識形態的學者所編撰的《認識臺灣》教科書，其結果可想而知。1997年，《認識臺灣》教科書正式出籠。但這部用「臺獨史觀」編寫的教科書，其荒謬錯亂從一開始就引起島內各界人士的普遍質疑，並進而引發了一場社會論戰。《認識臺灣》分為「社會篇」、「歷史篇」、「地理篇」，其中「地理篇」由於所涉意識形態較少，並沒有引起太大爭論。而「歷史篇」和「社會篇」則在史觀和史料等方面都存在嚴重問題，兩岸學界針對這兩本教材的錯誤展開批判，並都集結成冊31。本文不再贅述。

正當《認識臺灣》教科書紛紛擾擾之時，臺灣教育部又推出一個更令社會嘩然的政令，決定從1997年開始規劃初中及小學「九年一

貫」課程綱要。所謂「九年一貫」，就是把小學六年和初中三年打通，整體規劃教學課程，但其要害在於各科領域的整合。按照臺灣教育部門的規劃，「九年一貫」課程包括七大學習領域：語文、健康與體育、社會、藝術與人文、數學、自然與科技、綜合活動。歷史學科被整合進社會科，形同取消。透過這種改造，歷史教學的內容和課時都大為壓縮，特別是中國史的內容壓縮很大，但臺灣史的教學卻並沒有減少，並且還透過鄉土教育等多種形式得以加強。2002年9月，民進黨執政當局正式公布「國民中小學九年一貫課程暫行綱要」。至此，初中歷史教育的「改造」大功告成。

高中歷史教育的改造則比較複雜一些。1995年，臺灣教育部門修訂《高級中學課程標準》，這次修訂，雖然臺灣史仍然被納入到中國史的範疇下講授，但在教學目標方面卻有了很大改變，主要是去除了此前課程標準中對於培養學生國家認同和民族文化認同方面的目標要求。

1996年10月，杜正勝應「國立編譯館」的聘請，籌組「高中歷史科教科書編審委員會」並親任主任。他認為1995年修訂的高中歷史課程標準不符合臺灣的實際情況，而且與初中歷史課程無法銜接。他以「同心圓理論」為指導，草擬了高中歷史課程大綱，並企圖以此取代業已頒布的高中歷史課程綱要。當然，杜的荒誕做法是因為他背後有推行臺獨政策的臺灣政府的撐腰。最終，杜所草擬的高中歷史課程綱要並沒有被教育部門採納，但教育部卻就此宣布開放民間撰寫歷史教科書，然後由教育部依據課程綱要來進行審定。此舉打破了延續數十年的由「國立編譯館」統編歷史教材的模式，臺灣歷史教科書的編撰進入到了「一綱多本」時代。

民進黨上臺後，繼續在文化教育領域推行「去中國化」政策。在「九年一貫」課程綱要正式實施後，為了與之相銜接，高中歷史課程

的改造成為必然。2001年3月,臺灣教育部成立「高級中學課程發展委員會」,著手進行高中教育改革。2003年,臺灣教育部公布《高中歷史課程綱要草案》,這個草案最大的變動就是「臺灣史」獨立成冊,放在高一上學期,為必修課。此外,教材內容也存在諸多謬誤,如在臺灣史部分不講明鄭和清朝歷史,將明代後中後期、清史及民國歷史都放在世界史範疇講授等等。透過這種改造,臺灣史不僅獲得了與中國史、世界史並立的地位,而且在教學內容上也實行了較為徹底的臺獨改造。但這種公然割裂歷史的做法遭到了臺灣社會輿論的強烈譴責[32],在社會輿論的強大壓力之下,臺灣教育部門被迫推遲課程綱要的公布時間。

2004年陳水扁連任之後,聘任杜正勝為教育部長,直接操刀臺灣教育改革。在杜氏的強力主導下,2004年11月,臺灣教育部倉促公布修訂後的《高中歷史課綱草案》,後又不顧各界的強烈反對而於該年12月發布定稿。2004年版高中歷史課程綱要的頒布,過程倉促,方式粗暴,這個課綱最大的「成果」就是完成了對於高中歷史教育進行臺獨改造的任務。

2004年版高中課程綱要由於反對聲浪太大,被定為「暫行綱要」(簡稱95暫綱),原計劃2006年實施。但在「暫綱」實施後不久,臺灣教育部又開始著手對課綱進行新的修訂。2008年1月,陳水扁搶在下臺前夕宣布了新的高中課程綱要(簡稱98課綱),這個課程綱要按計劃應於2009年實施。

「98課綱」頒布之後同樣遭到社會各界的廣泛質疑,特別是國文和歷史科遭遇的質疑最大。2008年3月,馬英九在「大選」中獲勝。各方普遍希望國民黨重新執政後能夠在教育領域實行撥亂反正,馬當局的教育主管部門也把國文和歷史兩課綱攔下不予公布,並組成一個「高中歷史教科書課綱修訂小組委員會」進行修訂。這個修訂工作持

續了3年時間,由於委員會的組成人員還是綠色背景的多,修訂的成效並不大。2011年5月27日,臺灣教育部公布了修訂後的《高中歷史新課綱》。這個新課綱在內容上僅做了枝節的修改,比如增加半個學期的中國史課時等,但對於「98課綱」中「去中國化」的一些關鍵問題並沒有觸及,比如教育目標仍然模糊民族認同和國家認同;臺灣史仍然單獨成冊,並放在中國史之前講授,等等。這個新課綱由馬當局頒布實施,形同馬當局也對「臺獨史觀」的教科書撰寫背書,其性質是十分嚴重的。

正因為如此,近期臺灣一些有識之士開始呼籲社會重視臺灣中學歷史教科書的撥亂反正問題,如郝柏村投書媒體探討中學歷史教科書的問題[33],並引起臺灣各界的共鳴[34]。這些事實說明,臺灣中學歷史教科書亟須要進行一場撥亂反正的工作。

二、臺灣中學歷史教科書必須進行撥亂反正

如上所述,透過李、扁20年的臺獨執政,臺灣中學歷史教科書已經成為李、扁推行「文化臺獨」的重災區。當前的臺灣中學歷史教科書,從教學目標到教學內容等都充滿了濃厚的臺獨色彩。關於臺灣中學歷史教科書編寫中所表現出的種種臺獨史觀,兩岸學者都進行了深刻的批判[35]。歷史教科書作為培養學生國家認同和民族文化認同觀念的重要載體,如果任由這種「獨」素蔓延,其後果是十分嚴重的。必須在徹底批判臺獨史觀的基礎上,重新確立臺灣中學歷史教育領域的中國歷史本位,以引導臺灣民眾形成正確的民族國家認同。

批判臺獨史觀,首先是兩岸關係和平發展的需要。臺獨史觀是橫亙在兩岸人民心靈中間的最大障礙,必須要加以清除,才能使兩岸人民的心靈真正融合。和平發展與臺獨是不相容的,一方面兩岸關係和平發展,一方面卻繼續走向臺獨,這種情況是無法想像的。因此,如

果兩岸要尋求真正永久的和平，就必須要消除臺獨這一巨大不穩定因素。

其次，批判臺獨史觀，回歸中華民族史觀，這是對臺灣人民負責，也是對中華民族負責。「臺獨史觀」為了其狹隘的意識形態，不惜任意歪曲捏造歷史，其魯莽粗暴無以復加。事實上臺灣歷史只有放在中國歷史，特別是近代百年中國的反帝反封建歷史中才能講得通，也才更貼近於歷史的真實。為了私利而過分拔高臺灣歷史的地位，甚至將其與中國歷史等同起來、對立起來，這不是真正的尊重臺灣歷史，而是對臺灣歷史的最大歪曲，這也是對臺灣人民不負責任的。用謊言和欺騙建造的歷史不論多麼富麗堂皇，終究是靠不住的。而如果因為這種誤導而欺騙了部分民眾，那就是對臺灣人民的犯罪。臺獨勢力為了實現自己不可告人的目的而去公然偽造歪曲歷史，這是應當受到譴責的。站在對臺灣人民負責任的立場，就有必要告訴臺灣人民歷史的真相，這也是對整個中華民族負責。

第三，批判臺獨史觀，是在思想領域的撥亂反正，是為了奪回被臺獨勢力拿去的歷史話語權。20多年來，島內的臺獨勢力利用手中的公權力，大力推動臺獨政治的社會化，在各方面推行臺獨政策，從而形成了臺獨法西斯主義。依靠執政權的支持，臺獨在島內取得了話語權，矇蔽了不少臺灣民眾。這種情況必須要加以改變。目前，臺獨政權已經垮臺，如果不乘這個時機大力進行話語權的爭奪，而任由臺獨論述謬種流傳，姑息縱容的結果必定是害了自己，永遠匍匐在臺獨的陰影之下，而臺灣人民也無法擺脫臺獨法西斯的脅迫。從事物發展的角度來看，沒有一個大的歷史反動，就不可能有新的發展方向。大陸「文革」後在思想領域的大解放，正是推進改革開放最大的思想助力。臺灣要想開創一個新的局面，也必須有一個思想領域的大解放，把被臺獨顛倒了、搞亂了的是非重新校正過來。只有這樣，臺灣才能跳出臺獨政治的泥淖，而實現真正的族群和諧和社會清明。

事實上，「臺獨史觀」是經不起推敲的。在中學歷史教科書領域，「臺獨史觀」偽造、割裂、曲解歷史，種種惡形惡狀，可謂一清二楚。兩岸的歷史學者已經對此做出了深刻批判。因此，要從學術角度批判歷史教科書領域的臺獨論述，這是輕而易舉的事情。近二十年來臺灣中學歷史教科書的「臺獨化」改造，無非就是遵循杜正勝的「同心圓」理論。杜氏在學術領域的成就固然很高，但當他抱著狹隘的臺獨意識形態而來參與歷史教科書的修訂時，就顯得十分可笑。他的固執心態，以及作為知識人的自傲，使他不顧中學歷史教育的基本規律，而想當然的搞出一個「同心圓」理論，將之運用於中學歷史教學領域，其乖謬之處已經得到諸如王仲孚等歷史教育學家的批判。但只是因為杜氏的這個理論迎合了李、扁等推動臺獨政治的需要，遂得以大行其道。而杜氏本人也絲毫不覺得自己是當了別人的打手，十分有損於其專業形象。十多年來，杜氏在教育領域橫行無忌，成為臺灣中學歷史教科書臺獨改造的最大推手，這確實是杜氏的不幸。

　　因此，臺灣中學歷史教科書的改造從一開始就不是純粹的學術問題，而是個政治問題。這是一場統「獨」鬥爭，是對於歷史話語權的爭奪，它根本無關於學術。但我們也看到，在2008年之後，雖然馬當局也主動對98歷史課綱進行修訂，但在課綱委員會人員構成沒有大的變動的情況下，修訂的結果必然不能讓人滿意。這說明臺獨勢力在臺灣影響仍然很大。

　　當然，臺獨執政經過了20年，而且臺灣社會確有其百年來的特殊歷史經歷和社會心態，要在短期內消除臺獨的影響是不可能的。但畢竟，臺灣已經實現了政黨輪替，而國民黨是反對臺獨和主張「九二共識」的。反對臺獨不僅是兩岸交往時的一個政治表態，更重要的是一個執政理念，是要貫徹於馬當局的施政中去的。

　　再者，臺灣中學歷史教科書中的種種論述已經嚴重違背了臺灣現

行的法律法規，從這個角度出發也有必要加以校正和規範。

歷史教科書作為教育青年的重要載體，出於對青年負責的態度，也不應該對被臺獨嚴重汙染的歷史教科書採取聽之任之的態度。我們呼籲馬當局能夠拿出魄力和勇氣來改變這種狀況。

三、重定臺灣歷史的坐標，實現兩岸人民心靈的連接

經過近20年的迷航之旅，臺灣這條船確實有必要重新確定歷史的航向了。既然經過20年的統「獨」鬥爭已經證明臺獨之路走不通，而近幾年兩岸關係和平發展的實踐也證明，和平發展是一條推進兩岸融合的康莊大道，這是一條可以走通的路。那麼，臺獨勢力及其支持力量就有必要冷靜地思考一下臺灣的前途以及兩岸的前途問題。

臺灣今天的一切紛亂均是因為臺獨而起，所謂族群鬥爭、統「獨」鬥爭，臺獨已經成為臺灣社會難以承受之重。臺灣社會真的如李登輝所言需要「出埃及記」嗎？臺獨真的是臺灣人民的必然選擇嗎？認真的回溯歷史，顯然答案是否定的。

臺灣在明鄭時期曾以一島之力抗清，許多明末遺民紛紛歸附，反對的是滿人變易漢人「衣冠髮式」，因此鄭成功抗清，具有十分重要的文化意義。而臺灣自那時起，已經成為一塊被中華文化含蘊的熱土。清朝200多年的統治，臺灣與大陸特別是福建密不可分，兩岸地緣相近、人緣相親、血緣相連，這是任何人也阻斷不了的。清末面對外敵的侵略，臺灣處於反侵略的最前沿。在中法戰爭中，臺灣做出了巨大貢獻。甲午中日戰爭，中國不幸戰敗，被迫割讓臺灣。但臺灣人民所表現的民族氣節和精神確實是令人感動的。無論是乙未反割臺鬥爭，還是隨後持續50年的反殖民鬥爭，臺灣人民從來沒有放棄抵抗，

也從來沒有放棄對中華文化和中華民族的嚮往。臺灣光復，臺灣人民所表現出的發自內心的喜悅之情，正是臺灣民眾赤子之心的真情流露。50年的殖民統治並沒有割斷臺灣人民的中國意識，可惜的是，隨後由於種種複雜原因而導致了「二二八」事件的發生，「二二八」事件的爆發及其後國民政府的殘酷鎮壓嚴重挫傷了臺灣民眾的中國意識。此後兩岸的政治對立又不斷加深這種情緒，最終產生了臺灣民眾在國家認同上的異化。在上世紀八九十年代，隨著臺灣本土化、民主化運動的推進，海外臺獨思想開始與島內的反對運動相結合。而初生的民進黨為了與國民黨爭奪執政權，開始利用「臺灣意識」來對抗國民黨的「大中國意識」。李登輝在掌權後，又開始有意挑撥族群矛盾，並扶植臺獨力量的發展，終於導致民進黨在1991年提出臺獨黨綱。李登輝本人也開始透過「修憲」等方式一步步推動臺灣的「獨臺」化發展。在內外兩種力量的合力推動下，臺灣開始往臺獨方向狂飆。

　　回顧近百年的臺灣歷史，我們可以很明確地說，臺獨並不是臺灣歷史的主流，而只是在特殊歷史背景下的一個「亂流」（李敖語）。這背後與野心政客的操弄也有很大關係。因此，臺灣必須要找回自己方向，從近百年中國大歷史的角度來看待自己的歷史，從中華民族的復興中定位自己的位置。

大陸角度思考下的臺灣問題和平發展

臺灣政局

民進黨臺獨轉型的現狀及前景評估

　　民進黨的臺獨黨綱，既是臺灣政局發展的一個結構性問題，也是兩岸關係的根本癥結所在。自臺獨黨綱出籠（1991年）以來，民進黨根據不同的情勢做出了相應調整，也即所謂臺獨轉型。這種轉型以民進黨於1999年5月召開的八屆二次全代會上通過「臺灣前途決議文」為代表，意味著民進黨為尋求執政而實行的臺獨轉型達至了階段性的目標，它對民進黨在2000年「總統」大選中成為執政黨造成了極為重要的作用。但是「臺灣前途決議文」並沒有否定臺獨黨綱，而只是為了尋求執政而做出的權宜之計。因此，民進黨的臺獨黨綱成為臺灣政局動盪的根源以及兩岸關係發展的根本癥結，其危機並沒有得到消除，這就要求民進黨在作為執政黨的新的歷史條件下繼續其臺獨轉型。一般稱作民進黨的「二次轉型」36。「二次轉型」到今天還沒有取得突破性的進展，但是迫使民進黨進行臺獨轉型的外在壓力正在增加。這些外在壓力能否最終迫使民進黨徹底完成臺獨轉型，確實需要我們加以密切的注意。本文希望對此做出分析。

一、臺獨意識形態對於民進黨的意義和價值

　　要分析民進黨拋棄臺獨黨綱的可能性，首先必須要明了臺獨意識形態對於民進黨的意義及價值之所在。此點我們可以從以下幾個方面來認識：

　　其一，臺獨意識形態是民進黨的「神主牌」。民進黨是黨外運動

的產物，而黨外運動是以反對國民黨專制統治為目標的各種社會力量的結合體。當然，1970年代以來的黨外運動，臺灣本土力量占據了主導地位。由於臺灣自甲午中日戰爭以來的特殊歷史經歷，特別是國民黨對於臺灣統治的種種失誤，使得本土力量在反對國民黨統治的同時，容易產生分裂意識。因此，民進黨的臺獨基因在黨外運動時期就已經形成，它有著深刻的歷史原因。這種基因隨著臺灣社會的逐步開放，也逐步孕育、成長。在民進黨成立之初，它還不敢打出臺獨招牌，但是隨著黨禁的開放，戒嚴的解除，民進黨的臺獨傾向越來越明顯。在此過程中，民進黨還不斷淨化自身體制，也即迫使不贊同臺獨意識的人退黨或者邊緣化，林正杰、費希平就是其顯例。最終，1991年10月民進黨「五全」大會通過「建立主權獨立自主的臺灣共和國基本綱領」案，民進黨至此完全蛻變成為臺獨黨[37]。臺獨意識形態也正式確立了作為民進黨「神主牌」的地位。

由此可見，臺獨黨綱成為民進黨的核心價值，並不是一時的權宜之計。而是基於歷史及社會現實而凝結成的「遠大理想」。臺獨黨綱是民進黨的「黨魂」，這一點是不容置疑的。民進黨可以對實現臺獨的方式有所變通，但是實現臺獨的理想是不會輕易改變的。明乎此，我們就可以對民進黨實施徹底轉型，拋棄臺獨理念的可能性有一個大致的估計了。

其二，臺獨意識形態成為民進黨的理想，是基於臺灣社會自甲午戰爭以來的獨特歷史經歷而形成的「臺灣主體性意識」[38]。因此，它是有一定的社會基礎的。這種社會基礎是民進黨選擇臺獨意識形態的最深層原因，只要臺灣社會還存在這種民意基礎，民進黨的臺獨理念就不可能被拋棄。明乎此，就可以明了，民進黨進行臺獨轉型的最根本壓力在於臺灣社會，只有臺灣社會的民意基礎發生了根本改變，才能最終迫使民進黨放棄臺獨理念。任何期待民進黨主動放棄其臺獨理念的想法都是不現實的。

其三，在臺灣獨特的政黨政治現實中，臺獨意識形態是民進黨與其他政黨進行區隔的根本特徵，也可以說是其立黨之本。民進黨如果放棄了自己的臺獨意識形態，它必然會因為失去自己的政黨特色而喪失動員群眾的能力。因此，臺獨是民進黨的一種沉重但卻必需的歷史資產，它不可能輕易拋棄。更何況，民進黨的臺獨分裂活動與一些國際反華勢力正可以成為同路人，它可以藉此吸引國際反華勢力的支持，這對於民進黨獲取國際的支持是相當重要的。

可見，臺獨意識形態對於民進黨來說是關乎其立黨根本的核心價值觀，而並不是可有可無的政治招牌。從臺獨黨綱出籠至今，雖然民進黨身分已經從在野黨變成「執政黨」，其政黨轉型也走過了漫長的路，但它仍然沒有如外界期待的拋棄臺獨黨綱，完成徹底轉型。這個結果是必然的。

二、臺獨意識形態是民進黨當前所要面對的主要問題

臺獨意識形態作為民進黨的核心價值觀，要其主動予以放棄是不可能的。那麼，是不是民進黨就不可能實現徹底轉型了呢？當然不是。任何政黨都是發展變化的，都不可能是一成不變的。只要實現政黨轉變的主客觀條件具備，任何一個政黨都可能進行自我揚棄。

民進黨作為臺灣社會孕育產生的一個現代政黨，就其階級屬性而言是代表臺灣新興的中產階級；就其政黨目標而言，是為了打破國民黨一黨專政，並奪取執政權；就其政黨理念而言，是為了實現臺獨建國。不難發現這三者之間是存在矛盾的：代表新興資產階級的民進黨要尋求執政權，這是由經濟自由化而導致政治民主化的必然要求，但是民進黨不僅要奪取現政權，而且要否定現行「國體」，也即民進黨的最終目標是要建立一個新的國家。這在一個正常的民主社會中是很

荒唐的，但是由於臺灣獨特的社會結構，也即省籍、族群問題的存在，使得民進黨既要以民主化的要求實現政黨執政，又要否定現行「國體」，建立「臺灣共和國」39。這是民進黨所必須面臨的結構性矛盾。

在民進黨向國民黨進行奪權鬥爭的過程中，由於民進黨可以滿足新興中產階級要求實現民主化，分享執政權的要求，因此二者可以拋開在統「獨」問題上的分歧（統「獨」問題不屬於階級範疇，中產階級在族群、統「獨」問題上必定會有不同的認識）而通力合作，以完成實現執政的目標。此一階段，階級問題是主要矛盾，族群問題可以暫時讓位於階級問題。民進黨只要做出部分的讓步就可以暫時彌補臺灣社會內部在族群問題上的分歧，而共同致力於爭奪執政權的鬥爭。因此，民進黨在1999年5月8日八屆二全大會上通過了「臺灣前途決議文」，對臺獨黨綱做出了部分的修正，首次承認中華民國40，這可以看成是民進黨為了實現執政而對自己的臺獨理念做出的策略性妥協。實質上，民進黨作為臺獨黨的性質沒有任何改變，但是這種調整對於民進黨2000年大選的勝利造成了關鍵性的作用。可見，這種策略性的調整是成功的。

對於「臺灣前途決議文」的出籠，外界曾有很多期待，認為這是民進黨「一次」轉型（從1991年臺獨黨綱出籠到1999年「臺灣前途決議文」的發表）的階段性成果。人們期待，民進黨繼續實現所謂「二次轉型」，也即拋棄臺獨黨綱，徹底完成轉型。民進黨成為執政黨之後，雖然也採取了一些措施，特別是在2001年10月20日民進黨召開九屆二次全代會，會議通過了「開創臺灣經濟新局決議文」和「提升全代會決議文位階案」。將「臺灣前途決議文」等同於且優先於臺獨黨綱，取代臺獨黨綱作為指導兩岸關係政策的基本原則。對於這兩項舉措，林勁教授評價道：「以決議文形式對『臺獨黨綱』進行修飾和包裝僅僅是折衷的、治標的暫時解決方法，只有務實地、前瞻地處理涉

及國家認同與臺灣前途走向的『臺獨黨綱』問題，才能達到治本的最終解套，這正表明民進黨的政黨轉型進入瓶頸而未能持續。41」。

民進黨要擱置臺獨黨綱，說明它對於臺獨理念在現實中還缺少實現的條件這一事實是明白的。作為「執政黨」，它的政策不僅要受臺灣政治現實的制約，特別是陳水扁自上臺以來一直沒有擺脫少數政府的困境，受著藍營勢力的巨大制約。同時，民進黨政策也要受國際以及兩岸關係的巨大約束。相較於在野黨時期，民進黨的選擇空間反而縮小。臺獨黨綱隨著民進黨的執政，已經成為民進黨所必須要解決的首要問題。

首先，就臺灣而言，民進黨及其所代表的中產階級實現政黨執政的目標已經完成，也即階級矛盾已經下降為次要矛盾，原先被暫時掩蓋的族群矛盾開始上升為主要矛盾。由於族群問題是超階級的，民進黨在進行階級鬥爭的過程中的支持者面臨族群問題時可能進行重新選擇。而民進黨作為執政黨，它已經不可能像以前一樣以被壓迫者的身分向泛藍陣營做鬥爭，族群議題在民進黨尋求支持者的過程中顯得越來越重要。但是民進黨在面對這一問題的時候，不是積極地檢討自己的臺獨政策，以將臺灣社會業已形成的族群撕裂的傷口彌合，而是不斷地利用這一議題，挑動民眾在族群、統「獨」問題上做非理性的選擇。這種情緒挑逗得越厲害，民進黨越能夠從民眾的非理智情緒化選擇中獲利。因此我們看到，在民進黨上臺後的歷次大選中，操弄族群、統「獨」議題始終是其一貫的手法。在2004年的「總統」大選中，這兩項議題被髮揮到極致，民進黨將這場大選解釋成「臺灣——中國」的決戰，並策略性的推動「二二八手護臺灣」大遊行以及「公投綁大選」，將族群、統「獨」議題炒作到無以復加的地步。但是，操弄族群、統「獨」議題的結果是使得臺灣社會嚴重撕裂，整個社會都被拖入藍、綠陣營對決的陷阱。與此同時，臺灣社會的道德價值觀被嚴重扭曲，政治的立場取代了是非的判斷，其後果相當嚴重。

其次,就國際輿論和兩岸關係而言,民進黨臺獨黨綱與國際輿論和海峽兩岸主流民意對「一個中國」原則認知存在著巨大差距。世界上只有一個中國,這是國際社會普遍遵守的原則,民進黨臺獨理念顯然與此相衝突。為了化解國際及大陸的疑慮,陳水扁在2000年上臺之初許下「四不一沒有」的承諾42,並且隨後又提升「臺灣前途決議文」的位階,以淡化臺獨黨綱的存在。但是這些舉措並未能如願以償,無法為臺獨黨綱根本解套。因為黨綱作為一個政黨的靈魂,它對於政黨的指導地位不容置疑。民進黨企圖透過淡化臺獨黨綱的形式來矇混過關,這顯然是不切實際的。臺獨黨綱涉及臺灣前途及兩岸關係的走向,事關臺灣主權歸屬,這是一個關係到中華民族根本利益的大是大非問題。在這個問題上,僅僅以「擱置」的方式是無法過關的,民進黨必須做出明確地回答,必須放棄其臺獨黨綱,才能為兩岸關係的死結根本解套。

而事實上,民進黨執政六年多來的大陸政策,其主軸即是要在堅持所謂「臺灣主體性」的基礎上實現兩岸關係的「正常化」,以使臺灣成為一個「正常的國家」43。這顯然是與大陸堅持的「一個中國原則」的基本立場背道而馳的,大陸政府當然不可能接受這種政策。這就是為什麼陳水扁說他當政以後伸出了十幾枝橄欖枝,但仍無濟於事的關鍵所在,姑且不論這些橄欖枝是不是真誠的,即使其中包含了部分誠意,但是由於臺獨黨綱的存在,大陸又怎麼接受這些「橄欖枝」?很明顯,大陸政府不可能在民進黨保留臺獨黨綱的前提下與其實現關係正常化,因為這樣做無異於要求大陸接受臺獨。在這個原則問題上,大陸不可能讓步。胡錦濤多次表明,只要承認一個中國,承認「九二共識」,不管什麼人、什麼政黨,也不管他們過去說過什麼、做過什麼,我們都願意同他們談發展兩岸關係、促進中國和平統一的問題44。可見,只要民進黨放棄臺獨黨綱,回到「一個中國」原則上來,兩岸關係的僵局就可以解套。解鈴還須繫鈴人,這一問題的

解決，還必須要民進黨自己進行判斷並做出選擇。

三、民進黨臺獨意識形態所面臨的諸多困境

民進黨執政六年多來，一直無法擺脫臺獨情結的糾纏，相反，卻以臺獨意識形態領政，造成臺灣的諸多亂象。本來，民進黨對於上臺執政的準備就不足，執政水平低下，但民進黨不是思考如何提高自己的執政水平，而是繼續操弄族群、統「獨」等議題，造成臺灣社會的分裂與對立，以達到打擊對手，維護統治的目的。意識形態領政的結果，就是造成臺灣政治風氣惡化，政黨惡鬥不休，藍綠對立嚴重，整個社會都被撕裂。政治風氣的惡劣也造成社會道德水平的下降，政治人物為達到目的不擇手段，黨同伐異，徇私舞弊，只問立場，不問是非。更為嚴重的是，民進黨由於堅持其臺獨理念，在臺灣推行一系列「去中國化」的運動，造成臺灣民眾在道德倫理和民族認同上的極度混亂，臺灣社會一些基本的道德倫理規範正在遭受侵蝕，臺灣社會面臨極大的道德危機。

在以意識形態領政的同時，民進黨對於民生議題卻一籌莫展。民進黨利用手中的政治權力，四處尋租，官商勾結，「掏空臺灣」，使大量的公有資產轉入私人之手。社會的弊案層出不窮，且涉案的政治人物級別越來越高，其數額之大，情節之惡劣讓人嘆為觀止。而另一方面，整個臺灣經濟一直處於空轉內耗中，六年來幾乎都在原地踏步，臺灣的經濟地位在「亞洲四小龍」中已經敬陪末座，並且面臨著被邊緣化的危險。而老百姓則是最大的受害者，失業問題居高不下，工資收入水平持續下降，人民的生活品質越來越差，社會的痛苦指數不斷升高，自殺成為嚴重的社會問題。

當年陳水扁以「全民政府，清流共治」為訴求，在臺灣人民的無限期待中上臺執政，企圖靠民進黨帶領臺灣社會向上提升。然而六年

之後，人們發現臺灣不僅沒有向上提升，反而向下沉淪。民進黨曾經有過的所有光環都被它自己徹底粉碎。在嚴酷的現實面前，臺灣人民開始重新思考他們的政治選擇，臺灣社會正在醞釀新的變化。這些變化包括：

其一，民進黨所善於操弄的族群議題有逐步淡化的跡象，相較而言，人們更注重民生議題。在2005年12月進行的縣市長「三合一」大選中，民進黨企圖繼續操弄族群和統「獨」議題，並且由陳水扁直接跳出來輔選，企圖提升選舉的層級，但結果仍以民進黨慘敗而終，僅獲得23席縣市長中的6席，而泛藍陣營獲得了17席[45]，這是民進黨遭遇的一次重大挫敗。挫敗的原因除了有「馬英九現象」的光環在其中起作用之外，民眾對於民進黨長期操弄族群、統「獨」議題已經產生了免疫力，不再隨「扁」起舞，而回歸到比較理性的民生問題，這也是在此次選舉中呈現出的臺灣政治生態的一個重大變化。可以預見的是，如果陳水扁當局不能在民生問題方面做出一些成績的話，它的支持度會越來越低。但是從後來的現實來看，民進黨顯然沒有接受這次失敗的教訓，相反，陳水扁還在2006年元旦講話中提出「積極管理、有效開放」的所謂「大陸經貿政策新思維新作為」，企圖緊縮兩岸經貿政策。隨後又在2月27日宣布終止「國統會」運作，終止「國統綱領」適用。可見陳水扁當局在經歷「三合一」大選的挫敗後，不僅沒有檢討導致其執政困境的臺獨政策根源，反而變本加厲，選擇向「激獨」方向邁進，以轉移臺灣矛盾焦點，為日益惡化的民生問題解套。但這顯然是在飲鴆止渴，其結局是可想而知的。

其二，在2005年國、親、新三大在野黨主席相繼訪問大陸以後，兩岸交流的形勢豁然開朗。人們不再擔心民進黨扣「聯共賣臺」紅帽子，兩岸人民的交流日益活躍，這充分說明，臺灣民眾的基本面是要和平不要對立的。民進黨過去肆意製造兩岸對立，將臺灣人民捆綁在它的戰車上當人質的時代已經一去不復返了。兩岸人民透過交流，增

進彼此瞭解，降低彼此敵意，這是大勢所趨，民進黨以後要繼續操弄統「獨」議題將變得不會那麼得心應手。特別是兩岸的經貿交流已經密不可分，臺灣對大陸市場的依存度逐年提高，2005年臺灣對大陸的貿易順差達到582億美元[46]。在這種情況下，大量臺灣企業登陸尋求發展，2006年的國共兩岸經貿論壇，吸引了臺灣眾多經濟界名流參加，這些企業的總產值超過臺灣GDP的48%，這與陳水扁2005年末宣布的「積極管理，有效開放」顯然大相逕庭。可以預見，兩岸交流的大門只會越開越大，兩岸人民之間的認識也會越來越深入，民進黨要繼續操弄臺灣民眾的統「獨」、族群情緒會越來越困難。

其三，民進黨在臺灣的民意支持度已經大為降低，泛綠基本盤出現鬆動跡象。另一方面，國民黨在2000年政黨輪替後進行一系列黨務改造，特別是自馬英九擔任黨主席以來，黨務改造取得了一定的成效，社會支持度逐步走高，在馬英九光環的加持之下，其執政前景看好。而民進黨方面卻陷在種種結構性矛盾中難以自拔，無法產生一個領袖人物與馬英九對抗，這給民進黨造成了巨大壓力。民進黨內自我檢討的聲音一直不斷，只是限於民進黨目前的權力結構無法形成氣候，但是這種反省的聲音會不斷的集聚，也可能最終成為全黨的共識。

民進黨在臺灣因為其臺獨意識形態而造成諸多困境，而在國際和兩岸關係上，民進黨同樣面臨無法突破的困境：

首先，大陸絕不能容忍臺獨。「一個中國原則」是大陸政策的底線，這個底線不會破。並且自《反分裂國家法》頒布以來，大陸對臺工作採用「硬的更硬，軟的更軟」的策略，在一定程度上掌握了兩岸關係的主導權。大陸持續對臺灣民眾釋放出種種善意，這些善意對於瓦解民進黨的基本盤，爭取臺灣民心的支持造成了一定的作用，而民進黨無法拒絕這種善意訴求。民進黨正面臨著臺灣要和平、求發展的

民意壓力以及大陸尋求臺灣民意支持的雙重壓力。這種民意壓力將越來越大，最終可能迫使民進黨調整自己的大陸政策。

其次，國際政治現實不會允許臺獨成功。美國基於其自身利益不會允許民進黨的臺獨活動超越界限導致大陸動武。維持「不獨不統」的局面才是美國的利益所在，美國不會讓民進黨踰越紅線。而國際上絕大多數國家都遵循「一個中國」原則，因此，臺獨的國際空間有限。

民進黨的臺獨意識形態既造成了臺灣社會的動盪不安，又注定無法走出國際，因此民進黨正面臨著雙重的困境。

四、民進黨徹底完成臺獨轉型的可能性預測

由於臺獨意識形態是民進黨的核心價值觀，也可以說是民進黨的「黨魂」，要民進黨輕易拋棄臺獨理念是不現實的。民進黨一旦被迫放棄臺獨黨綱，則意味著它將發生脫胎換骨式的自我革命，自我革命是困難的，也不可能是一蹴而就的。民進黨的臺獨轉型需要經過一個漫長的調整期，我們可以對之作出大致預測。

其一，民進黨進行徹底改革的開端應是在其丟失政權之後，而民進黨下臺在2008年成為現實。就目前臺灣的情勢來看，陳水扁當局正面臨著空前的執政危機。面對臺灣的政經困局，當局一籌莫展。相反，一系列的弊案直逼其家人及總統府高層，陳水扁的個人形象遭受嚴重打擊，民調支持率一直在百分之十幾左右徘徊，民進黨的支持率同樣一路下挫。民進黨士氣低落，已經相繼發生前黨主席林義雄、立委林為洲的退黨案，這反映出民進黨內確實存在著嚴重問題，如果情勢得不到控制，不能排除民進黨從內部分裂的可能性。特別是在「台開案」曝光後，由於陳水扁女婿趙建銘涉案，對陳水扁政權造成了致

命衝擊，隨後國民黨、親民黨已經在「立法院」提出了「罷免案」，而要求罷免陳水扁的民意支持度同樣高漲，陳水扁是否提前下臺成為臺灣政局一個最大的變數。而民進黨似乎要以整個黨的名義為陳水扁的政治前途背書，從而使得民進黨的前途更加撲朔迷離。可以認為，無論陳水扁下臺與否，都將對民進黨造成巨大傷害。民進黨也許要在這場保「扁」鬥爭中輸掉所有政治資本，這當然也包括兩年之後的「總統大選」。重新淪為在野黨的民進黨不可避免地要經歷一場全面反省，臺獨黨綱也將是要反省的課題之一。

其二，民進黨臺獨黨綱的最終廢除與否，端看臺灣民意的變化。民進黨過去以本土政黨自居，任意操弄族群、統「獨」等議題，將國民黨抹黑為外來政權，在臺灣實行民粹政治。這種民粹情緒在其最高點的時候確實給泛藍陣營造成巨大壓力，但民粹主義作為一種極端情緒，其來勢雖然兇猛，但消退得同樣快速。民進黨挑起臺灣民眾的民粹主義情緒之後，確實一度得到極大的政治利益。但是由於操弄過度，其弊端很快就呈現出來，正如輿論指出的：由於民進黨消費臺獨過分，反而使臺獨成功的可能性消失了。臺獨運動正走過一個分水嶺，我們相信此後臺灣的民意會逐漸沉澱下來，理智、冷靜地思考兩岸問題，思考臺灣的前途。如果國民黨能夠完成自我改革，並在可能到來的執政中給臺灣人民一個新的希望；如果兩岸能夠在一個雙方都可以接受的基礎上實現關係正常化，讓兩岸人民自由交流；如果大陸的綜合實力進一步上升並能有效排除國際勢力的干擾，那麼支持臺獨的民意會逐步萎縮。當臺獨失去可能性，而民進黨又不能從臺獨主張中獲取其政治利益的時候，臺獨黨綱也就成了民進黨的一塊雞肋，在經歷幾次選舉的挫折後，其最終的廢除也就勢在必行了。

當然，民進黨完成臺獨轉型還要突破其本身所固有的一些結構性困境，比如臺獨轉型與民進黨支持者的矛盾，臺獨轉型與民進黨體制的矛盾等等[47]。能不能突破這些困境，也決定著民進黨臺獨轉型的成

敗。

論民進黨轉型的當前困境及未來走向

民進黨在遭受失去執政權的嚴重打擊之後，一般被認為會啟動改革進程，以重新再出發。但現實的發展卻大大出乎人們的預料，黨主席選舉的紛爭，說明民進黨難以跳出派系政治的怪圈，特別是黨內的基本教義派仍然十分強大，使民進黨無法去走中道路線，爭取中間選民。而「巴紐案」以及陳水扁家族弊案的徹底暴發，更使民進黨的政黨形象一損再損，民進黨如今甚至有被陳水扁綁架陪葬的危險，說明民進黨要清理執政時期形成的貪腐的「歷史共業」並沒有那麼容易。因此，民進黨下臺至今，仍然拿不出一點像樣的改革和反省，反而像鴕鳥一樣把頭埋在沙子裡，不願面對現實，尋求改革。一個曾經充滿活力的政黨，落得今天這步田地，真是情何以堪。民進黨還具有自我革新的能力嗎？它如何能走出當前的困境？它會不會在兩岸政策上改弦易轍？它在未來的臺灣社會還具有多大的發展空間？這些無疑都是人們十分關心的問題。

一、民進黨短期之內無法啟動改革進程

民進黨在2008年兩場重大選舉中可謂是一敗塗地。不僅失去了總統寶座，淪為在野黨，而且「立委」也只剩下27席，占「立法院」全部席次的不到四分之一。在23個地方縣市中，也只有7個執政縣市，這大概相當於1990年代初期民進黨的政治勢力版圖。民進黨十多年的努力一夕之間付諸東流，這個打擊是十分沉重的。明眼人都看得出來，民進黨要捲土重來，就必須要進行徹底的改革，作脫胎換骨式的變化

才有希望，點滴的改良是不會有任何效果的。

但改革之路無疑是痛苦而漫長的，民進黨目前還沒有凝聚足夠的改革動能以衝破黨內舊勢力的束縛去走中道路線。這種反對力量主要有來自於兩個方面：

其一是黨內的臺獨基本教義派，像辜寬敏、蔡同榮之流。自2006年以來，陳水扁為了對抗臺灣風起雲湧的反貪腐風暴，開始帶領民進黨大幅度的向右轉，擁抱深綠勢力，民進黨內的中道力量遭到嚴重排擠而被邊緣化，而「基本教義派」則趁勢坐大。這一趨向雖然在大選失敗後有所扭轉，但仍然沒有根本的轉變。因此在民進黨新任黨主席的選舉中，我們看到三位黨主席候選人辜寬敏、蔡同榮與蔡英文都屬於理念性臺獨人士，雖然蔡英文被譽為「形象清新」，但其深綠的意識形態是毋庸置疑的，而辜寬敏、蔡同榮的深綠背景更自不待言。民進黨推出這三位黨主席候選人，這本身就說明民進黨在敗選後已經確定要把鞏固臺獨神主牌作為其首要任務。這也決定在未來相當長一段時期內民進黨不會檢討其臺獨黨綱和大陸政策，民進黨的臺獨轉型也變得遙遙無期。

其二是民進黨內的派系勢力，特別是扁系力量。派系政治是民進黨與生俱來的痼疾，在野黨時期，派系政治曾造成一定的積極作用。但在民進黨執政之後，派系政治基本淪為民進黨內各政治勢力進行利益交換的平臺。民進黨雖然在2006年游錫堃任黨主席期間曾經作出過解散派系的政治決議，但派系政治事實上仍然存在著。在民進黨內最近的一些重大選舉如中評會、中常會等的選舉中，我們都可以看到派系運作的影子。扁系力量在民進黨內仍然實力強大，陳水扁透過扁系人馬操控著民進黨的未來發展。即使蔡英文本身也受過陳水扁的知遇之恩，難以斷然與陳水扁切割。隨著陳水扁家族弊案的愈演愈烈，民進黨也經受著政治凌遲，一步步走向毀滅的深淵。

民進黨內的權力生態，決定了民進黨目前的政治路線，那就是繼續堅持臺獨基本路線，繼續堅持對抗性的兩岸政策，同時最大限度的凝聚臺獨基本盤，以避免民進黨的分裂和瓦解，同時以拖待變，等待馬英九當局不斷犯錯。

　　民進黨無法在短時間內啟動改革，除了黨內的政治生態影響之外，我們覺得還有其他一些原因：

　　首先，臺獨意識形態是民進黨的神主牌，它對於民進黨的生存發展具有十分重要的意義。在民進黨內派系林立的政治生態中，臺獨是各派系最大的共識，也是民進黨團結的最大保障。任何對臺獨神主牌的檢討都將可能造成民進黨分裂甚至崩盤的嚴重後果。如在民進黨第一次轉型過程中，就是以激進臺獨派的出走並成立建國黨為代價的。在當前民進黨士氣低迷的情況下，無法再承受分裂的嚴重後果。因此，民進黨把鞏固臺獨神主牌作為當前最大的任務也是不得已的選擇。

　　其次，嚴重的黨內鬥爭使民進黨陷入分裂危機，迫使民進黨不敢輕舉妄動。從2007年以來，圍繞著「立委」和「總統」候選人提名問題，民進黨內部產生了十分嚴重的鬥爭。首先是黨內高層之間的鬥爭嚴重，特別是扁謝之間的矛盾異常尖銳，二人有長達20年的「扁長情結」。在此次「總統」大選中，二人的關係接近全面攤牌，選後也沒有得以修復的跡象，這對民進黨的團結造成最大威脅。其次是新潮流系和反新潮流系的鬥爭也十分嚴重。新潮流系是民進黨內實力最強的派系，一向受到其他派系的忌恨。在游錫堃任黨主席期間，他聯合黨內反新系力量先後透過「解散派系」的決議和「立委」提名人民調排藍特別條款（簡稱「排藍條款」），對新潮流系造成了很大打擊。但目前新潮流系仍然具有強大實力，新系與反新系的鬥爭仍將持續下去，這同樣是民進黨內團結的一大隱患。除此之外，民進黨內還存在

著其他許許多多的矛盾，特別是重新淪為在野黨之後，民進黨可供分配的資源已經大大減少，原先各種潛藏的矛盾都極易爆發。在這種情況下，如何穩住陣腳，防止因內鬥而造成黨的分裂才是當前最大的任務，對於像路線檢討這樣敏感的話題則根本無暇顧及。

第三，在陳水扁執政時期，民進黨已經形成了利益共生結構，民進黨內各派系都是既得利益者。因此面對陳水扁政權的貪腐問題，民進黨難以實現有效切割，更不敢進行清算。民進黨已經失去了改革的正當性，而只能死守臺獨神主牌而苦撐待變。

可見，民進黨遲遲不能啟動改革進程，實在是有其難言之隱。但問題是，如果民進黨僅靠擁抱基本盤，就只能做永遠的在野黨。因此從長遠來看，民進黨徹底進行改革是無法避免的，民進黨對此不能抱有什麼僥倖心理。

二、民進黨改革所要突破的困境

據最近相關民調顯示，民進黨的政黨支持度由於受到陳水扁家族弊案的影響一路下滑，最低已經掉落至11%。如果民進黨不能採取斷然的措施與陳水扁切割，這種傷害還將繼續。目前民進黨企圖以拖待變，等待馬政府犯錯，但民調顯示，即使馬政府因為做得不好而使民調支持度走低，民進黨的民意支持度也並沒有相應走高。可見，民進黨要在改革問題上矇混過關是十分困難的。未來隨著世界經濟形勢的好轉，馬政府的施政也將日益走上正軌，屆時民進黨的改革將成本極大化，而效果最小化。因為人民將失去對民進黨改革的信心和耐心。事實十分清楚，民進黨必須要進行改革，而現在就是民進黨改革的最好時機。民進黨不改革沒有希望，只能做永遠的在野黨。而一旦開始改革，以下這些問題就是無法迴避的。

其一，如何檢討和清算陳水扁執政時期的貪腐問題。貪腐問題是民進黨下臺的最大致命傷，對於這一問題的檢討是無法迴避的。但由於民進黨是一個利益共生結構，各派系都分享過陳水扁釋出的政治利益，因此清算陳水扁也就是要清算民進黨本身。要進行自我革命談何容易，必須要有壯士斷腕的勇氣。在目前各政治利益相關人物都在臺面上的情況下，民進黨內部無法產生一種革命力量來進行自我清算。

其二，如何調整其過時的大陸政策，發展出新的兩岸論述。民進黨執政時期，兩岸關係冰封八年，給臺灣人民造成了很大傷害。如今兩岸關係迅速升溫，這一趨勢是任何政治勢力都不能阻撓的，民進黨必須要因應新的形勢及時調整其兩岸政策。雖然蔡英文在競選黨主席時提出政見表示要發展出新的「本土論述」和「中國論述」，但目前還看不出半點跡象。並且我們從其對於當前兩岸交流的批評可以看出，她的新論述不會有什麼太大突破，比如她最近表態如果民進黨再次執政將否定對於兩岸重新談判至關重要的「九二共識」。我們無法想像，拋開「九二共識」這一創造性的模糊空間，蔡英文能提供什麼更富有新意而又為兩岸接受的政治設計？可見民進黨在大陸政策方面仍然沒有擺脫意識形態的制約，還在以一種對抗性的思維來思考兩岸問題，這是無法符合當前一日千里的兩岸關係新形勢的。

其三，如何找回「核心價值」，重塑政黨形象。八年執政讓民進黨失去的比得到的還多，今天的民進黨已經沒有了當年的活力與鬥志，「清廉、勤政、愛鄉土」的形象也早已蕩然無存，而變成「貪腐、亂政、搞民粹」的負面形象。民進黨如何找回「核心價值」，重塑政黨形象，以喚起支持者的熱情，這也是一大挑戰。

其四，如何解決人才的斷層問題，重新培養接班人。當前民進黨的人才危機也是一大突出問題。從陳水扁以下，包括「三王一後」的政治形象都受到或大或小的折損，光環不再，靠他們斷難挽救民進黨

的形象,但青壯派的接班人又還沒有上位,因此目前民進黨出現了青黃不接的人才窘境。本來民進黨的人才儲備是十分充足的,但這些年由於受執政無能和貪汙腐敗的拖累,民進黨從2005年的縣市長「三合一」選舉以來一路慘敗,青壯派力量無法透過選舉的洗禮脫穎而出,從而打亂了民進黨的接班計劃,像羅文嘉、林佳龍、段宜康等都遭受過選舉敗績。而有些人才則是因為民進黨的內鬥而折損的,像人才最為集中的新潮流系就因為受到黨內反新系力量的打壓而遭受重創。還有些是因為被捲入貪腐弊案而折損,像馬永成等。民進黨的青壯派還沒有接班上位就個個受傷,折損嚴重,造成民進黨嚴重的人才斷層。未來這批青壯派能不能重新站起來是觀察民進黨重建的一個重要指標,如果他們不能及早出頭,民進黨的重建之路將大大延長。

可見,今天民進黨面臨的現實是十分嚴峻的,民進黨要捲土重來必須要克服以上種種危機,而這絕非一朝一夕之功。民進黨今天的改革是一場深刻的自我革命,任何枝節的修改都無濟於事。民進黨能經受這種挑戰嗎?

三、民進黨需及早啟動二次轉型進程

民進黨自1986年成立以來,由於受國際局勢及臺灣政局的影響,迅速蛻變為「臺獨黨」,並在1991年民進黨「五全」大會通過臺獨黨綱。其後,民進黨為了緩和臺灣民眾的疑慮,贏得執政權,不得不啟動臺獨轉型進程。一般被稱作第一次臺獨轉型。此後民進黨在政黨形象、組織路線等方面進行了徹底改革。在大陸政策和臺獨論述方面也有很大的轉變,1998年民進黨舉行「中國政策大辯論」,首次形成民進黨系統的大陸政策。臺獨論述方面則於1999年通過「臺灣前途決議文」,以黨的名義承認中華民國體制,從而凍結臺獨黨綱,這代表著民進黨的臺獨轉型達成了階段性的目標,此舉對2000年民進黨上臺執

政造成了至關重要的作用。

民進黨在拿到執政權之後,其在政黨體制改造方面也做了很多工作,如在2002年實現「黨政同步」,陳水扁身兼黨主席等,有人把這稱為民進黨的「二次轉型」。事實上,民進黨的二次轉型只是民進黨內權力格局的調整,其主要目的是為了方便陳水扁的集權。至於人們真正期待的臺獨轉型則始終沒有涉及。相反,民進黨還利用到手的執政權大肆推行各項臺獨活動,使兩岸關係也陷入空前緊張的局面,也造成臺灣政局的動盪不安,讓臺灣人民深受其害。

如果我們回溯民進黨的八年執政史,可以發現,事實上民進黨的兩次執政都是偶然的機會,2000年首次上臺執政時奠基於國民黨分裂,當時陳水扁的得票率只有39%,民進黨是意外獲得執政權,但上臺後的民進黨顯然沒有謙卑的心態,反而得意忘形,忽略了自身存在的諸多問題,不僅如此,由於民進黨執政準備不足,在執政績效不彰之時,大肆操弄族群政治,以意識形態「治國」,結果造成民進黨新的致命傷,並且給臺灣社會也帶來了巨大傷害。2004年,陳水扁以「兩顆子彈」勉強贏得選舉,其當選的正當性本來就不足,但這反而使得他誤認為只需要操弄意識形態就可以攫取大位,更加不會注意所謂道義、公平等基本社會準則,於是整個扁政權貪汙腐敗,其規模之大,腐化之快都到了觸目驚心的地步。民進黨終於陷入萬劫不復的危險境地。

可見,民進黨憑藉臺灣社會要求政黨輪替的普遍訴求成功得到執政權,但這個提早到來的勝利果實反而提早加速了民進黨的腐化和墮落,使民進黨得以畸形發展。民進黨今天所面對的局面是老病未去,又添新疾,要徹底根治是十分困難的。但民進黨切不能因此就諱疾忌醫,或者自甘墮落,那樣只會被臺灣社會提早淘汰。為今之計,民進黨只有痛下決心,以置之死地而後生的勇氣去進行改革,重新啟動

「二次轉型」進程，才能為自己獲得新生。

　　當然，民進黨迫於內憂外患的嚴峻局面，無法採取激進大改革路線，而只能採取溫和的漸進變革路線。但這樣做的結果，將增加民進黨改革的成本和風險，如果馬政府的執政走上正軌，則民進黨的改革將難以像現在這樣容易喚起民眾的認同。目前，民進黨正一次次喪失啟動改革的最佳契機。本來，在民進黨失去政權之初，曾經是很好的改革契機，但最後卻不免落入派系政治的窠臼。派系角力的結果，是黨主席選舉竟然成為與黨關係淵源並不深厚的蔡英文等出來參選。這可以說是民進黨改革進程的一次挫折。

　　蔡英文當選黨主席，其清廉形象對於民進黨貪腐的惡名確實不無助益，但是蔡英文的當選畢竟只是民進黨內各派系妥協的結果，其實力並不足以駕馭各派系。正因為如此，我們看到蔡英文在處理陳水扁貪腐問題時才顯得那麼無力。而民進黨不與陳水扁切割的後果，是導致黨被扁系勢力綁架，淪落為陳水扁的禁衛軍，若如此，則民進黨的前景堪憂。可見，在處理陳水扁貪腐弊案的問題上，民進黨又一次失去啟動改革的良機。

　　可以預見，2009年縣市長選舉將是民進黨啟動改革的又一次契機，這場選舉對於民進黨的重要性不言而喻，但在陳水扁的貪腐弊案已經成為全民公敵的情況下，民進黨要贏得選舉就必須在此一問題上作出表態，這將促使民進黨直接面對如何與陳水扁徹底切割的問題。如果處理得當，民進黨不僅將透過這場選舉站穩腳跟，同時也可以順勢與陳水扁為代表的黨內腐朽勢力進行切割，則民進黨的改革進程將正式啟動。

民進黨的轉型之路能走多遠？

就在民進黨舉辦（2009）「5.17遊行」訴求「反傾中」的主張後，民進黨籍高雄市長陳菊卻不顧「獨派」壓力，以推銷世運為名，相繼訪問了北京、上海。陳菊此行，有媒體稱之為「破冰之旅」，開創了民進黨與大陸交往的諸多先河，突破了民進黨長期以來「逢中必反」的大陸政策迷思。它不僅使「5.17遊行」的「反傾中」主旨完全破功，還引起了民進黨內新一波檢討大陸政策的聲浪。民進黨的路線轉型問題又一次浮上臺面。那麼，此次民進黨的轉型之路能走多遠？

一、務實派求轉型，黨中央不急於辯論

民進黨下臺後，其黨籍縣市長訪問大陸陳菊並不是第一人。去年雲林縣長蘇治芬、嘉義縣長陳明文就先後到訪過大陸。陳菊此次登陸之所以造成這麼大的衝擊，其一是因為她是民進黨目前行政級別最高的地方首長，此前還沒有相當級別的民進黨人士登陸。其二是因為登陸的時間點敏感，是在民進黨剛剛舉辦「5.17遊行」之後，給外界形成民進黨「自打耳光」的感覺，從而凸顯出民進黨「嗆馬反中」政策的荒謬和難以為繼。因此，陳菊登陸從一開始就給民進黨的大陸政策造成了很大衝擊，民進黨內的務實派紛紛要求重新檢討黨的大陸政策，像民進黨中常委、嘉義縣長陳明文就公開呼籲，要「重啟中國政策大辯論」。呂秀蓮也表示民進黨的「中國政策」要「與時俱進」，不能還留在美麗島時代的思維中。民進黨籍前「立委」李文忠也積極要求進行大陸政策大辯論。同為民進黨中常委、臺南市長許添財則宣布要於6月到訪廈門。這些民進黨內的要角雖然有各自的派系背景，但都要求要檢討大陸政策，可見民進黨內檢討大陸政策的主流意見在逐步形成。也許正因為如此，臺灣輿論界對民進黨的路線調整充滿期待，希望民進黨能重新調整其僵化過時的大陸政策，以符合兩岸和平發展的趨勢和潮流。

對於陳菊的登陸，民調顯示有五成六的民眾表示支持，臺灣輿論也大都表示肯定。「獨派」方面，則有「臺聯黨」主席黃昆輝表示對此「很難適應」，獨派社團「南社」反應最為強烈，威脅年底選舉要給陳菊以顏色。民進黨內的基本教義派除臺北市黨部主委黃慶林表示反對外，大都表示沉默。有人則抓住陳菊在訪問大陸期間提到「馬總統」而大做文章，認為陳菊「宣示了臺灣主權」，多少有些阿Q精神勝利法的意味。這表示「獨派」面對陳菊登陸顯得進退失據，不知如何拿捏批評的尺度和分寸。畢竟陳菊是民進黨內的實力派人物，且其臺獨的資歷和立場連「獨派」也難以懷疑。

由於民進黨的大陸政策長期以來一直受「獨派」的牽制和操控，從而形成了民進黨「反中、恐中、仇中」的對抗性大陸政策。這一失敗的大陸政策和其臺獨意識形態是造成民進黨八年執政失敗的根源，給臺灣人民帶來了無法彌補的損失。如何檢討大陸政策和臺獨黨綱是民進黨能否重新再起的關鍵。民進黨下臺後，人們一直期待蔡英文能夠帶領民進黨內的務實派發展出一套新的大陸政策論述，但至今仍無法看到任何實質性的進展。雖然蔡英文曾投書媒體，闡述她的「新中國論述」，但卻沒有引起民進黨內的普遍注意和討論，更遑論形成新的政策。

不僅如此，民進黨在現實政治中為了形成對馬英九當局的有效制衡，不惜發動街頭抗爭，強力杯葛馬英九推動兩岸關係和解的進程。民進黨採取此種策略也是不得不然，一方面，目前民進黨手中資源有限，作為在野黨，其地方執政版圖在23個縣市中只剩下7個縣市，黨籍「立委」也只剩下27席，不到「立法院」的四分之一。這有限的資源使得民進黨走體制內的「議會路線」已經難以有效制衡國民黨，只能直接訴諸民意，採用街頭路線來進行政治動員，制衡國民黨執政。而另一方面，隨著馬英九大陸政策的調整，兩岸關係大為緩和，和平發展已經成為兩岸關係的主題，並日益深入人心。這對於民進黨的未來

發展來說無異於釜底抽薪，有可能使其支持群眾逐步流失，而造成政治能量的萎縮。對此民進黨束手無策，只能採用暴力衝突的方式加以阻擾。

而對內而言，由於受到基本教義派的強大制衡，蔡英文也不敢主動檢討極具爭議性的大陸政策。基本教義派雖然人數不多，但能量很大，他們以臺獨的正統自居，掌握著臺獨的道德制高點。從民進黨的歷史來看，路線調整可能往往引起民進黨的分裂，如上世紀90年代中期民進黨轉型就是以「建國黨」的出走為代價的。目前民進黨內憂外患，屬於體質最弱的時期，自然不敢輕易啟動路線辯論，進行任何實質性的路線調整，以避免民進黨的分裂危機，使民進黨一夕崩盤。

此次陳菊登陸引發民進黨內重新檢討大陸政策的聲浪，但蔡英文對此同樣採取了迴避的策略。一方面，她對於陳菊以及其他縣市長的登陸表示默認，表示將開放民進黨公職人員訪問大陸。另一方面又頒布「民進黨公職赴中國交流注意要點」，對交流做出種種限制。對於要求辯論大陸政策的聲音，蔡英文則表示大陸政策並非重要和有急迫性，迴避進行大陸政策辯論所可能造成的後果。可見，蔡英文在「急獨派」和「務實派」之間採取平衡策略。短期之內，民進黨不會調整其大陸政策。

二、民進黨路線調整任重道遠

民進黨短期內無法啟動路線轉型從本質上說是由民進黨內的權力結構和政治生態決定的。

首先，民進黨的臺獨意識形態以及由此產生的一套對抗性的大陸政策在短期內不可能調整。臺獨黨綱是民進黨的神主牌，它對於民進黨的生存發展具有十分重要的意義。在民進黨內派系林立的政治生態

中，臺獨是各派系最大的共識，也是民進黨團結的最大保障，任何對臺獨神主牌的檢討都將可能造成民進黨分裂甚至崩盤的嚴重後果。因此，民進黨不到萬不得已，不可能檢討其臺獨黨綱。民進黨的大陸政策總體而言是服務於其臺獨意識形態的。民進黨在其執政過程中，一直操作「臺灣——中國」，把二者割裂開來，以培養所謂的「臺灣主體意識」。這種二分法和對抗意識是民進黨大陸政策的核心思想，多年來民進黨食髓知味，不斷操作兩岸的對立，製造衝突和緊張，圖謀以此凝聚臺獨的民意，實現臺獨圖謀。這一套操作思維，民進黨不會輕易放棄。在臺獨意識形態沒有被民進黨放棄之前，任何大陸政策改變都只可能是權宜之計，不會有根本性的變革。

其次，民進黨的權力結構不利於民進黨實現轉型。當前民進黨的權力結構還是所謂派系政治，雖然民進黨在2006年游錫堃任黨主席期間曾經作出過解散派系的政治決議，但派系政治事實上仍然存在著。目前就實力而言，新潮流系以及蘇（貞昌）系及蔡英文所組成的三角同盟在民進黨內居於主導地位，但扁系（「正義連線」）及謝系實力不容小覷。陳水扁因為弊案而宣布退出民進黨，扁系也因此遭受重創，實力削弱不少，但扁系作為民進黨曾經的第一大派系，實力如舊。特別是在「立法院」黨團中，陳水扁下臺之前安插的親信仍然占據主導地位。特別是陳水扁得到「獨派」的支持，「獨派」與陳水扁各自利用，共同對抗民進黨內的改革力量，其實力相當可觀。「5.17遊行」前，「獨派」宣布在高雄另辦遊行活動，公開與民進黨中央分庭抗禮，迫使蔡英文、蘇貞昌主動與陳水扁言和。由此可見陳水扁現在的活動能量仍然很大。陳水扁為了從司法弊案中脫困，對民進黨採取捆綁策略，不讓民進黨與自己切割，蔡英文雖採取「柔性切割」，但於事無補。在這樣一個權力結構中，民進黨要進行像樣的路線辯論，根本是不可能的。

第三，民進黨內無法產生一個改革的主導力量和領袖。民進黨轉

型必須要用一個強勢的領袖及派系力量。上世紀90年代中期民進黨的轉型，許信良、施明德等人的強勢領導起了關鍵作用。許、施當年的權力基礎和個人魅力都是蔡英文無法比擬的。蔡英文本來就與民進黨淵源不深，雖然有蘇、新系的支持，但她對民進黨的影響畢竟有限。靠蔡英文來主導推動民進黨的轉型本來就是不現實的。在很大程度而言，蔡英文只是一個過渡型的政治人物，她不會去觸動民進黨轉型這樣的敏感話題。民進黨的轉型還有賴於民進黨內的實力派政治領袖出來主導。

第四，民進黨目前還心存幻想，不能面對現實，深自檢討，認識其失敗的根本原因。民進黨的失敗，其根本原因是其臺獨意識形態和大陸政策造成的。但民進黨檢討其敗選的原因，大都歸結於陳水扁的貪腐和民進黨的內鬥，而不承認是民進黨的路線政策本身出了問題。相反，他們認為經過民進黨八年執政，「臺灣主體意識」已經成為臺灣的主流思想，這正是臺獨的成功。更何況，2008年大選民進黨還有42%的選票，在民進黨做得那麼爛的情況下還有這個支持率，這更說明不是臺獨本身的問題。這種思考方式，使民進黨無法真正認清其失敗下臺的根源。民進黨要真正認識到其失敗的根源，還需要連續在重大選舉中慘敗幾次，才可能面對現實，檢討其路線問題。

因此，期望民進黨短期之內實現轉型是不現實的，這必定是一個漫長的過程，畢竟要使民進黨認識到臺獨迷夢的虛無和不切實際不會是一朝一夕之功。就像臺獨運動的興起一樣，它的消亡也同樣有一個過程。

民進黨的發展現狀與未來走向

自2008年3月臺灣實現政黨再次輪替以來，臺灣形勢發生了巨大的

變化。一個基本的趨勢就是馬英九當局執政失敗導致支持群眾流失嚴重，民調支持度長期在低位徘徊，而民進黨在蔡英文的帶領下，逐步走出了陳水扁弊案的陰影，並取得了一系列選舉的勝利，其重新崛起的勢頭十分迅猛。臺灣政局已經演變為「綠攻藍守」的態勢，馬英九連任之路險象環生，而綠營一路咄咄逼人，並企圖在2012年大選中重新奪回執政權。這一態勢值得引起我們高度注意。本文試圖深入分析民進黨的發展現狀及其存在的問題，並對其未來發展趨勢進行預測。

一、民進黨發展的基本狀況

目前民進黨的發展狀況可以從以下幾個方面來概括：

其一，就派系和權力結構而言。新潮流系及其所支持的蔡英文已經主導了民進黨的發展，成為民進黨內的當權派。新潮流系在陳水扁執政後期曾經受到黨內其他派系的強力圍剿，但在民進黨重新再起的過程中，新潮流策略性的支持蔡英文，並與蘇貞昌系進行結盟，從而成為民進黨內實力最大的派系。在2010年5月民進黨黨主席選舉中，蔡英文以90%的高得票率當選，可見蔡英文的領導權威已經基本穩固，黨內無人再能撼動其領導地位。而在2010年7月18日民進黨舉行的第十四屆一次全體黨員代表大會上，蔡英文及新潮流系成為民進黨新一輪權力改組的最大贏家。在10席票選中常委中新潮流獨得3席，其他派系各獲一席，扁（陳水扁）系甚至全軍覆沒，成為權力改組中的最大輸家。在30席中執委中，蘇（貞昌）系5席，新潮流系6席，綠色友誼連線4席，謝（長廷）系3席，陳菊系統3席，扁系1席，新潮流系同樣是最大贏家。透過新一輪的權力改組，新潮流系及蔡英文，外加蘇系已經絕對控制了民進黨的權力核心。謝系、游系、公媽派等被邊緣化，扁系全軍覆沒，成為最大輸家。新潮流系在民進黨中的強勢地位還從此次「五都」選舉候選人提名中可以看出來，「五都」之中，高雄的

陳菊和臺南的賴清德都是新潮流系，新北的蔡英文及臺北的蘇貞昌也是新潮流的結盟對象。可見新潮流目前的強勢地位。當然，目前新潮流內部也在進行新的分化組合。新潮流在民進黨宣布解散派系後曾經進行了重組，形成了所謂南流和北流之別。南流以陳菊為首，北流則以吳乃仁、洪奇昌、段宜康等為首。在7月的全代會上，陳菊似乎有自立門戶的趨勢。另外，蘇貞昌與蔡英文為了爭奪2012年的出線權，也已經發生了裂痕，「蘇蔡心結」成為一個公開的祕密。預計在「五都」選舉之後，民進黨內還會有一波權力變動。

其二，就黨的發展路線而言。由於以新潮流系為首的務實臺獨派已經占據主流，而以扁系為首的激進「臺獨派」被邊緣化，因此目前民進黨的發展路線也是以務實理性的臺獨路線為主。民進黨下臺之初，由於手中的行政資源有限，為了有效地制衡國民黨，一度欲走街頭路線，但結果發現走不通。加之隨後民進黨取得了一系列選舉的勝利，民進黨看到了在體制內重新奪取執政權的希望，因此放棄了街頭路線，而走議會路線。目前，民進黨在蔡英文的主導下，正在積極地調整民進黨的各項政策，最為明顯的就是草擬「十年政綱」，企圖為民進黨提出一整套完全的政策論述。

其三，就民進黨的兩岸政策而言。民進黨在兩岸政策方面也在進行一系列調整。自2010年3月以來，蔡英文多次在公開的場合說「不排除在不預設前提的情況下，與中國進行直接並實質的溝通，傳達臺灣人民的觀點」。2010年6月，民進黨發言人蔡其昌聲稱，已委託民間智庫與學者「規劃設計一套兩岸交流與對話的平臺，未來將透過這個平臺與大陸進行對話交流。」9月，蔡英文在接受《蘋果日報》專訪時稱：兩岸最重要的是穩定，民進黨若重新執政，將會延續前朝政策，不會「橫柴入灶」。蔡英文及民進黨的這些放話一方面有策略的成分，另一方面也有其實際的需要。它反映民進黨已經開始意識到進行兩岸對話交流的重要性，也意識到目前兩岸交流的局面已經無法逆

轉,民進黨未來即使上臺執政,也難以改變這一趨勢。當然,民進黨的大陸政策轉變從來都伴隨著嚴重的黨內鬥爭與路線衝突,蔡英文個人的表態,並不能代表民進黨已經轉變了大陸政策。事實上民進黨目前進行大陸政策轉型的條件並沒有成熟。

其四,就黨內的世代交替而言。世代交替是民進黨所面臨的一大問題。早在2005年,民進黨在當年的「三合一」選舉中遭受慘敗,一大批代表民進黨參選的中生代政治人物鎩羽而歸,這導致民進黨的世代交替無法順利實現。民進黨下臺後,以新潮流系為首的一批新生代人物逐步在民進黨內嶄露頭角,但他們普遍都缺乏選戰的歷練,領導的權威性難以確立。但隨著近兩年民進黨在一系列大小選戰中的勝利,一大批幕僚世代開始走上前臺。特別是在2009年底的三合一選舉中,像鄭文燦、蔡其昌等都有不俗的表現。在縣市議員一級的選舉中,更是有眾多的年輕世代當選。這說明民進黨透過選戰已經開始順利推動世代交替問題。目前這一趨勢難以逆轉。一個最明顯的例子是,在2010年5月民進黨主席的改選中,以尤清為首的公媽派不甘心被過早的輪替掉,企圖起來挑戰蔡英文的權威,結果遭到年輕世代的殘酷圍剿,最後僅得到10%的選票支持。民進黨世代交替的逐步推進,對於民進黨的未來發展將產生深遠影響。

其五,就社會基礎和支持群眾而言。目前,民進黨被重創的政黨形象有所恢復,據民調顯示,目前民進黨與國民黨的政黨支持度已經十分接近。民進黨的基本支持群眾已經回流,一些特定的族群如青年學生等已經轉向支持民進黨,而在2008年大選中,這個族群支持的是馬英九。在年底的「五都」選舉中,蘇貞昌、蔡英文都把吸引年輕人及婦女的選票作為主攻方向,如果他們的策略成功,對於2012年的大選是一個重大變數。歷史經驗證明,這些特定族群的支持傾向有著社會風向標的意義,因此需要引起特別注意。就階級基礎而言,民進黨傳統上更能夠獲得中小企業主、知識分子等中產階級的支持,但陳水

扁執政後期，民進黨與大財團關係密切，知識分子也因為貪腐而疏遠民進黨。目前中小企業主、知識分子等又開始轉向民進黨。這些說明，民進黨的社會基礎和支持群眾又在逐步回歸，其結果將引起藍綠政治勢力此消彼長的變化。

二、民進黨發展的社會空間及其侷限

應當說，目前民進黨已經徹底走出谷底，向上發展的勢頭相當迅猛。不僅能取得一系列選舉的勝利，在臺灣民眾中的形象也在逐步改善，並重新喚起選民的信任。這種發展趨勢對於馬英九的連任之路是一個極大挑戰。那麼，為什麼民進黨能夠在這麼短的時間內迅速重新崛起呢？這主要有如下兩個方面的原因：

其一，馬英九執政的失敗是民進黨崛起的重要社會背景。馬英九上臺之後，恰逢世界金融危機，臺灣經濟也被波及，其承諾的選舉政見紛紛跳票，「拚經濟」沒有起色，「633」成為天邊彩虹，「愛臺十二大建設」也無法推動，民生問題嚴重。這導致民眾的失望和不滿。再加之馬當局的執政績效不彰，啟用劉兆玄等一批文人施政，缺乏與基層的溝通，結果狀況百出。在2009年的「八八風災」、「美國進口牛肉」等事件中應對不當，民怨沸騰，被選民認定是「無能」的總統。這些事件對馬英九的政治威望是一個嚴重打擊。兩岸政策算是一個執政亮點，但是由於馬英九在執行的過程中出現許多問題，使基層老百姓沒有感受到兩岸交流的好處，反而造成臺灣社會對臺灣「主權」流失的憂慮，並被民進黨打成「傾中賣臺」，其成績大打折扣。此外，馬英九宣稱要做全民「總統」，過度討好綠營，對陳水扁的弊案處理不力，還啟用一批具有綠色背景的政治人物，結果綠營群眾不買帳，藍營群眾看著心寒，裡外不是人。馬英九對國民黨地方派系的改革引來基層的強烈反彈，對國民黨元老如連戰、吳伯雄、宋楚瑜等

的排擠也導致藍營高層間的隔閡。這一系列原因造成藍營士氣渙散，選舉連戰連敗，遭遇罕見的九連敗。正是由於馬英九執政的失敗，使得原有的支持選民失望，投票的熱情和意願下降。而綠營選民則從中看到了重新奪取政權的希望，因此能暫時放下內部的派系惡鬥的恩怨，迅速的集結起來。藍綠氣勢發生了此消彼長的變化。這是在一系列選舉中藍營失敗的重要原因。從選票結構的統計分析來看，藍營流失的選民並沒有投到綠營，藍綠的基本結構並沒有發生轉變。因此，能否重新找回藍營選民的支持，對於馬英九的連任之路至關重要。

其二，臺灣政治生態中的兩黨制已經成形，這決定民進黨不可能泡沫化。民進黨所代表的價值是臺灣其他政黨無法替代的。比如，對於臺灣社會至關重要的安全議題與兩岸開放議題，民進黨作為本土政黨，在操作「主權」、安全等議題時更能夠獲得普通民眾的信任。而國民黨在兩岸開放政策方面有更大的操作空間。這兩個政黨各自代表著部分民意。當前馬英九當局在兩岸開放方面大踏步前進，這給民進黨操作「主權」與安全議題提供了空間。臺灣社會對於兩岸開放會否導致臺灣「主權」的流失產生疑慮，這部分民意會自然向民進黨靠攏，從而為民進黨提供了政治舞臺。只要臺灣社會的這種政治結構不改變，臺灣的主流民意就會在「兩岸開放」與「臺灣主權」為兩端的光譜之間搖擺，當臺灣經濟不景氣時，主流民意向「兩岸開放」方向移動，當兩岸關係發展過快，臺灣對大陸的依存度增加時，主流民意便會向「臺灣主體性」方向移動。這兩大政黨不可能包攬任何一個政治議題，也注定它們誰也無法吃掉誰。

民進黨雖然能夠迅速重新崛起，並取得一系列選舉的勝利。但其實民進黨自身所存在的結構性矛盾並沒有得到根本解決，其發展前景還存在許多變數。主要有如下一些方面：

其一，民進黨的歷史包袱太過沉重，民進黨執政八年所帶給臺灣

人民的痛苦並不會那麼輕易地消失。民進黨迄今為止並沒有進行有效的改革，臺灣社會還沒有準備好接受民進黨在目前狀況下重新執政。

其二，民進黨如何重建清廉的形象，擺脫陳水扁執政的負資產。民進黨的貪腐劣跡斑斑，要重新取得選民的信任，重建「清廉、勤政、愛鄉土」的形象並非一朝一夕之功。

其三，民進黨如何提出新的政策綱領，實現政黨轉型，特別是如何調整其僵化的大陸政策，以爭取中間選民的認同。蔡英文領導下的民進黨雖然在政黨轉型方面做出了很大努力，但仍然沒有取得大的突破。這一方面是由於深綠勢力的牽制，一方面也是由於民進黨自身轉型動力不足。但在兩岸交流已經是大勢所趨的情況下，民進黨必須要在大陸政策方面做出切實的轉變，才能真正取信於民，否則如果民進黨企圖矇混過關，其上臺之後兩岸必將陷入新一輪對抗，對臺灣老百姓而言絕對是一個夢魘。

其四，民進黨內的派系整合也還存在很大變數。民進黨的派系惡鬥是一個頑疾，目前新潮流一系獨大的局面其實背後隱藏著很大危機。由於民進黨的發展勢頭良好，其重新奪取執政權的希望很大，黨內各派系的爭權奪利將加劇。其中最大的矛盾將來自於新潮流支持的蔡英文與蘇貞昌勢力之間的鬥爭。而謝長廷系、甚至扁系自然也不甘心被邊緣化，企圖伺機反撲。民進黨內派系惡鬥的危機並沒有解除。我們預計，隨著年底「五都」選舉結果的出爐，民進黨將有新一波的權力格局調整。

以上這些結構性的矛盾是民進黨要更進一步發展所必須突破的關口，未來民進黨如何因應，值得持續觀察。

三、民進黨的發展前景

民進黨目前信心很足,在一連串選舉勝利的刺激下,以及馬英九執政不利的大背景下,民進黨看到了2012年拿下執政權的希望。目前民進黨的如意算盤是,在2010年年底的「五都」選舉中能夠拿下3至4席,然後再順勢拿下2012年大選。因此,年底的「五都」選舉是「總統」大選的前哨戰,也是藍綠決戰的關鍵點。其成敗關係甚大。

對於「五都」選舉的結果,我們試簡要分析如下。

總體而言,這場選戰對國民黨不利,這主要是因為:其一,大環境不利。馬英九執政狀況不佳,嚴重拖累藍營選情。其二,選民結構對國民黨不利。縣市合併升格後,南部「二都」綠大於藍的選民結構更加穩定。國民黨未戰先敗「兩都」,只能寄望守住臺北、新北、臺中「三都」。這導致藍營從一開始就處於不利的地位。其三,政治情勢對藍營不利。自馬英九執政以來,國民黨在各種選舉中連連敗北,藍營基本盤開始鬆動,士氣低迷,而綠營士氣高漲,臺灣政局「綠攻藍守」的態勢明顯。

具體而言,南部「二都」由於基本結構的限制,綠營實力雄厚,國民黨要翻盤不可能。高雄雖然民進黨分裂,並且陳菊最近有水災應對失據的問題,但其民調支持度仍然遠高於黃昭順和楊秋興的民調支持度。除非楊、黃二人操作棄保效應,但這種可能性很小,因此陳菊當選的可能性最大。臺南國民黨候選人太弱,又是民進黨的大本營,國民黨必然人輸。臺中胡志強比較得民心,一般認為胡的選情比較穩定。但是民進黨推出的蘇嘉全爆發力很強,最後即使輸也不會太難看。因此這場選舉的關鍵戰場在臺北和新北二市。

新北市朱立倫對蔡英文,朱立倫占有一定優勢,就最近聯合報的民調顯示,朱立倫已經領先蔡英文10%。我們判斷新北市朱立倫能夠勝選。

臺北市郝龍斌對蘇貞昌,由於郝受政績不彰的拖累,目前二者的

民調差距始終無法拉開，在臺北市藍大於綠的政治生態下，這對於郝龍斌是十分危險的。

因此，這場選舉最後的結果可能是綠三藍二的局面。這個結果對於國民黨方面而言，金溥聰將要下臺為敗選負責，馬英九的親信至此完全離他而去（此前劉兆玄、蘇起已相繼離職）。馬英九失去其最信賴的人，其原先孤立封閉狹小的決策圈子將被迫擴大，甚至於會作出「權力下放」的舉動，以換取黨內其他派系力量的支持和配合。這對於國民黨而言並非壞事，反而有利於國民黨的團結。當然馬英九還可以代表國民黨出戰2012，如果能夠成功找回支持群眾的熱情，其連任的可能性還是很高的。

藍二綠三的結果對於民進黨而言則是一個勝利，將增加其爭奪2012年的信心與實力。「蘇蔡配」代表民進黨出戰2012將沒有懸念。這個組合將對馬英九的連任之路構成極大壓力。由於2009年年底的「三合一」選舉民進黨在得票率方面僅落後國民黨兩個百分點，加上此次「五都」選舉的高得票率，民進黨在總得票率方面將逼近甚至超過國民黨。就以往幾次縣市長選舉得票率與「總統」選舉結果的關聯來看，凡是縣市長選舉能夠在得票率上過半的一方，基本都能在即將到來的「總統」選舉中獲勝。民進黨在得票率方面的大幅成長，將極大地增強其爭奪2012年總統大選的信心。

雖然「五都」選舉民進黨取勝的可能性很大，但是綠三藍二的格局並不一定意味著2012年能夠「變天」。我們判斷，民進黨要在2012年拿回執政權還是有相當困難的。這主要是因為：

首先，民進黨自身的結構性矛盾無法在短時期內有太大改觀。如兩岸政策調整、內部派系整合、重塑政黨形象等都不是一朝一夕之功。

其次，藍營的支持群眾在事關政權輪替的選舉中會激發出危機意

識。目前看來，藍綠政治板塊並沒有發生大的移動，藍營流失的選民並沒有轉移到綠營。因此，未來如何爭取這些流失選民重新歸隊，這是馬英九能否爭取連任的關鍵。

其三，民進黨內的現有政治人物中並不具備真正能挑戰馬英九的超級明星。民進黨臺面上的政治人物（主要是「四大天王」和蔡英文）還沒有足夠的政治實力提前取代馬英九。蘇貞昌搭配蔡英文出來與馬英九組合競爭，並不占什麼優勢。蘇貞昌是即將「過氣」的美麗島律師世代的政治人物，這一批政治人物已經隨著陳水扁的沒落而沒落，很難再走向政治舞臺中心。而蔡英文與馬英九的政治特質近似，選民沒有可能選擇蔡英文而放棄馬英九。再加之馬英九有執政優勢，這些都有利於馬英九尋求連任。

其四，美國在目前情況下不可能支持民進黨過早重返執政。大陸更是不會接受沒有實現政黨轉型的民進黨重新上臺執政。

因此，民進黨要在2012年重返執政十分困難，但到2016年則大有希望。

2008年以來民進黨大陸政策轉型的總體分析

自2008年下臺以來，蔡英文及其領導下的民進黨在大陸政策方面做出了一系列調整，引起了臺灣外輿論的普遍注意。那麼民進黨進行大陸政策調整的目的和動機是什麼？其大陸政策的本質和侷限性何在？其未來的發展趨向如何？本文將在系統梳理民進黨下臺以來大陸政策調整的基本脈絡的基礎上，對以上這些問題做出回答。

一、民進黨大陸政策調整的基本脈絡

綜合分析民進黨下臺以來大陸政策調整的基本脈絡，可以大致劃分為以下三個階段：2008年5月—2009年底；2010年1月—2011年4月；2011年5月迄今。

第一個階段（2008年5月—2009年底）是民進黨大陸政策調整的迷茫期。又可以劃分為兩個時期：前期從2008年5月到該年年底，是暴力對抗時期；後期從2008年10月到2009年底，為迷茫徬徨期。

民進黨下臺之初，不僅喪失了執政權，黨籍「立委」席次也只剩下27席，不足「立法院」席次的1/4，加之陳水扁家族弊案的爆發使民進黨形象大損，民進黨可謂一敗塗地。在這種情況下，民進黨已經很難有效制衡國民黨，於是轉而採取「街頭運動」路線，對於馬英九的兩岸開放政策採取非理性的杯葛策略。從「8.30」到「10.25」，民進黨舉辦了一系列街頭遊行示威活動。特別是2008年11月初陳雲林訪臺與江丙坤舉行第二次「江陳會談」期間，民進黨發動支持群眾製造了「臺北圍城」事件，影響極其惡劣。此外，民進黨在「立法院」內雖然力量弱小，但也全力反對兩岸交流相關法案的通過。這些情況說明，此時的民進黨根本不存在進行理性檢討大陸政策的條件，而只能沿用「逢中必反」的大陸政策舊思維。

民進黨的一系列暴力抗爭行動，引起了臺灣社會的不安，並遭到輿論的廣泛批評。而民進黨也無力改變兩岸關係和平發展的大趨勢，非理性的對抗反而造成民進黨在兩岸關係方面被日益邊緣化。在這種困境下，民進黨不得不改變策略，在11月的「臺北圍城」事件後，蔡英文定調未來民進黨會採取「以議會路線為優先，街頭運動為互補」的行動路線[48]，但黨內歧見很多。

進入2009年，民進黨繼續堅持「街頭運動路線」，蔡英文還宣布2009年為「社會運動年」，並企圖結合社會力量進行長期抗爭。為此，民進黨調整組織結構，專門增設「社會運動部」，同時籌劃舉辦

所謂「民間國是會議」49。5月17—18日，民進黨又發動所謂「嗆馬保臺」遊行活動，不過過程較為平順，未發生暴力事件。

　　隨著兩岸大交流局面的展開，民進黨僵化保守的大陸政策面臨左支右絀的窘境。一方面民進黨中央制定種種規定限制黨員參與兩岸交流，民進黨創黨元老許榮淑、範振宗等在7月參加「國共論壇」之後竟然被民進黨中央開除黨籍。但另一方面民進黨對於黨籍縣市長紛紛登陸則採取模棱兩可的態度，如高雄市長陳菊就在該年5月底以「行銷世運會」名義訪問大陸。這說明民進黨中央的政策與實際情況嚴重脫節。6—7月間，民進黨內再次掀起要進行大陸政策辯論的聲浪。在強大的內外壓力下，8月2日，蔡英文首度表示，將展開「深刻且大規模的中國政策討論」，對大陸問題「不再迴避」50，但此後並未有任何實質性的討論。12月5日，民進黨在「三合一」選舉中取得了超出預期的成績，在2010年初的「立委」補選中再次大勝。這些勝利使民進黨看到了重新執政的希望，此後逐步加快了大陸政策調整的步伐。

　　第二階段（2010年1月—2011年4月）是民進黨大陸政策調整的積極探索期。這一階段主要圍繞「十年政綱」的撰寫和ECFA的攻防來進行。2010年元旦，蔡英文在《做一個令人信任的政黨：寫給2010年的民進黨》一文中首次提出，2010年要提出民進黨的「十年政綱」，全面闡述民進黨的路線和政策。這代表著民進黨已經站穩腳跟，開始進入建設性的政策討論期。在另一方面，隨著兩岸ECFA談判的推進，民進黨把反對ECFA的簽訂作為其重要的政策目標。ECFA與「十年政綱」成為民進黨「兩個最大的政治工程」51。

　　民進黨雖然宣稱要檢討路線政策，但人們所期待的「十年政綱」中「兩岸政策」部分從一開始就設定了前提，即「不會碰觸國家定位與兩岸定位問題」，認為這些問題已在「臺灣前途決議文」中處理52。換言之，民進黨的大陸政策調整不會碰觸臺獨議題，也不會回

應「一個中國」原則問題。這決定民進黨大陸政策調整只是權宜性、策略性的,不會有任何實質的改變。

從4月開始,民進黨圍繞「十年政綱」的撰寫展開了一系列與社會對話座談會,從而正式啟動了民進黨大陸政策調整的進程。5月2日,蔡英文首次拋出「不排除在不預設政治前提的情況下,與中國進行直接並實質的對話」[53]。6月9日,民進黨中常會決議委託民間智庫和學者規劃一個「兩岸交流平臺」。此後,一些特定智庫的學者開始積極赴大陸參與各類交流活動。人們對於民進黨的政策轉型充滿期待,但事實上「十年政綱」的撰寫並不順利。8月11日民進黨中常會正式討論了「十年政綱」並通過公布了「多元族群篇」,社會原本預期9月底民進黨黨慶前會陸續公布其他內容,但因為「兩岸關係」部分難產,公布時期一再拖延,事實上直到2011年8月「十年政綱」才正式完整的公布出來。

民進黨與國民黨展開的關於ECFA的攻防是另一個戰場。由於ECFA屬於兩岸關鍵的經濟議題,透過民進黨對於ECFA的態度可以很明確地反映其兩岸經貿政策。最初,民進黨對於ECFA的反對是十分激烈的,要求將ECFA訴諸公投,並發動了一系列群眾運動進行反抗。4月25日,蔡英文與馬英九針對ECFA舉行電視辯論,輿論普遍認為馬英九表現較好。[54]由於ECFA簽訂得到臺灣主流民意的支持,民進黨不得不放低反對ECFA的調門,此後民進黨的主攻方向轉向了年底的「五都」選舉。為了化解外界對民進黨反ECFA的疑慮,9月17日,蔡英文在接受《蘋果日報》專訪時稱,民進黨若重新執政將會延續前朝政策,不會「橫柴入灶」[55]。此後,民進黨對於ECFA的態度一直閃爍其辭,但總體的態度是要「概括承受」。這說明,民進黨在兩岸經濟政策方面不得不面對現實,接受兩岸經濟合作的現狀。

「五都」選舉的結果,民進黨並沒有得到預期的目標,黨內一度

傳出要蔡英文下臺負責的聲音。但蔡英文卻在選後第三天（11月30日）接受海外媒體採訪，闡述她的兩岸政策主張，表示將捐出2000萬元（新臺幣）選舉結餘款在黨內成立專門智庫，「功能設定在強化中國政策轉型，以及提升與大陸直接交往的能量」56。在蔡英文表態後，許多綠營背景的基金會紛紛加強了對於大陸政策的研究，民進黨內掀起了一股「大陸熱」57。

12月底，國、民兩黨圍繞是否承認「九二共識」展開了激烈的攻防。馬當局發言人羅志強就兩岸議題「三問小英」，要蔡英文回答是否支持臺獨？要用什麼基礎取代「九二共識」發展兩岸關係？若重新執政，要不要延續兩岸經濟合作架構協議？58蔡英文只能被動表示，「沒有所謂九二共識」。馬政府的這一輪攻勢，逼出了民進黨大陸政策的底線。

進入2011年，隨著民進黨內2012年大選候選人提名的展開，各有意參選的政治人物紛紛推出自己的大陸政策。比如謝長廷的「憲法各表」、呂秀蓮的「九六共識」、蘇貞昌的「臺灣共識」等。2月23日，蔡英文主導籌設的智庫「新境界文教基金會」正式成立，她在揭牌儀式中發表講話，提出「和而不同」、「和而求同」的大陸政策論述。但所有這些論述都跳不出臺獨的基本框架。

第三階段（2011年5月迄今）是民進黨大陸政策逐步定型期。5月4日，蔡英文正式獲得民進黨2012年臺灣領導人選舉參選人資格，這表明民進黨將繼續沿著蔡英文主導的路線前進。8月23日，民進黨推出「十年政綱」之「兩岸篇」，這個「兩岸篇」被分解為「兩岸經貿篇」和「國家安全篇」。歷經兩年多而誕生的「十年政綱」之「兩岸篇」是民進黨未來相當一段時期內兩岸政策的基調。「十年政綱」在「主權問題」和兩岸關係定位上並沒有任何新的解釋，還是本著「臺灣前途決議文」的立場。但蔡英文卻明確否定「九二共識」的存在，

並主張兩岸要「超越歷史」，建立「可長可久的互動架構」。對於臺灣內部的分歧，她主張「透過民主機制」，尋求建立一個「臺灣共識」，並以此作為「與中國對話的基礎」。「十年政綱」否定兩岸業已存在的「九二共識」，堅持「一邊一國」的臺獨基本立場，卻企圖去尋求莫須有的「臺灣共識」，其空想性是顯而易見的。因而從一開始就受到外界的廣泛批評。

9月下旬和10月初，蔡英文帶著「十年政綱」的政策主張先後訪問了美國、日本。但她的兩岸政策似乎並沒有說服美國人，就在蔡英文訪美的當天，一位不具名的美國白宮資深官員就透過英國《金融時報》表達了對於蔡英文處理兩岸問題能力的質疑[59]。

為了化解外界對其兩岸政策的疑慮，蔡英文又拋出一些新的兩岸論述。如10月8日，她在一次演講中表示「中華民國政府已非外來政府」，認為「中華民國就是臺灣」、「臺灣就是中華民國」[60]。而早在2010年5月，蔡英文還說「中華民國是流亡政府」。1月23日，蔡英文對臺灣工商企業界人士表示，一旦她勝選，在長達4個月的「政權交接期」中，會積極尋求與對岸對話的機會。12月2日晚，在「總統」辯論會舉辦前夕蔡英文又緊急召開記者會，聲明勝選後將成立「兩岸對話工作小組」，並表示「一中各表」可以納入「臺灣共識」一併討論[61]。蔡英文的這些表態，證明為了勝選考慮，她不得不在臺灣「主權」論述上有所鬆動，對於大陸也釋出更多善意。但她的底線是否認「九二共識」，堅持兩岸「一邊一國」。從這裡我們也可以看出蔡英文大陸政策調整的極限。

二、民進黨大陸政策調整的目的及侷限

以上我們回顧了民進黨下臺以來大陸政策調整的基本脈絡。不難發現，民進黨進行大陸政策調整主要出於以下幾個目的：

首先，是為了應對中國大陸迅速崛起所帶來的挑戰。這是民進黨思考調整其大陸政策最大的外部因素。蔡英文在許多重要場合的講話中一再提到「中國的崛起、並成為區域強權」，以及「臺灣所面臨的生存挑戰」，充分說明了民進黨面對此一狀況的焦慮與不安。這種壓力迫使民進黨必須要制定切實有效的兩岸政策，以打開與大陸的交流之門。在民進黨重新走向執政的過程中，這是一個無法繞開的議題。

其次，是為了與國民黨進行政治鬥爭並搶奪兩岸政策主導權。在臺灣藍綠陣營高度對立的情況下，與國民黨進行政治鬥爭是民進黨最大的現實需要。民進黨為了反對馬英九不惜採取一切手段，如街頭運動、議會杯葛、輿論宣傳等。不僅反對馬英九的兩岸政策作為，還給馬英九貼上了「傾中賣臺」的標籤。總之，民進黨的目的就是「逢馬必反」，盡一切努力去消解破壞馬英九在兩岸政策上所取得的成績。在另一方面，民進黨又積極進行大陸政策論述，希望能構建一套有別於國民黨的兩岸關係模式。蔡英文提出「臺灣共識」的概念，應當看做是這種努力。民進黨不願意被國民黨代表，希望能夠與大陸直接對話。為了打開與大陸溝通之門，民進黨採取了一些舉措，包括籌設智庫等。蔡英文也多次表達希望能在「不預設政治前提的情況下，與中國進行直接並實質的對話」的意願62。

第三，是為了弱化臺獨形象，爭取中間選民支持，以贏得選舉利益。臺灣是一個選舉社會，任何政治利益都需透過選舉取得。在民進黨下臺之初，由於政治資源有限，民進黨被迫採取「街頭路線」。但暴力事件容易造成社會的不安，對民進黨形象是一個很大損傷。因此民進黨一度在「街頭路線」與「議會路線」之間十分徬徨。2009年底「三合一」選舉結果使民進黨站穩了腳跟，此後又取得了一系列選舉的勝利，這些勝利使民進黨看到了重新執政的希望。民進黨開始有意塑造理性務實的政黨形象，更多地注重其政策論述，如撰寫「十年政綱」等。在這一過程中，大陸政策的重塑也是一個重要方面。事實

上，民進黨大陸政策的調整與選舉的需要有著十分密切的關係。為了能勝選，民進黨往往會極力去弱化臺獨形象，以爭取中間選民的支持。如在「五都」選舉中，蔡英文就能夠宣示「延續前朝政策」。在2012年「大選」中，蔡英文也相繼抛出「中華民國就是臺灣、臺灣就是中華民國」、「一中各表可疑納入臺灣共識一併討論」等言論，在一定程度上是對其臺獨立場的修正。

可見，民進黨進行大陸政策轉型是多方面因素促成的。總體而言，民進黨進行大陸政策調整最大的外部壓力在於中國大陸的崛起以及兩岸關係和平發展局面的形成；最主要的內部因素是為了與國民黨進行政治鬥爭並爭奪兩岸政策的主導權；最直接的因素則是為了贏取選票利益，獲得執政權。因此，民進黨進行大陸政策調整，既有其戰略上的需要，也有其策略上的考慮。民進黨大陸政策調整的幅度以及方向，主要看內外情勢的發展，它是多種合力綜合博弈的結果。

就目前的情況來看，大陸綜合國力的崛起及兩岸關係和平發展是促使民進黨大陸政策調整最為積極有利的因素。而臺灣藍綠政治情勢的發展和民進黨自身的政治生態問題則是限制民進黨兩岸政策調整的負面因素。

就臺灣藍綠鬥爭的政治情勢而言，由於馬英九執政不利，導致民進黨在沒有進行深刻政策檢討的情況下就迅速捲土重來，這使民進黨進行臺獨轉型的動力大為降低。

就民進黨內的政治生態而言，也還不存在進行臺獨轉型的氛圍。首先，臺獨黨綱作為民進黨的神主牌，對於維繫民進黨的團結和發展有著重要意義。在民進黨派系林立的政治生態中，臺獨是各派系最大的共識，也是民進黨團結的最大保障，任何對臺獨神主牌的檢討都可能造成民進黨分裂甚至崩盤的嚴重後果。因此，不到萬不得已，民進黨不可能檢討其臺獨黨綱。

其次，臺獨作為民進黨的意識形態，其背後存在一定的社會基礎。只要這個社會基礎沒有鬆動，民進黨就不會拋棄其臺獨立場，而只可能根據現實需要去加以包裝，於是有所謂「激進臺獨」、「務實臺獨」之別，但臺獨的本質並沒有變，只是實現臺獨的方式不同而已。應該指出的是，兩岸關係和平發展，兩岸交流的日益深入對於鬆動臺獨的社會基礎是有很大好處的。

第三，民進黨內的「基本教義派」力量依然很大，對民進黨內的「務實臺獨派」形成強大牽制。近年來，以蔡英文為首的「務實臺獨派」為了與國民黨進行政治鬥爭以及獲取選票利益，對臺獨論述做出一定修正，如承認「中華民國政府」的合法性，擴大本土論述的包容性等等，「基本教義派」雖然不滿意，但在勝選的考量下也只能暫時容忍。不過這種容忍也是有底線的，如果蔡英文突破臺獨的底線，則一定會引起「基本教義派」的激烈反彈。

因此，目前情況下民進黨的大陸政策調整主要還是策略性的調整。在勝選的壓力下，民進黨會儘量弱化臺獨的表現方式，但不會從根本上檢討其臺獨立場。特別是近年來民進黨在臺獨立場沒有太大改變的情況下就捲土重來，使民進黨產生了很多錯誤認知，更加降低了民進黨實施臺獨轉型的動力。這些都使得當前民進黨的大陸政策調整具有很大的侷限性。

三、現階段民進黨大陸政策的本質及其前景

自2008年5月蔡英文擔任民進黨主席以來，在其領導下民進黨不僅迅速恢復了政治實力，也逐步形成了一套新的政策論述，包括兩岸政策論述。基於蔡英文目前在民進黨內的地位，可以預計，在未來較長時期內這套政策論述都將作為民進黨的指導思想。因此，完整理解蔡英文的大陸政策主張還是具有很大現實意義的。

關於蔡英文的大陸政策，臺灣研究界已經有很多研究成果[63]。基本上學者們都認為，蔡英文的臺獨主張並沒有變，還是「一邊一國」的思維。其實民進黨當初在制定「十年政綱」時就已經明確說明：「不會碰觸國家定位與兩岸定位問題」，認為這些問題已在「臺灣前途決議文」中處理。[64]因此說民進黨沒有放棄臺獨立場，這個判斷並沒有錯。但是不可否認，現階段民進黨的大陸政策摻和進了一些新因素，而這些新因素可能會使民進黨的兩岸政策呈現出不同的方式和作為，這是需要我們特別注意的。那麼，蔡英文大陸政策的本質內涵究竟如何呢？有一些什麼樣的新因素值得注意？

首先，在臺灣「主權」定位上堅持臺灣是一個「主權獨立國家」的立場。明確承認「中華民國政府」的合法性，明確喊出「中華民國就是臺灣」，這較「臺灣前途決議文」在中華民國的問題上欲說還休的態度更進了一步。但同時蔡英文又刻意否認中華民國與中國大陸的歷史及法律連接，因此她說，「不要一中底下的『中華民國』」[65]。

其次，在兩岸關係定位上否認「九二共識」，主張由2300萬臺灣人公投決定臺灣前途。蔡英文否認「九二共識」的態度是十分堅決的，這是其多年來的一貫立場。早在陳水扁執政時期，她就曾以「陸委會主委」身分強勢反對陳水扁有意承認「九二共識」和恢復「國統會」的意圖。由臺灣2300萬人「公投」決定臺灣前途，這一立場在民進黨內頗有影響力，像許信良、洪奇昌等人都持這種看法。公投決定臺灣前途具有一定的欺騙性，但相較於赤裸裸的「臺獨建國」訴求來說畢竟是一個進步。此外，蔡英文還主張在兩岸事務上必須要引入民主程序來加以監督。

第三，堅持所謂「臺灣主體性」，同時擴大臺灣本土論述的包容性。蔡英文主張在「臺灣性」的基礎上建構「共同的新的國家、新的臺灣的認同」，處理好族群認同問題[66]。同時盡力擴大臺灣本土論述

的包容性，揚棄傳統狹隘的福佬沙文主義，而建構多元族群的融合。為了消弭臺灣內部在國家認同問題上的分歧，她主張用臺灣來包容中華民國。同時她還提出「臺灣共識」說，主張透過民主程序建立一個「臺灣共識」，並以此作為與大陸交往的基礎。

其四，主張在保持臺灣「主體性」的前提下積極與大陸交往。蔡英文主張兩岸要發展「和而不同」、「和而求同」的關係。所謂「不同」，就是兩岸「在歷史記憶、信仰價值、政治制度、社會認同方面都不一樣」；所謂「求同」，就是要共同追求和平與繁榮67。在「十年政綱」之「國家安全戰略篇」中也明確提出「經由戰略互利尋求穩定機制」、「建構兩岸和平穩定互動架構」等政策主張。民進黨希望能在保持臺灣「主權獨立」現狀的基礎上與中國大陸建立和平穩定的互動關係。

其五，主張在國際關係架構下來定位和發展兩岸關係。面對中國大陸崛起，民進黨希望能透過國際因素來平衡大陸的影響力，這是民進黨現階段思考兩岸關係時的基本方向。蔡英文主張要「先走向世界」，然後「跟著世界一起走向中國」，並認為這是民進黨與國民黨兩岸政策最大的不同。她指責馬英九的兩岸經貿政策是把臺灣經濟的前途鎖在中國，最後會導致臺灣「主體性」的流失。

總之，現階段民進黨的大陸政策的主旨，對臺灣而言是要「透過民主機制凝聚臺灣共識」；對大陸而言是要在堅持臺灣「主權」獨立現狀不變的情況下尋求建立和平穩定的兩岸關係；對國際而言，是要借助美日等力量以平衡中國大陸的影響力。這個看上去十分「完美」的理論構想，實質是經不起推敲的，只是一座空中樓閣。

首先，要「透過民主機制凝聚臺灣共識」不僅不可能，而且十分危險。在目前藍綠惡鬥的社會生態下，藍綠陣營之間根本不存在理性討論問題的空間。藍綠惡鬥的根源在於國家認同的分歧，問題的根本

在於民進黨的臺獨立場，不願意認同中華民國體制，而企圖片面追求所謂臺灣「主權獨立」。在這種情況下要在什麼基礎上去建立臺灣共識呢？是要藍營認同綠營的臺獨主張，還是要綠營回歸藍營的中華民國體制？顯然後者更合理。那麼綠營放棄臺獨立場就自然獲得「臺灣共識」。現在蔡英文主張「透過民主機制凝聚臺灣共識」，所謂「民主機制」無非是全民「公投」或者透過立法機構「修憲」或「制憲」，這都屬於重大臺獨事變，其結果就是兩岸的戰爭。可見，所謂透過「民主機制凝聚臺灣共識」在實踐中是根本走不通的。

其次，要在堅持臺獨立場的基礎上建立兩岸的和平穩定架構不可能。眾所周知，兩岸的根本分歧在於對臺灣的「主權定位」，大陸堅持「一個中國」的立場不可能退讓。兩岸分裂的現狀是國共內戰的延續，脫離了這個前提去討論臺灣「主權」問題無異於臺獨。「兩岸同屬一個中國」是目前情況下對於兩岸關係最好的定位，認同「九二共識」是兩岸「求同存異、共創雙贏」的最好方式，捨此之外別無他途。蔡英文否認「九二共識」，而主張以一個虛無縹緲的「臺灣共識」作為兩岸對話的基礎，並企圖以此為基礎建立兩岸和平穩定架構，這是根本不可能的。

第三，企圖「在國際關係架構下來定位和發展兩岸關係」也是不可能的。蔡英文的所謂「從世界走向中國」，無非是希望借用美日等國際力量來平衡中國大陸崛起的影響力。且不說中國大陸會否接受民進黨的這一「如意算盤」，就從國際政治的現實而言，這也是一個一廂情願的空想。臺灣作為美國遏制中國的一枚棋子，根本不可能主導國際關係的走向，而只能被動服從美國的利益。美國為了自己的國家利益隨時可以犧牲臺灣，這在歷史上是有先例的。民進黨要讓臺灣充當美日國家利益的馬前卒，能夠真正保證臺灣的利益嗎？恐怕最後只能落人笑柄。

可見，民進黨目前形成的這一套大陸政策雖然有一些新因素，但由於其臺獨的本質沒有變，注定也無法在現實中加以落實。民進黨如果無法從根本上揚棄臺獨立場，在兩岸關係上是沒有前途的。民進黨的臺獨轉型之路還很漫長。

現階段民進黨大陸政策主要幕僚群體研究68

自2009年底「三合一」選舉以來，民進黨明顯加快了大陸政策調整的步伐。一方面以「十年政綱」的撰述為核心，推動新的政策論述；一方面試圖透過「民間智庫及學者」，打開與大陸交流之門。應當說，民進黨的這一系列大陸政策「攻勢」給我們提出了新的挑戰。因應之道，除了要對現階段民進黨大陸政策進行全面系統的定性分析之外，也要加強對於民進黨大陸政策幕僚群體的研究。特別是在當前無法與民進黨進行黨對黨交流的情況下，加強對民進黨大陸政策智庫群體的研究，甚至與民進黨的相關智庫或者特定個人進行接觸，對於推動對民進黨工作的新局面有著重要意義。

一、民進黨大陸政策幕僚群體的構成及派系背景

民進黨內對於大陸政策一向存在分歧和爭議，並且這種分歧和爭議往往又伴隨著殘酷的權力鬥爭，大陸政策在很多時候都被當作派系鬥爭的工具。各派系為了搶奪黨內大陸政策的話語權和主導權，必須要強化各自的大陸政策論述，並培養和網羅相關人才，從而逐步形成了民進黨內形形色色的大陸政策幕僚群體。

在民進黨未執政之前，民進黨的大陸政策主要由美麗島系和新潮

流系主導，因而這一時期民進黨大陸政策方面的人才主要集中於這兩大派系。前者如許信良、張俊宏、陳忠信、王拓、郭正亮、顏建發等，後者如邱義仁、吳乃仁、林濁水、洪奇昌、邱太三、顏萬進等。雙方在大陸政策上互有攻防，極大地影響了民進黨大陸政策的發展。如1991年臺獨黨綱的出籠與新潮流系的林濁水有很大關係，而在此後民進黨為了淡化臺獨色彩而進行了長期的政黨轉型，在這一過程中美麗島系特別是許信良發揮了重要作用。新、美兩系還曾在1997年爆發「中國政策大論戰」，達成了「強本西進」的大陸政策共識，並直接導致了1999年民進黨「臺灣前途決議文」的出臺，使民進黨成功轉化為內造政黨，事實上承認了「中華民國體制」，臺獨色彩得以淡化。這一時期民進黨的大陸政策，實際上是這兩大派系相互鬥爭後妥協下的產物，而在此過程中，原本主張「街頭運動」的「急獨派」新潮流系逐步向「務實獨派」轉變。

1999年，許信良為了參選「總統」而宣布退出民進黨，美麗島系因而解體，但美麗島系的大陸政策人才並沒有消失。如陳忠信就一直在扁當局的兩岸政策方面扮演著重要角色。民進黨下臺後，他又被蔡英文延攬為民進黨「中國事務小組」召集人，是蔡英文大陸政策方面的核心智囊人物。王拓在美麗島系解體後逐步轉向了新潮流系（但始終未加入新系），蔡英文擔任民進黨主席之初，曾延攬他為民進黨祕書長。許信良在2008年重回民進黨，其主要目的是想改造民進黨，他對於推動民進黨的大陸政策轉型造成了一定作用。前美麗島系的大陸政策人才在蔡英文所主導下的民進黨內受到重用，這也是一個值得注意的現象。

在2000年陳水扁上臺執政後，新潮流系成為其在大陸政策方面的主要依靠力量，像邱義仁、吳乃仁、邱太三、洪奇昌、顏萬進等人都扮演著重要角色。其中擔任「國安會祕書長」的邱義仁為扁政權兩岸政策方面的核心人士，邱太三曾任「陸委會」副主委，洪奇昌曾任海

基會董事長，顏萬進曾任海基會祕書長。新潮流系之所以能扮演如此重要的角色，這與該派系長期以來特別重視培養大陸政策人才有關，目前除老一輩之外，後起之秀也已嶄露頭角，像梁文傑、劉子琦、張國城、邱志偉等都經常與大陸學者交往，對大陸政策有較深涉入。因此，雖然新潮流系長期壟斷大陸政策引起黨內其他派系的不滿和反彈，但面對新潮流系整體的人才梯隊，其他派系也無可奈何。可以肯定，未來在相當長的時間內，新潮流系仍將在民進黨的大陸政策方面扮演關鍵角色。

在新潮流系之外，其他派系也有一些大陸政策方面的人才，如郭正亮、賴怡忠、董立文等。郭正亮原屬於美麗島系，擔任過民進黨中央政策會執行長，美麗島系解體後投靠扁系，曾負責撰寫2000年陳水扁競選綱領的兩岸政策部分。蔡英文出任黨主席後，郭正亮曾任民進黨「因應ECFA小組」的成員兼發言人。賴怡忠、董立文在「扁朝」時期都曾擔任過民進黨「中國事務部主任」。值得一提的是，董立文屬於蘇系人馬，是蘇系陣營中少見的兩岸政策人才。此外，學者背景出身的蔡英文、陳明通等，長期主管陳水扁當局的「陸委會」，深受陳水扁倚重。蔡英文擔任扁當局「陸委會」主委達五年之久，而陳明通也長期在「陸委會」擔任要職，在陳水扁執政後期，並曾受命起草「第二共和憲法草案」。蔡英文與陳明通在意識形態上臺獨色彩濃厚，這也是蔡英文目前在大陸政策方面重用陳明通的一個重要原因。

民進黨其他派系在大陸政策方面其實都有自己的立場和觀點，如謝系主張兩岸「憲法一中」；游錫堃主張推動「制憲建國」，建立「正常國家」；蘇貞昌在兩岸政策方面缺乏人才，因此他只能談「臺灣前途決議文」的老調；呂秀蓮則主張用所謂「九六共識」取代「九二共識」，即認為臺灣1996年「總統」直選後已經是個「主權獨立的國家」。但相較於新潮流系，這些派系缺乏兩岸政策的系統論述和執行能力，既缺乏人才，也缺乏與大陸溝通的實踐經驗。但需要指出的

是，就大陸政策的制定而言，並非新潮流系一直占據主導地位，在某些時候非新系反而占據了主動。最明顯的例子，如在陳水扁執政前期推動「新中間路線」，當時謝長廷擔任黨主席，二人在兩岸政策方面配合默契，在某些大陸政策的制定方面謝甚至扮演過關鍵角色。而在2006年紅衫軍街頭運動之後，陳水扁開始執行急進的臺獨路線，新潮流系受到排擠，在黨務系統方面由游錫堃所代表的臺獨基本教義派主導，推出了「臺灣正常國家決議文」。可見，在民進黨大陸政策制定方面，派系的政治博弈是至為關鍵的影響因素。

在占臺灣選民40%左右的民進黨的支持群眾中，臺獨基本教義派約占8%—15%。臺獨基本教義派在組織上由以李登輝為精神領袖的「臺聯黨」代表，這部分力量對民進黨的大陸政策起著十分重要的牽制作用。臺獨基本教義派是臺獨理論的策源地，他們擅長進行臺獨理論論述。

以上是民進黨（包括「臺聯黨」）各派系在大陸政策博弈方面的一些基本情況。圍繞著派系競爭和角力，各大派系及政治派別又會根據不同時空環境的政治需要，以及自身實力的強弱而成立所謂智庫組織。這些智庫名目繁多，成員互有重疊，但其背後都有特定的派系支持。曾有學者把民進黨的各類智庫區分為政黨型智庫、學者型智庫、專業型智庫、運動型智庫，而其實真正細究起來，所有綠營的現有智庫無不具有強烈的派系色彩，真正獨立的智庫組織並不存在。

下面我們對目前民進黨內的各類智庫及其派系背景作一簡要介紹。

「臺灣智庫」：臺灣智庫是陳水扁於2001年成立的。其成立的目的，主要是陳水扁為自己延攬人才，同時提供決策諮詢。臺灣智庫陣容十分龐大，網羅了大批綠營精英，下設8大論壇（財經論壇、科技論壇、農業論壇、政府改革論壇、大陸論壇、亞太論壇、WTO論壇、社

會發展論壇）。陳水扁自稱「臺灣智庫」屬於體制內智庫，與李登輝主導的「群策會」互別苗頭。民進黨下臺後，該智庫的運作一度陷入低迷，但後來得到蔡英文的支持，成為推動民進黨兩岸政策調整的重要諮詢機構。臺灣智庫現任董事長陳博志，財經專業背景，蔡英文的兩岸經濟政策頗為借重陳。智庫執行長鄭麗君（女，1969年生）也被蔡英文攬為心腹。臺灣智庫有一大批兩岸政策方面的人才，如陳明通、蘇進強、林佳龍、賴怡忠、張國城等。該智庫曾一度被視為蔡英文大陸政策的首席智庫。

「臺灣產經建研社」：它是海基會前董事長、新潮流系大佬洪奇昌於2002年成立的，屬於新潮流系的次級團體。洪奇昌長期熱心於兩岸事務，曾多次到大陸參訪交流，與大陸涉臺研究機構來往密切。

「臺灣新社會智庫」：它是在民進黨決議解散派系之後，新系所成立的一個招牌機構，由吳乃仁擔任董事長。新潮流系打著這個招牌繼續進行派系活動，事實上就是新潮流系本身。智庫之下設有「兩岸國際組」，由陳文政負責，並辦有《新社會評論》雜誌，由梁文傑負責。

此外，具有派系色彩的智庫還有「臺灣管理學會」（游錫堃於2001年成立）、「臺灣維新基金會」（謝長廷於2008年成立）、「國家展望文教基金會」（呂秀蓮於1998年成立，2011年3月呂宣布於基金會下設「大陸研究中心」。此外，呂秀蓮還主辦有《玉山週報》）。

「新境界文教基金會」（民進黨智庫）：它是隸屬於民進黨中央的一個基金會。2010年底「五都」選舉結束後，蔡英文用選舉結餘款2000萬元在「新境界文教基金會」之下設立民進黨智庫。2011年2月23日正式成立，下設「安全與戰略研究中心」、「經濟與社會研究中心」。智庫執行長為吳乃仁，副執行長為蕭美琴，「扁朝」時期主管過大陸事務的重要官員如陳忠信、吳釗燮、陳明通、邱太三等都列名

其中,可視為目前民進黨內最重要的大陸政策智庫。蔡英文宣稱,民進黨成立智庫的主要目的是「強化處理大陸問題的能量」。這是蔡英文欲打開與大陸對話管道的一個重要舉措,也是蔡英文推動民進黨大陸政策轉型的重要一環。

「兩岸關係小組」:最近媒體報導,陳菊在高雄市府成立了「兩岸關係小組」。陳菊自任召集人,3名副市長任副召集人,各局處首長為委員,另聘有5名專家學者,包括邱太三、陳明通、童振源等。「兩岸工作小組」將定期召開會議。這個「小組」可視為陳菊個人的大陸政策智庫組織,反映了陳菊在政治上的企圖心,其後續發展值得注意。

「群策會」、「臺灣教授協會」、「臺灣社」等四大本土社團、「新臺灣國策智庫」:以上這些智庫團體都屬於臺獨基本教義派陣營。這些社團雖然不屬於民進黨內的智庫,但掌握著臺獨論述的話語權,對民進黨的大陸政策頗具影響力。

「群策會」是李登輝下臺後於2000年12月成立的,其主要目的在於所謂「提升臺灣民主,強化臺灣主體意識」。

「臺灣教授協會」、「臺灣社」等四大本土社團都是有名的「獨派」組織,其成員以高級知識分子為主。臺灣教授協會成立於1990年。臺灣北社、中社、南社、東社合稱臺灣四大本土社團,先後成立於2001年前後。

「新臺灣國策智庫」成立於2010年1月,董事長是「急獨派」大佬辜寬敏,副董事長為「獨派」要角吳榮義、陳師孟,執行長為羅致政。「新臺灣國策智庫」的「獨派」色彩十分濃厚,辜寬敏成立該智庫用以牽制蔡英文民進黨大陸政策轉型的意圖十分明顯。但令人意外的是,該智庫的實際負責人羅致政卻被蔡英文延攬為心腹,並曾委以穿梭兩岸、牽線搭橋的重任,其背後透露出的訊息耐人尋味。再者,

值得注意的是該智庫利用新一屆「立委」選舉的機會，最近連續兩波推出所謂「我們這一代」聯機，大肆網羅綠營的年輕人才參選「立委」，以圖擴大其影響力。除羅致政和現任「立委」劉建國外，綠營名嘴何博文、臺北市議員簡余晏、「臺聯黨」前主席黃主文的兒子黃適卓、陳水扁的恩師李鴻禧的兒子李俊俋、民進黨前「立委」蔡啟芳的兒子蔡易余、南投縣議員賴燕雪等都列名其中。

二、蔡英文大陸政策決策及運行的基本布局

那麼，蔡英文作為民進黨的新共主，她是怎樣利用這些幕僚人才，而又是怎樣布局她的大陸政策的呢？

眾所周知，蔡英文與民進黨的淵源並不深。她之所以能在短期之內確立民進黨新共主的地位，除了時勢造就之外，一個重要的原因就是她巧妙地利用了民進黨內各派系之間的矛盾，並形成了各派系之間的恐怖平衡，而她卻能超然於外，扮演仲裁者的角色，從中漁利。這說明，蔡英文確實是個玩弄權力平衡的政治高手。如她最初與新系、蘇系結盟，從而鞏固了自己在民進黨內的地位；隨後她又與謝系結盟，在黨內初選中擊敗蘇貞昌，當上了2012民進黨的「總統」候選人；為贏得大選，最近她又開始拉攏扁系成員為其所用。這些政治手腕的操作都極為高明。

在大陸政策的布局方面，蔡英文同樣考慮的是在各派系之間玩弄平衡遊戲。比如，恢復設立「中國事務小組」是由新潮流系段宜康率先提出來的，蔡英文雖然接受此建議，卻交由前美麗島系的陳忠信來負責「中國事務小組」。「十年政綱」作為其重要的政策綱領，兩岸關係部分卻委任陳明通、吳釗燮撰寫。事實上新潮流系對此是很介意的，新潮流系某位要角在私下提到「十年政綱」時就曾很不以為然地說：「幾個書生關起門來寫出來的東西能有什麼意義？」當然，目前

新潮流系在蔡英文的兩岸政策布局中仍扮演著重要角色，民進黨智庫（新境界文教基金會）執行長吳乃仁、副執行長蕭美琴都是新潮流系的要角，可見蔡對新系的倚重。至於「急獨派」在蔡英文大陸政策布局中占據何種地位？蔡英文在民進黨智庫（新境界文教基金會）未成立時，曾說要委託「民間智庫及學者」構建民進黨與大陸的交流平臺，種種跡象表明，當時她所說的「民間智庫及學者」正是「新臺灣國策智庫」的羅致政等人。前一段時間羅致政勤跑兩岸，並多次就民進黨與大陸構建交流平臺的議題頻頻發言，其作為蔡英文委託者的身分十分明顯。不過，後來蔡英文參選新北市長時，羅致政出任蔡競選總部的發言人，最近又被徵召參選「立委」，可見羅在兩岸關係方面的使命現已淡出。這從一個側面說明，民進黨智庫（新境界文教基金會）成立之後，已經不需要再借助別的管道，只有民進黨智庫（新境界文教基金會）才是蔡英文和民進黨中央認定的嫡系的兩岸溝通的合法管道。

最近，辜寬敏等人已經明確表示將全力支持蔡英文，但這並不表明以「新臺灣國策智庫」為首的臺獨基本教義派對民進黨大陸政策的制衡功能已經不復存在。一旦他們認定民進黨的兩岸政策調整「走過了頭」，仍將會群起反彈，鳴鼓而攻之。

為進一步說明問題，我們可以推定民進黨各大陸政策智囊人物在蔡英文大陸政策制定過程中所扮演的角色。

其一，在政策論述方面，陳明通、吳釗燮所起的作用似乎最大，特別是陳明通，他的許多臺獨理論都被蔡英文所接受。例如，陳明通在民進黨舉行的一次「十年政綱」座談會議中提出了關於制定兩岸政策所應遵循的五點基本方針：「第一，在全球網絡中，重新定位與中國的關係；第二，臺灣與中國維持穩定關係，並與周邊國家合作，共同維持臺海的穩定；第三，臺灣應強化與中國及周邊國家的對話與交

往；第四，臺灣內部對中國政策的制訂、執行與互動，必須透明化並遵循民主程序，讓全民參與監督；第五，堅持臺灣是一個主權獨立國家，任何有關獨立現狀的更動，必須經由臺灣人民全體以公民投票的方式決定。」蔡英文近期以來的相關言論表明，這五點原則已經成為其大陸政策的核心論述。可見，陳明通在兩岸政策方面的論述深受蔡英文的認同。此外，有「臺獨理論大師」之稱的林濁水和海基會前董事長洪奇昌的有關論述與主張，對蔡的影響也不可小視。如林的「穩健『臺獨』論」和洪的「政經分離論」，顯然都已被蔡英文所認同和接受。

其二，在具體的政策制定及形成過程中，蔡英文則在各派系之間尋找平衡。比如，在關於「修憲」、「制憲」的問題上，新系龍頭吳乃仁曾向大陸學者私下表示，民進黨如果重新執政不會再碰觸此一敏感議題，而當辜寬敏等「急獨派」人士公然叫囂民進黨若重新執政要完成「制憲」任務時，蔡英文卻將上述兩種意見「折中」，表示未來會依民意而推動「修憲」。再比如綠營內部對於ECFA的爭議，「急獨派」要求民進黨執政後要廢除ECFA，民進黨內各派系則大多主張採取「拿來主義」，全盤接收馬政府的兩岸談判成果，而蔡英文原本宣稱執政後會繼續「前朝」政策，最後卻又提出將會把ECFA送交「立法院」逐項審議，修改對臺灣不利的條款。可見，蔡英文的大陸政策仍難以擺脫綠營各派系的牽制，是各派觀點折中後的產物，其本人並沒有特別的堅持。這也正是其大陸政策到目前為止仍模糊不清、舉棋不定、遲遲無法出臺的一個重要原因。

其三，在大陸政策的具體實務上（包括開啟與大陸交往、溝通的管道等），可以預料蔡英文在這方面會更多地借重新潮流。就民進黨內各派系而言，大陸政策方面的經驗、人才和人脈，無疑新潮流系最為豐沛，蔡英文急於打開與大陸溝通對話的大門，擔此重任的當然非新系莫屬。這也正是蔡為什麼要選擇新潮流要角吳乃仁、蕭美琴出掌

民進黨智庫（新境界文教基金會）的重要原因。

三、幾點結論

基於上述分析，我們有如下幾點結論：

其一，蔡英文的大陸政策受「急獨派」牽制很大，這一點可能是民進黨歷任黨主席中最嚴重的。蔡英文與「急獨派」關係密切，這首先和她與李登輝的特殊關係有關。這種關係既有利於她贏得「急獨派」的支持，但同時也決定了她難以擺脫「急獨派」的牽制。這種關係無疑對未來蔡英文處理兩岸問題是一個嚴峻的挑戰。

其二，蔡英文急欲打開與大陸對話交流的大門，這種想法是真實的，並不完全是為了選舉所設計的權謀。為此她作了種種鋪墊和試探，如派出親信幕僚或批準一些民進黨重要人士（包括執政的民進黨籍縣市長）赴大陸交流參訪，以及成立民進黨智庫等。

其三，蔡英文的大陸政策是比較開放和多元的，它折中了綠營內部的各種意見，各派系的觀點都得到了一定程度的體現。這種決策模式與陳水扁執政時期的獨斷專行有很大的不同。

其四，蔡英文的大陸政策雖然受到「急獨派」的很大牽制，它折中了綠營內部的各種意見，但對其影響力最大的仍然是新潮流系。如目前民進黨內占主流地位的所謂「穩健臺獨」路線和「政經分離」的大陸政策主張，就分別是新潮流系的兩位大佬林濁水、洪奇昌多年來所鼓吹的理念和主張。而掌控民進黨智庫（新境界文教基金會）的也是新潮流的吳乃仁和蕭美琴。

民進黨的世代交替問題及其前景

自民進黨下臺以來，世代交替問題一直是一個觀察民進黨走向的重要觀測點。其中牽涉到民進黨內權力的新老交替、派系結構的變化、蔡英文作為民進黨「共主」地位的確立等一系列重要問題，對民進黨的影響至深且巨。民進黨的世代交替主要體現在擁有黨內中生代支持的蔡英文與代表美麗島律師世代的蘇貞昌之間的權力爭奪。目前，這場競爭還沒有最後落幕，雖然蔡英文因為取得2012年民進黨候選人資格而一度占據主場優勢，但也因為她的選舉失利而讓蘇貞昌有了東山再起的機會。因此蘇蔡之爭並非二人的權力競爭，而是反映了黨內兩個世代的權力鬥爭。從長遠來看，世代交替是必然，但完成世代交替的時機、方式、結果等卻會因為蔡蘇二人政治命運的升降沉浮而有所不同。

　　因此，民進黨內這一場以世代交替為名的政治鬥爭，其過程十分複雜曲折，需要加以深入分析。其影響也需要加以認真評估，特別是對於走上權力中心的民進黨新世代進行綜合分析，對於我們正確認識民進黨的未來發展走向有著重要的理論和現實意義。本文將對這些問題做出初步的分析。

一、民進黨世代交替的基本脈絡

　　民進黨的世代交替其實是一個老問題。迄今為止，民進黨已經走過了三個世代，即美麗島世代、美麗島律師世代、新世代。而新世代又可細分為學運世代和幕僚世代。美麗島世代的代表人物是許信良、施明德等，這一批政治人物在1990年代後期已經被殘酷的交替掉了，取而代之的是以陳水扁、呂秀蓮、謝長廷、蘇貞昌、游錫堃等為代表的美麗島律師世代。美麗島律師世代收割了美麗島世代的政治資源，在2000年大選中取得執政權。而美麗島世代被趕出民進黨的權力核心，像許信良、施明德等政治人物在民進黨內的遭際都讓人心寒，這

也充分證明民進黨鬥爭哲學的殘酷性。

美麗島律師世代沒有美麗島世代的政治操守和理念，大多是政治投機分子，這在陳水扁身上表現得最為明顯。陳水扁上臺之後，對內大肆操弄族群政治，搞大福佬沙文主義，並處心積慮的建構所謂「臺灣主體性」；對外則大搞「烽火外交」，企圖製造「兩個中國」或「一中一臺」，並執行對抗性的兩岸政策，肆意製造兩岸的緊張對立。同時，陳水扁及托庇其下的各類政客大肆貪汙腐敗，其貪腐的行徑及程度可謂觸目驚心。美麗島律師世代執政八年就將民進黨20年所累積的政治資源消耗殆盡，這其實注定這一世代難逃下臺後被清算的命運。這也是以蔡英文為首的年輕世代能夠提早進入權力核心的歷史大背景。

其實，在陳水扁執政後期，民進黨也曾試圖進行有計劃的世代交替，最大的表現就是2005年臺灣縣市長「三合一」選舉，陳水扁推出大量具有扁系色彩的年輕政治人物參選，如羅文嘉、邱太三、李文忠、林佳龍、陳其邁等等，但最後卻全軍覆沒。這次失敗使得民進黨的新老交替遭遇嚴重挫折，也代表著以陳水扁為核心進行世代輪替的努力破產，而這批年輕政治人物則成為陳水扁貪腐政治的陪葬品，但這也為幕僚世代的迅速崛起提供了政治前提。

隨著民進黨的下臺，以及陳水扁因為貪腐弊案而鋃鐺入獄，民進黨的形象一夕之間土崩瓦解。牽連所及，整個美麗島律師世代都難以倖免，政治光環受到或大或小的損害，以至於一時找不到一個恰當的人物出來擔任民進黨的黨主席。正是在這種背景下，民進黨內的年輕世代開始串聯，逐步打破派系的禁忌，而合謀拱蔡英文出來選民進黨主席。當時與蔡英文競爭的是臺獨大佬辜寬敏，主要是公媽派及其他老派的政治人物在支持。這場黨主席選舉從一開始就充滿著世代交替的政治意味。選舉的結果，代表年輕世代的蔡英文順利勝出，這也代

表著在第一個回合新世代就取得了勝利。但這個時候,蔡英文的權威並沒有樹立。人們包括民進黨內部更多的是從派系平衡的角度來看待蔡英文的角色,認為她是一個派系平衡的產物,是一個過渡性的政治人物。這一點筆者2009年在臺灣訪問時曾問過新潮流的幾位核心政治人物,作為蔡英文的主要支持力量,新潮流也不隱晦這一看法。

在蔡英文擔任黨主席之初,她確實能做的有限。她與民進黨淵源不深,又無自己的嫡系力量,只能在各派系的平衡中勉強維持局面。但情勢的發展很快超出了所有人的預計。這種情勢主要是由於馬英九執政的種種失誤,而使民進黨迅速地從谷底攀升,並重新崛起。其分水嶺是2009年的「八八風災」,這次風災使馬英九的民調支持度遭受重創,一度跌落到19%。在隨後的一系列選舉中,特別是該年底的「三合一」選舉中,民進黨取得了驚人的好成績,好幾個地方都險些翻盤成功,這使民進黨看到了重新執政的希望。在接下來的幾次「立委」補選中,民進黨又取得了一系列選舉的勝利。整個臺灣的藍綠政治情勢開始發生逆轉,藍降綠升的態勢明顯。這一系列戰功,首先受益的是蔡英文,因為她是民進黨的主席。憑藉這些戰功,她的地位也開始逐步鞏固。

所有人的都低估了蔡英文的政治能量,事實上蔡英文並不甘心做一個派系平衡的角色。蔡英文清楚她的支持力量來自於哪裡——這就是民進黨內的年輕世代。年輕世代想儘早出頭,但他們由於大都依庇於某個派系頭目,因此不便於主動向派系頭目發起挑戰。蔡英文作為黨主席,具有天生的合法性外衣,這個身分便於對抗派系頭目的壓力。於是這些年輕世代與蔡英文一拍即合,結成了一個利益共生體。在這裡,蔡英文找到了自己的支持力量,而年輕世代群獲得了早日出頭的政治機會。民進黨是一個崇尚戰功的政治團體,為了儘早樹立這些年輕世代的政治權威,蔡英文利用自己所掌握的黨機器,大量的在選戰中啟用年輕世代,最為明顯的是2009年底的「三合一」選舉,民

進黨推出大量政治新人,並取得了不俗的戰績,像林右昌、鄭文燦等都是如此。這批人憑藉戰功也迅速累積起了政治能量。一個以蔡英文為首的年輕世代政治集團開始迅速崛起,並逐步掌握了民進黨的政治實權。2010年5月,民進黨舉行黨主席選舉,蔡英文以超過90%的選票當選,而她的對手——代表公媽派的尤清只獲得了不到10%的選票。只經過一年多時間,民進黨內世代交替的進程已經不可阻遏。當年8月民進黨召開全代會,雖然各派系頭目紛紛想辦法企圖重回權力中心,但後來的事實證明都是徒勞。

美麗島律師世代的政治人物在民進黨失去執政權之後,他們身上背負了太多的原罪,已經不可能重返權力的中心了。所謂「四大天王」之中,謝長廷背負著自己「敗選就退出政壇」的緊箍咒,呂秀蓮有心而無力,游錫堃也無實力。這裡面唯一還有能力也有意願的是蘇貞昌。所以蘇蔡之爭不可避免,並在2010年的「五都」之戰中全面爆發出來。

「五都」選舉之中,蘇貞昌搶先出手,宣布參選臺北市長,而迫使蔡英文參選新北市。兩人由此交惡。選舉的結果,蘇貞昌在一片看好聲中而大輸17萬票。蔡英文則獲得100萬票以上的好成績,創下民進黨在新北市的得票紀錄,僅輸朱立倫8萬多票。這場選舉重傷了蘇貞昌的政治能量。雖然公媽派在選後企圖檢討蔡英文敗選的政治責任,但面對年輕世代強勢「護駕」,也只能知難而退。

蘇蔡之爭最為直接的一次衝突,是圍繞民進黨「總統」候選人提名戰而展開的。在這場鬥爭中,蔡英文一開始就獲得了各派系的支持,營造出派系共主的氣氛。蘇貞昌獨木難支,最後雖然只以些微差距敗下陣來,但整個民進黨已經形成了以蔡英文為共主的政治格局。面對蔡英文的來勢洶洶,蘇貞昌只能選擇退避三舍,暫時沉潛,以待時機。如果蔡英文在2012年的大選中獲勝,也許蘇貞昌永遠也等不到

這個機會了,民進黨的世代交替也將隨著這場選戰的落幕而最終完成,但蔡英文卻在一片看好聲中以80萬票的差距落選。這個結果,使得蔡英文受傷不輕,她的權威和能力第一次受到黨內外的強烈質疑。

選後蔡英文即宣布辭去黨主席,暫時退出了民進黨的權力核心。蔡英文的蟄伏,使得黨內中生代變得群龍無首,這股凝聚起來的力量現在面臨潰散的危險。因為中生代中沒有任何一個人的力量能夠和蘇貞昌對抗,誰也無法阻止蘇貞昌的捲土重來。而如果蘇貞昌掌握了黨的權力核心,民進黨將進行新一輪的權力洗牌,這種權力重組將以派系鬥爭的形式展開,而黨內中生代將被迫重新站隊。因此,即將到來的民進黨主席選舉,將是一個觀測民進黨世代交替能否繼續推進的重要節點,對民進黨未來的權力格局將產生深遠影響。

二、民進黨新世代的構成及其政治特點

以上我們大致清理了民進黨世代交替的基本脈絡。就世代而言,民進黨已經走過了三代,即美麗島世代、美麗島律師世代、新世代。美麗島律師世代取代美麗島世代發生在上世紀90年代末,雖然方式殘酷但結果還是比較成功的。但新世代取代美麗島律師世代的過程並不順利。這裡有必要對新世代做一個清晰的定義。

我們這裡所講的新世代,確切地說是指學運世代和幕僚世代。學運世代崛起於上世紀90年代野百合學運,像周奕成、羅文嘉、馬永成、段宜康、李文忠、林佳龍、鄭文燦、陳其邁等都是代表人物,他們出名較早,又大多依庇於某一政治人物或勢力。學運世代與美麗島律師世代事實上是一個利益共同體,像陳水扁的上臺,羅文嘉、馬永成等學運世代居功至偉。但這種利益共同體也使得他們成為陳水扁貪腐集團的共犯而被社會清算,其所付出的政治代價極為慘痛。目前學運世代較為活躍者已經屈指可數,只有段宜康、鄭文燦、陳其邁等還

有一定的政治能量，其餘大部分都已經被消耗掉，從而使民進黨的發展出現了可怕的人才斷層。這種負面影響在短期內難以消除。

當前民進黨內新世代的主角是所謂幕僚世代，像林右昌、劉建忻、張宏陸、吳秉叡、趙天麟、阮昭雄、洪耀福、梁文傑等，他們都出身於幕僚，或者部屬。嚴格說來，幕僚世代較學運世代晚半個世代，相較於學運世代，幕僚世代具有如下一些特點：

其一，幕僚世代缺乏完整的政治歷練，缺乏大氣魄、大格局。學運世代的一批人本來已經具有完整的政治歷練，但由於他們與美麗島律師世代走太近而被消耗掉。倉促走上前臺的幕僚世代還來不及經歷完整的行政歷練，從政資歷一般較淺，他們既沒有美麗島世代的大視野、大格局，也沒有律師世代善於把握社會主流民意脈動，更沒有學運世代的論述和策略能力。基本而言，他們還沒有形成自己獨特的政治風格，更沒有提出自己的政治主張。幕僚世代要真正成熟，擔當起大任還需要相當長時期的政治磨煉。

其二，政策執行力強，有較強的選舉操作能力。幕僚世代大都長期跟隨某一派系頭目，對於政策的執行力較強。同時作為幕僚，其選舉、文字等方面的能力都較佳，像趙天麟的口才能力、梁文傑的文字能力等都較為出色。這批人的選舉爆發力不容小覷。

其三，意識形態色彩較弱，較為理性務實，有一定的可塑性。這一點與學運世代相類似。相較於美麗島世代和律師世代，新世代沒有政治包袱和歷史悲情，較能理性務實地看待臺灣的政治現實，這也使得幕僚世代的世界觀和兩岸觀具有一定的可塑性。

其四，幕僚世代的反叛性不強，難以徹底擺脫派系政治的羈絆。幕僚世代具有順從、遵循政治倫理的特色，這使得他們不可能直接去對抗他們所托庇的派系頭目。這決定幕僚世代不可能形成一個獨立的政治團隊，也不可能跳出派系政治的窠臼。在這一點上，幕僚世代還

不如學運世代。

其五，提不出明確的政見，也沒有鮮明的政治風格。作為一個政治團體還稍嫌稚嫩，難以承擔大任。

其六，政治形象較為清新。由於從政經歷較淺，還沒有太多的政治汙點。這一點對於急於走出貪腐陰影的民進黨來說顯得特別重要。

相較於學運世代而言，幕僚世代的獨立性不強，理想性缺乏，也無法提出鮮明的政見。這使得幕僚世代在短期內並無法真正主導民進黨的發展。民進黨的政策論述、發展前景還必須依賴於學運世代甚至更老輩的政治人物。這是民進黨在相當長一段時期內難以改變的現狀。幕僚世代作為一個整體雖然已經站到了民進黨權力舞臺的中央，但他們的準備及歷練都明顯不足。對於急於谷底爬升的民進黨來說，遠水解不了近渴，因此蔡英文只能啟用學運世代甚至陳水扁時期的一些政治人物來進行政策論述和制定。像蔡英文主導成立的民進黨智庫，其主要班底還是陳水扁的舊部，像吳乃仁、吳釗燮、陳明通、陳忠信、蕭美琴等等，都是陳水扁時期的核心幕僚。由他們制定的政策論述，不會有太多新意，這也決定了蔡英文所謂改革的侷限性。可見，新一波民進黨的世代交替其實是很不充分的，無論在組織上，還是在思想上都是如此。未來幕僚世代能不能提出新的有突破性的政策論述，將是決定民進黨新世代交替成敗的關鍵。

不管怎樣，民進黨的世代交替已經是一個無法扭轉的事實，雖然過程曲折，但結果是確定的。並且，目前新世代已經在民進黨內占據了有利的政治地位，像最新民進黨籍的「立委」席次，年輕世代占據了相當分量，如陳其邁、段宜康、蕭美琴、吳秉叡、蔡其昌、李昆澤、邱志偉、趙天麟、林佳龍等，都屬於民進黨內的新世代代表人物。因此，作為一個群體，民進黨新世代的崛起已經是無可爭辯的事實。

三、當前民進黨世代交替的基本特徵及其前景

在美麗島世代與美麗島律師世代實現世代交替的過程中，律師世代透過自己的努力逐步累積政治能量，並最終取代了美麗島世代。交替過程比較殘酷，這從許信良、施明德、張俊宏等美麗島世代人士在民進黨內的命運就可以看出來。

與上一波世代交替不同，新一波世代交替（即民進黨新世代與律師世代的交替）具有如下一些特點：

首先，民進黨以幕僚世代為主體的這一波世代交替具有很大的妥協性和不徹底性。其妥協性主要表現在擺不脫與派系頭目的依庇格局，短時期內無法獨立的承擔政治責任；不徹底性則體現在幕僚世代在政策準備、行政歷練等方面準備不足，無法真正主導民進黨的發展。這個主導權目前看來，還在民進黨的傳統政治人物手中。

其次，新一波世代交替承擔著民進黨價值重建和政黨形象重塑的歷史重任。在上一波世代交替中，美麗島律師世代承接了美麗島受難者們的道德光環，因此他們在道德形象上是享受者，他們在當權後則變成了揮霍者。由於陳水扁八年執政，消耗掉了民進黨長期累積起來的「清廉、勤政、愛鄉土」政黨形象，民進黨必須要重新建立其政黨形象。因此，重建黨的形象，這一道德責任成為民進黨新世代無法繞過的歷史課題。

由於美麗島律師世代及學運世代大多受到了陳水扁貪腐弊案的牽連，已經難以承擔這種道德責任，民進黨的道德重建只能選擇政治資歷尚淺的幕僚世代，利用他們的清新面孔重新喚回民眾對於該黨的信任，重新博取臺灣民眾對民進黨在政治價值上的認同。因此，民進黨在下臺以後的歷次選舉提名中，都十分注意候選人的清新形象，特別是要有清廉的政治記錄。事實證明，民進黨的這種提名模式對於改變

政黨形象是有效的。但幕僚世代的政治人格和政治歷練能否承擔得起這種道德重建責任，這是需要觀察的。目前看來並不樂觀。

其三，新一波世代交替有突破民進黨傳統派系政治的趨勢，但目前他們的政治軟弱性使他們無法走出派系政治的窠臼。由於新一波世代交替是在蔡英文的領導下催生的，而蔡英文並非傳統的派系人物，這使得新生代在世代交替問題上能夠突破傳統派系政治的成見而合作。如果這一次蔡英文能夠在「大選」中獲勝，則未來民進黨內只有蔡系，其他派系將式微，民進黨將可能突破傳統的派系政治結構而成長為一個正常的現代政黨。目前顯然這一發展前景並不樂觀。在蔡英文主導民進黨時期，新世代選擇支持蔡英文，但由於新世代大都來自於各派系頭目的推薦，這決定幕僚世代難以擺脫派系頭目的羈絆，而蔡英文也難以形成自己獨立的派系勢力。在這一點上，作為民進黨共主的蔡英文與陳水扁有著很大的不同。新世代透過雙重效忠，使得蔡英文與各派系頭目達成了一個基本的權力平衡。由於新世代先天的政治缺陷，使他們難以跳出派系政治的窠臼，因此，這一波世代交替注定是不徹底的。

新一波世代交替的不徹底性，使得傳統派系政治極可能因為蘇貞昌當選為民進黨主席而又捲土重來，民進黨的政黨轉型之路將更為艱難。但如果未來民進黨內的反蘇力量能夠集結而成功阻止蘇貞昌的主席之路，而尋找一個新的代理人出來扮演派系平衡的角色，那麼民進黨的世代交替將比較平順。因此，即將到來的民進黨主席選舉具有十分重要的意義，其結果如何值得密切關注。現在一種觀點認為，只要蘇貞昌出來選主席則如探囊取物，其實並沒有那麼樂觀。這裡面除了謝蘇心結外，新世代如何決策也十分關鍵。如果蘇貞昌執意參選，他所要面臨的最大問題是，他能駕馭得了新世代嗎？也可能這是蘇當選黨主席的最大挑戰吧。

「王馬之爭」及對臺灣政局的影響

隨著馬英九因「特別費」問題被起訴，以及馬辭去黨主席並宣布參加2008年「總統」大選，國民黨內部圍繞著「總統候選人」提名問題，擁馬（英九）派和擁王（金平）派之間的鬥爭漸趨激烈化，大有重演2000年「總統」大選導致國民黨走向分裂之勢。王馬之爭已經成為影響泛藍陣營政治命運的關鍵問題，其未來走向如何值得我們高度關注並加以審慎分析。

一、「王馬之爭」的實質及當前的競爭態勢

「王馬之爭」，論者一般認為是從2005年國民黨黨主席選舉延伸而來。在那場選舉中，王馬陣營互不相讓，並互有言詞中傷，選舉結果王金平以27%的得票率慘敗。王馬二人由此結下心結。此後，王金平一直拒絕出任國民黨第一副主席，而馬英九也似乎沒有拿出足夠的誠意去尋求與王金平的和解。王馬心結在媒體的屢次炒作之下也愈結愈深。

為什麼王馬之間會因為一場選舉而結下不解的心結？王馬心結為什麼遲遲得不到化解而漸漸演變成國民黨內部的分裂危機？很顯然，王馬之爭不是簡單的個人意氣之爭，其背後蘊藏著更深刻的政治和社會因素。我們認為可以從以下幾個方面來加以理解。

首先，從個人層面而言，王馬心結是由於王馬二人迥異的行政風格和個人氣質造成的。馬英九的個人氣質，一般認為是形象清新、清正廉潔、溫和理性，不結黨營私。這種形象是馬英九在長期從政經歷中逐步建立起來並得到社會大眾認可的。在國民黨的傳統政治文化中，馬英九的政治風格確實算一個異類。而王金平的從政經歷與馬英

九迥異，作為一位出身農家的孩子，能夠憑藉自己的努力，在國民黨的官場文化中如魚得水，左右逢源，並早早的成為臺灣政壇的一顆政治明星，這表明王金平對於臺灣政治的判斷力和適應力確實有超人之處。王金平是一位典型的傳統型國民黨政治人物，他的政治風格一向以處事圓潤、廣結善緣著稱，是一位深諳國民黨傳統政治文化的政治人物。可見，王馬恰恰是兩種不同類型的政治人物，他們的政治風格具有天生的對立性。他們的合作只有在彼此能以坦誠、包容和理性的基礎上才能達成。但是，具有政治「潔癖」的馬英九顯然缺少足夠的肚量去「包容」王的政治風格，也無法真正做到與王坦誠相待。特別是在黨主席選舉中，馬陣營公然指責王金平是「黑金」中心，這對於在國民黨傳統政治文化中浸淫日久的王金平來說無疑是在揭破一個最敏感的私處，難怪王一直對此耿耿於懷。

　　其次，就國民黨內部的政治生態而言，馬、王分別代表了國民黨內的改革勢力和傳統勢力，二人的鬥爭也是這兩股政治勢力鬥爭的集中體現。國民黨在經過兩次總統大選失敗的衝擊之後，基層要求改革的呼聲逐步高漲，他們將改革的希望寄託在形象清新、清正廉潔的馬英九身上。馬英九不自覺地成為了國民黨改革派力量的代表人物。相反，王金平在那場黨主席選戰中仍然採取傳統的政治操作模式，走上層路線，爭取派系力量和地方椿腳的支持，雖然他也成功爭取到了眾多國民黨大佬和地方椿腳的支持，但這種上層路線並不能有效地動員社會基層力量。這表明，在經歷了兩次「總統」大選失敗的衝擊之後，國民黨基層群眾與整個國民黨黨機器已經嚴重脫節，國民黨的基層動員力已經受到極大地削弱。在這種情況下，王金平仍然採取其慣用的政治操作模式，其侷限性是顯而易見的。王的敗選也在情理之中。可見，王的敗選從根本上來說是整個國民黨機器特別是上層的保守勢力被黨的基層民眾所打敗。它凸現的是國民黨的動員危機。但是身陷在權力鬥爭中的國民黨政治人物有幾人真正意識到這一危機呢？

政治人物信奉的是實力原則，在自己的政治能量被消耗乾以前，哪個政治人物能夠主動退出戰場？

而對於馬英九而言，雖然他代表了改革的力量，但是這個身分是群眾強加給他的。馬英九能不能符合選民要求改革的期待，真正的考驗還在後面。如果馬英九無法滿足選民的期待，選民同樣可能背離他而去。這就是為什麼馬英九對「倒扁運動」的處理失當會令那麼多藍營支持者失望憤怒。而對於王金平來說，他沒有馬英九那麼大的基層改革壓力，他可以靜靜在一邊看著馬英九衝鋒陷陣，並可以不失時機地收編那些馬勢力圈之外的政治人物，以積蓄自己的能量。甚至有一天，當馬英九在改革的雷區遭遇不測時，以王金平在國民黨內的實力，必然是他來收拾殘局。王將不費吹灰之力取代馬英九而獲得泛藍共主的地位。所以當馬英九因「特別費案」被起訴之後，王金平不僅不為馬背書，還主動點名馬是「連續犯」，可能被判重刑。並傳出王宴請檢察官陳聰明，雖然不知所談內容如何，但不能排除王是想從檢察官口中探知馬被起訴的可能性。臺聯立委羅志明明確地說，王金平已請教過大法官、法界人士，認定前國民黨主席馬英九的「特別費案」一、二審都會判有罪，到時馬連參選資格都沒有[69]。可見此事不虛。王金平的一切作為表明，他欲取馬英九而代之。可以想見，如果馬英九真被重罪判刑，將意味著國民黨內的改革勢力受到極大打擊，而以王金平為代表的傳統政治勢力將再次成為國民黨內的主導力量。這對國民黨而言，其後果是相當嚴重的。

第三，王馬之爭還牽涉到比較複雜的省籍矛盾問題。由於馬英九是所謂外省人，而王金平是本省人，因此，王馬之爭也繞不開省籍和族群問題的糾纏。馬英九的主要支持者分布在北部，而王金平的支持者主要在南部，二人本來具有極大的互補性，但在王馬相爭的情勢下，這反而成為王金平向馬英九叫板的一個重要資本。王金平的本土身分使他在國民黨內甚至在臺灣政壇都處於一個相當微妙的地位。在

國民黨內,他以此聚集了一大批本土派「立委」,這支力量是國民黨無論如何也不能忽視的。更為嚴重的是,王金平與李登輝過從甚密,當年李登輝在國民黨內的一部分勢力也是被王金平收編了的。王李二人的特殊關係對於國民黨是一個極大的危險,他們二人從內外將國民黨裂解的可能性不是沒有。臺灣大學石之瑜教授已經對此加以論述,他指出,李登輝前段時間在臺獨立場上的退卻只是在調整姿態,為接收即將分裂的國民黨做準備。70此種觀點值得我們深切注意。王金平一向在統「獨」立場上曖昧不明,如果他接收國民黨,會將國民黨帶向何方,確實是一個難以預測的問題。另外,陳水扁也多次企圖透過拉攏王金平來分裂國民黨,而王金平在這個問題上立場也並不十分堅定。王金平作為國民黨內的本土力量,成為「獨派」勢力用以分化瓦解泛藍的棋子,這一態勢本身就值得我們深思和警惕。如何加以應對,確實應早作籌謀。

在省籍矛盾這一層面上,馬英九對王金平而言處於絕對劣勢。省籍問題一直被認為是馬英九的最大軟肋,在這一問題上,馬英九有求於王金平。如果馬王能合作,對於淡化馬英九在省籍問題上的「原罪」確實大有好處。但目前看來這種可能性並不大。

以上我們從三個方面論述了王馬之爭的實質問題,王馬之爭正是在以上三個層面展開。就目前王馬之爭的態勢而言,馬英九在個人氣質和群眾支持度方面都無疑占有優勢。但王金平的本省人身分使他獲得了一個戰略制高點,這是他挑戰馬英九的最大政治資源。從最近民進黨的一系列政治作為來看,省籍、族群矛盾仍然是民進黨在將來進行政治動員和鬥爭的主要手段,作為外省人的馬英九在這一議題上很難全身而退。在這一問題上,王金平無疑可以替馬英九解套,起碼可以弱化民進黨的族群攻勢,但目前王金平似乎還不願意這樣做,反而放話說「中南部人不會投外省人的票」。作為黨內同志,王主動攻擊馬的省籍問題,這是十分不尋常的舉動。

事實上，自從馬英九被起訴以來，王金平的政治動作陡然變得毒辣而具有攻擊性，迥異於他以往圓潤沉穩的政治風格。王金平似乎賭定馬英九會在「特別費案」中落馬，因此出手毫不顧忌而絲毫不留餘地。如他主動向媒體說「自己比馬英九優勢多」，並說馬英九是「連續犯案，會被判10年以上重刑」，以及他關於「中南部人不會投外省人票」的談話，招招都衝著馬英九的命門，欲制馬於死地之心已昭然若揭。當前許多人還在期待「馬王配」，埋怨馬英九為什麼不降低姿態邀請王金平搭檔參選2008，殊不知此時的主動權已經不在馬英九，而在王金平，正如王金平在否定吳伯雄提出的「馬王配」或「王馬配」的構想時所言，是否同意搭檔，主動權不在邀請人，而在被邀請人。最近王金平在接受媒體採訪時公然說出「要配就是『王馬配』，否則要協調幹什麼？」王的這些宣示清楚表明他目前的姿態是多麼的高，「馬王配」根本不是他的考慮，他的目的是要代表泛藍陣營問鼎2008年總統大位。

面對王的挑戰，馬英九將如何應對？目前看來，他的處境相當不妙。「特別費案」被起訴，成為時刻懸掛在他頭頂上的一柄利劍，隨時可能讓他的「總統」大夢突然破滅。而這柄利劍何時降落，完全操縱在陳水扁當局手中。命運尚且不能自主，馬縱有雄心萬丈，也是徒呼奈何！目前他只能期待那柄劍早早落下或者永遠不落，或者出現其他奇蹟，讓他得以倖免於難。以拖待變是他目前最好的策略，所謂作「困獸之鬥」，或許還能有一線生機。對於王金平的挑戰，馬英九也只能採取守勢。當然王金平在此時也不敢相迫太急，畢竟馬英九還擁有高人氣，操之太急會讓泛藍群眾把滿腔怒氣宣洩到王的頭上，這個結果是王無論如何也承擔不起的。所以，王金平除了期待馬的「特別費案」早日被判有罪之外，他也無法再做太多。王馬之爭目前已經進入了一個十分關鍵而微妙的時刻，在這個關頭，耐心與運氣將是判斷誰能最後勝出的關鍵。

二、「王馬之爭」的未來走向及對臺灣政局的影響

　　如上所言，王馬之爭目前陷入了一種比較微妙的態勢，馬英九因為「特別費案」被起訴而被民進黨掐住了命運的咽喉，這對於想要取馬英九而代之的王金平來說無疑是一個千載難逢的大好時機。但民進黨何時收緊套在馬英九脖子上的絞索，也非王所能主導和控制。民進黨誠然可以以「特別費案」置馬英九於死地，但是正如蘇貞昌所言，「特別費」是一項「歷史共業」，「不能惡意株連」，目前民進黨「四大天王」都有「特別費案」在身，如果馬英九被宣判有罪，對於民進黨的殺傷力同樣巨大，投鼠忌器，民進黨也不敢輕易扣動馬英九「特別費案」的扳機。這樣，馬英九、民進黨、王金平三方之間形成了一種奇特的相互牽制的三角關係。民進黨用「特別費案」困住了馬英九，而民進黨由於顧忌「特別費案」對自己陣營的殺傷力，也不敢輕舉妄動。在這種情況下，民進黨有兩項可供操作的策略：一方面借助「特別費案」的輿論炒作慢慢消耗馬英九的人氣並消磨其鬥志；另一方面則是借國民黨內部久已存在的王馬之爭，挑動王金平的奪權野心，以激化王馬矛盾，從而達到借刀殺人的目的。而對於王金平來說，他同樣希望借民進黨之手，徹底打垮馬英九，使自己能取代馬而成為泛藍共主，以問鼎2008年「總統」大位。但是王金平在這場三角角力中注定只是一個配角，或者說一枚棋子。在這個三角中，他手中的籌碼最少，他根本無法控制這場角逐的進程，他的機會就在於民進黨最終能將馬英九置於死地。但是，民進黨既然能置馬於死地，難道還能讓王金平漁翁得利？所以，目前這場角逐的主角其實還是民進黨和馬英九，雙方已經在做生死之搏，而王金平只是這場角逐中的一個配角。

　　現在的問題是：民進黨想利用王金平這枚棋子從內部攻破馬英九的防線，這一伎倆究竟在多大程度上能夠得逞？在這一問題上，王金

平成為了關鍵因素。正如我們在第一節分析的，馬英九和王金平分別代表了國民黨內的改革力量和傳統力量。雖然王的政治實力明顯不如馬，但是王作為本省人，他的支持者又主要在南部縣市，這些都是馬英九的政治軟肋，因此王也擁有向馬要價的本錢。再加之馬英九目前被「特別費案」綁住手腳，而王卻左右逢源，是臺灣各種政治勢力都要討好拉攏的對象，他的處境比馬要超然得多。既然如此，他又何必過早達成「馬王配」，讓自己和馬英九站在一起承受民進黨一波波凶險無比的政治攻勢？

因此我們可以認為，如果馬英九不能釋出最大的善意，或者給王足夠的政治承諾，如果泛藍陣營上下沒有對於王金平足夠的壓力，泛藍陣營所期待的「馬王配」不會輕易成形，即使成形，那也是到了最後關頭，馬王都沒有後退的空間了，方才可能達成。而這還要求在整個協調過程中，馬王雙方不誤判形勢。目前看來，這種危險性不是沒有。

馬英九在被起訴之前，他對於王金平姿態是比較高的。他自以為擁有高人氣，並且一向以清廉自居的他對王金平的政治風格也抱持十分的戒心。因此，遲遲不願表態與王金平搭配參選2008。在馬被起訴之後，事情發生了極大變化。

按照國民黨中常會在2006年7月修訂通過的《中國國民黨黨員參加公職人員選舉提名辦法》和《本黨黨員違反黨紀處分規程》的相關條文規定：任何黨員一經起訴即停止黨權，並喪失選舉提名登記資格（即所謂「排黑條款」）。其實馬英九在被起訴後已經失去了代表國民黨參選2008的資格。雖然國民黨中常會隨後以「排黑條款」與「黨綱」相衝突為由，宣布「排黑條款」失效並回歸黨章原意，即「經法院判決有罪者，無論判決是否確定，一律喪失提名登記資格」。這一修正使馬英九暫時擺脫了被「停權」的窘境，但同時也對馬英九本人

及國民黨造成了巨大傷害。首先，反「黑金」是國民黨進行政治革新的一項重要內容，當初「排黑條款」也是在馬英九的極力堅持下通過的。現在為了馬英九一人而修改「排黑條款」，既讓國民黨的改革努力大打折扣，也使馬英九的政治形象嚴重受損。其次，此一舉措對此前因「排黑條款」而被處分的黨內其他同志像基隆市長許財利（已歿）、新竹縣長鄭永金、黨籍「立委」張昌財、參選新北市議員的鐘小平等十分不公，這些人及他們的支持者們必將質疑黨中央的公正性，基層的反彈到底有多大，目前尚待評估。第三，修改「排黑條款」為馬英九解套，將加深王馬心結，增加了國民黨內部整合的難度。王金平已明確表示只願意接受黨內協調，而不願參加黨內初選，因為他懷疑黨內初選的公正性。這對於國民黨中央的公正性和權威性是一個不小的挑戰。

　　對於馬英九來說，為了獲得黨內提名資格，繼續掌握黨機器就顯得相當重要。按照《中國國民黨黨章》第43條規定：「黨員……經法院判決有罪者，無論判決是否確定，一律喪失參與黨內初選資格，並不得由本黨提名。」因此馬英九一旦被一審宣判有罪，他將喪失被提名資格，否則只能修改黨章。如果說「排黑條款」因與黨章牴觸而可以被中常會宣布廢止的話，那麼黨章的修改則需提交全代會（全臺代表大會）審議通過，操作起來將要複雜得多。可以想見，馬英九要獲得國民黨的提名權，將是一件高難度的政治工程。在這一過程中，一個對馬英九絕對忠誠的黨是基本的前提和保障。在國民黨主席補選中，王（金平）、馬（英九）、連（戰）、吳（伯雄）之間進行了激烈地政治交鋒，根據媒體的相關報導可知，馬英九不僅拒絕連戰的協調（以王金平選黨主席換取王退出「總統」選舉，據說這一協調得到王的認可），甚至不同意王金平讓連戰出來選黨主席的主張，最後讓一直參與協調的代理主席吳伯雄「公親變事主」，宣布參選黨主席。由於吳伯雄與吳敦義組成的「雙吳體制」一向被認為是馬英九控制國

民黨機器的一個重要人事布局，可見吳的參選與馬英九的授意有很大關係。吳的參選，意味著由連戰出面協調王馬的努力破局，此後王馬之間進行協調的空間已經不大。

　　本來，吳伯雄參選之前釋出消息稱，他已成功協調王馬彼此承諾無論誰成為「總統」候選人都要首先邀請對方為第一搭檔，也即「馬王配」或「王馬配」成形。但王金平次日就加以否認，稱他能接受「優先邀請對手相互搭配的建議」，但不一定會接受別人的邀請。這表明他要的是「王馬配」，而不是馬陣營構想的「馬王配」。在這種情況下，吳伯雄隨後宣布參選黨主席。在馬陣營看來，如果王金平未宣示放棄選「總統」，則不能同意他去選黨主席，甚至對連戰回鍋當黨主席也不支持。因為馬陣營很清楚，王的最終目的是要選「總統」。「馬王配」破局，則馬陣營必須保證黨機器控制在自己手中。[71]目前看來，如果不出意外，吳伯雄應當會贏得這場黨主席選舉，而馬英九也可以繼續透過「雙吳體制」操控黨機器，為他問鼎2008年「總統」大位鋪平道路。

　　可以預見，未來如果馬英九一審被判有罪，在「雙吳體制」控制下的國民黨將不惜修改黨章替他解套。由於此前國民黨中常會已經宣布將原本應於7、8月份召開的全代會提前到6月初舉行，而國民黨「總統」候選人黨內初選投票日定在5月26日，這使得國民黨可以在最短的時間內對黨內初選的結果做出反應。這包括，其一，如果馬英九順利贏得初選，可以盡快在全代會上正式確定馬英九的候選人身分；如果馬此前被一審判罪，則可以透過全代會修改黨章替馬解套。面對民進黨瘋狂的「斬馬」行動，國民黨已經決定不惜用全黨的命運來放手一搏。這是一場極其危險的豪賭，國民黨賭上了黨的命運，而民進黨賭的則是臺灣司法的命運。

　　馬英九和國民黨想與民進黨作性命之搏，在這場生死較量中，王

金平注定只能是一個配角。當然,正如我們在前面分析的,王可以充當關鍵的平衡角色,他手中的政治砝碼加諸任何一方都可能使天平朝向那一方發生傾斜。因此,民進黨一直想拉攏王金平以分化國民黨。而對於馬英九來說,王金平雖不足以成其事,卻可以敗其事。因此,他還必須耐心地接受王金平的討價還價。從公開的資訊分析可知,目前馬英九願意釋出的籌碼包括像「立法院長」、黨主席、甚至「副總統」等,但王金平卻並不滿意。因為這些職位雖然「位高」,但「權不重」,對於在「立法院」呆了30年的王金平來說並沒有太大吸引力。王金平現在仍未放棄「總統」大夢,他還不能確定馬英九究竟會不會一審判罪,以及判罪後國民黨內部修改黨章替馬解套的意願有多強。因此筆者估計6月初國民黨全代會召開之後,馬王爭奪「總統」候選人資格的鬥爭才會告一段落。在這期間,王金平的基本行動策略是:其一,他會繼續拱連戰出來協調,借連戰來給馬英九施加更大的壓力,但他也知道「協調不會有任何結果」。其二,目前他傾向於不參加黨內初選,因為他知道即使參選勝算也不大,還要白白損失200萬保證金。其三,他會根據馬英九「特別費案」審判的具體情況而做出不同的政治選擇,包括如果法院作出有利於馬英九的判決,要不要接受「馬王配」,以及其他政治交換條件;如果馬英九被判10年以上重罪,要不要爭取國民黨的徵召,甚至不排除最後宣布獨立參選的可能性。目前他要做的就是耐心等待審判結果。最近,傳出他要訪問大陸的消息,如果成行,對於他將是一個不小的加分。他起碼可以透過這次訪問達到如下目的:其一,化解藍營對他「藍皮綠骨」的疑慮,贏得泛藍群眾對他的信任。其二,對臺灣民眾打大陸牌。目前民進黨是不能來,馬英九是不敢來,這張牌只有王金平能打。可以預見,當王金平與大陸高層見面,並取得一定的訪問成果後,必將極大地提升他在臺灣的民意支持度。其三,王金平訪問大陸後,將造成大陸支持王金平的印象,這對於馬英九是一個不小的打擊。看來,王金平已經準

備把王馬之爭的主戰場從臺灣拉向大陸。對此，我方一定要慎重評估。

　　王馬之間的較量還將繼續下去，其結局如何目前尚難預料。王金平想得漁人之利，也許他能如願，但沒有馬英九的國民黨還能與民進黨打一場像樣的選戰嗎？也許馬英九最終能衝破「特別費案」的陷阱，到那時，王金平還能從馬英九那要到什麼呢？有人擔心，王馬之爭會最終導致國民黨分裂，從而重演2000年國民黨分裂敗選的歷史悲劇。這種可能性究竟有多大呢？按常理而言，這種可能性並不大。就馬英九來說，他目前控制著黨機器，當然不可能脫離國民黨參選。就王金平來說，這種可能性也不大。因為，其一，在「立委」選舉實行「單一選區兩票制」後，兩黨制已經基本成為定局。國民黨和民進黨主導的藍綠陣營的鬥爭將是臺灣未來相當長一段時期內的基本政治格局。任何所謂「第三勢力」的生存空間都不大。在這種政治生態下，王金平離開國民黨，無異於政治自殺，相信也沒有多少人願意跟隨他出走。其二，王金平的政治實力畢竟有限，他不可能與當年具有高民意支持度的宋楚瑜相比。更何況離開國民黨後的宋楚瑜現在已經被徹底消耗掉了。前車之鑒，王金平能不引以為戒？其三，王金平只有在國民黨內才能實現利益最大化。離開國民黨，他將什麼也不是。他的本土身分，只有國民黨還需要這麼個門面，民進黨或「臺聯」黨誰稀罕？他的政治風格也只能在國民黨內才能找到知音，並因此能聚集一些政治能量。走出國民黨，他還能有什麼政治資源呢？王馬之爭這對矛盾只能在國民黨內存在並不斷演變，超出這個外殼，這對矛盾也就沒有存在的基礎了。當然，王金平也有可能經受不住李登輝或者民進黨的誘惑，最終離黨出走。那樣對國民黨和王金平而言是一個兩敗俱傷的結局。王金平願意選擇這種玉石俱焚的結局嗎？以王金平的政治風格和政治處境而言應當不會，當然也不能完全排除。但如果走到那一步，則意味著國民黨內的本土勢力要與綠營實現大合流，整個臺灣

政局都將徹底改觀。這種局面,已經超出筆者所要討論的範圍了。

當然,目前馬王都必須正視國民黨基層要求二人合作的民意呼聲。二人誰都承擔不起分裂國民黨的罪名,這是馬英九還不得不和王金平繼續上演冗長而又令人生厭的「協調」大戲的最大壓力。當然,王金平也同樣要面對這種壓力,這會使他不至於肆無忌憚,漫天要價。

王馬之爭的最終結果也許是一場喜劇。雖然索然無味,卻也不會腥風血雨。只是看客會覺得「歹戲拖棚」,因此生出幾分厭煩。目前國民黨的關鍵還在於如何應對與民進黨的這場生死之戰。因為民進黨的「圈馬」戰術已經將馬英九死死困住,要讓馬英九沖出陷阱,只有國民黨給予他最大的支持,甚至要國民黨犧牲政治形象,比如在馬被起訴之後修改黨章替馬解套。國民黨需要凝聚黨內共識,並爭取藍營基層群眾的理解和支持,同仇敵愾,以哀兵之勢同民進黨做殊死決戰,或許能最終取勝。只要能贏得2008年「總統」大選,則馬英九得救,國民黨得救,臺灣也得救了。否則,國民黨將就此一蹶不振,未來10至20年都不能再有執政的可能。

到那時,什麼王馬之爭,只不過是一個人們茶餘飯後的笑料談資而已!

馬英九大陸政策的基本內涵及其制約因素

2008年3月,馬英九以高票當選為臺灣最高領導人,臺灣再次實現政黨輪替。馬英九在當選後,把兩岸政策作為優先處理的課題,做出了一系列有利於兩岸和解的重大政策調整,使兩岸關係在短短幾個月的時間內發生了根本性的轉變。有鑒於臺灣當局十多年來一直執行一

條對抗性的大陸政策，馬英九當前所做出的大陸政策調整可以看做是一場革命，將對臺灣社會的政治生態造成重大衝擊，也會對兩岸關係的未來發展帶來深遠影響。

一、馬英九大陸政策的基本內涵

綜合分析，馬英九的大陸政策主要包括如下幾個方面的內容：

其一，主張在「九二共識，一中各表」的基礎恢復兩岸兩會協商機制。明確反對「兩國論」或「法理臺獨」，將兩岸關係定位為地區與地區的關係，即「一國兩區」。

「九二共識」是兩岸關係的里程碑，也是兩岸協商談判的政治基礎。「九二共識」的精神實質是在堅持「一個中國」原則的基礎上，對於「一個中國」的內涵求同存異。這一共識是客觀存在的，不容否認的，它對於兩岸關係的發展至關重要。但李登輝、陳水扁等分裂勢力卻視「九二共識」為追求臺獨的最大絆腳石，拒絕承認「九二共識」，致使兩岸協商談判中斷達十年之久。兩岸關係危機四伏，衝突不斷。

兩岸要重啟協商談判，就必須要回到「九二共識」的原則基礎上來。而馬英九恰恰在這一問題上的立場是十分堅定地。他一貫承認「九二共識」，甚至對媒體表示，他可能是世界上講「九二共識」最多的人。在馬英九的就職演說中，也多次提到「九二共識」，主張在「九二共識」的基礎上，兩岸儘早恢復協商。因此兩岸很容易的在「九二共識」的基礎上找到了協商談判的政治基礎，兩岸的協商談判之門自然打開。這也是兩岸關係在馬英九上任以來短時間內能夠取得重大突破的根本原因。「九二共識，一中各表」是馬英九大陸政策的基本出發點，也是與李登輝、陳水扁時期大陸政策的基本歧異點。由

此而出發所制定的大陸政策，必將造成兩岸關係新的面貌。

其二，主張兩岸暫時「維持現狀」，在「不統、不獨、不武」的基礎上追求臺海和平。「維持現狀」是馬英九大陸政策的核心理念。對於兩岸關係的最終前途，他主張兩岸在取得臺灣人民同意的前提下的有條件的「終極統一」，但對於現階段的兩岸關係他主張維持現狀。維持現狀就是超越統「獨」，「不要去追求『臺獨』或者是追求統一」。他認為「絕大多數臺灣民眾都希望維持現狀」，因此，臺灣應當「把時間都花在內部的經濟發展民生問題上」，「而不要整天去談『統』、『獨』問題」，兩岸應當「維持現狀、統獨休兵、務實開放」。現階段不要去碰觸統「獨」議題，因為「臺灣跟中國大陸都還沒準備好」。「國民黨反對任何『現狀的片面改變』，反對所有非和平、違憲的現狀改變手段」。他建議，兩岸應協商出一個可行的和平協議，並以此作為指引未來數十年間兩岸和平互動的基本框架。

「維持現狀」、「不統不獨不武」是馬英九企圖引領臺灣社會擺脫過去十多年來兩岸關係陷入統「獨」鬥爭泥沼而難以自拔的困境而提出的一個折中性方案。其核心是要「擱置爭議，共創雙贏」，打開兩岸關係的死結，為臺灣尋找一條活路。「不統不獨不武」的關鍵是「不獨不武」，即臺灣不「獨」，大陸不武，追求兩岸的和平共榮。

其三，提出兩岸「外交休兵」，積極尋求大陸的諒解與合作，務實爭取臺灣的「國際空間」。同時重視鞏固與美日等大國的同盟關係。馬英九認為，「臺灣的『外交』困境不能只以外交手段解決」，而「應從兩岸關係的改善著手，臺灣才能務實地爭取更多國際空間」。他贊同「大陸政策是外交政策的上位政策」的主張，把與兩岸關係的改善作為臺灣獲取「國際空間」的前提條件。

馬英九的「外交」路線有別於陳水扁的「烽火外交」政策，在一定程度上避免了兩岸在國際上進行不必要的惡性競爭，有利於兩岸建

立互信，協商解決臺灣的「國際空間」問題。

其四，推動兩岸以「九二共識」為基礎進行政治對話。恢復兩會協商談判機制，同時輔之以國共交流平臺，建立多層次的兩岸溝通管道。馬英九認為，政治談判是化解兩岸政治僵局的重要步驟，也是改善兩岸關係的必由之路。馬英九在當選後，抓住各種有利時機，積極促進兩岸高層的會面，先是2008年4月12日博鰲論壇的「蕭胡會」。以蕭萬長當時「副總統當選人」的特殊身分，「蕭胡會」得以舉行就意味著兩岸關係的重大突破，蕭萬長並且提出了「正視現實、開創未來、擱置爭議、追求雙贏」16字箴言。4月29日，胡錦濤總書記在接見國民黨榮譽主席連戰一行的時候提出「建立互信、擱置爭議、求同存異、共創雙贏」16字箴言，作為對此前蕭萬長提出的16字箴言的回應。這兩個16字箴言，在馬英九的5.20就職演說中都有明確提及，它們將作為未來推動兩岸關係發展的基本方針。5月28日，胡錦濤與吳伯雄舉行會面。「胡吳會」是稍前「胡連會」的繼續，說明國共兩黨對國共交流平臺的重視，這一平臺在未來兩會協商管道外仍然將扮演重要作用。

在這一系列高層對話的基礎上，兩岸兩會復談之門迅速打開。6月11日至14日，海協會與海基會在北京舉行第一次「江陳會談」，重啟中斷近十年之久的兩會協商談判。雙方並就簽署兩岸週末包機和大陸居民赴臺旅遊兩項協議。這種效率在兩岸談判的歷史上是未曾有過的，為兩岸制度性協商機制的建立奠定了良好基礎。11月3日至7日，海協會會長陳雲林率團赴臺訪問，在臺北舉行第二次「江陳會」。雖然這次會談遭到綠營支持群眾的強力阻擾，但兩會協商仍然成功舉行，並簽署了空運、海運、郵政合作和食品安全等四項協議。基本實現了兩岸直接「三通」，取得了兩岸關係史上的重大突破。

按照「先易後難、先經後政、循序漸進」的原則，未來兩會將圍

繞「深化兩岸經濟合作、實現兩岸經濟關係正常化」這一主軸展開，面對國際金融危機的嚴峻現實，兩岸如何攜手應對金融風暴的衝擊是一個迫切問題，金融合作將是兩岸下一步協商談判的重點。陳雲林表示，「兩會今後一個時期應重點協商推動建立兩岸金融合作問題，協商推進兩岸經濟關係正常化、緊密化問題，以逐步構建兩岸經濟合作制度化框架。同時，兩會也應積極協商加強文化交流、社會交流等議題。」而海基會在最新提出的業務重點計劃報告中也列入「建立兩岸交流持續、兩岸金融合作、兩岸投資合作、兩岸產業合作、兩岸漁業合作、兩岸文教交流」等六項議題。預計明年兩會將圍繞這些議題展開協商。

至於未來兩岸談判的中期目標，需要面對簽訂兩岸「和平協議」、「建立軍事互信機制」等問題。這是馬英九的政策主張，也是中共十七大報告中明確寫入的兩岸談判議題。這些目標的達成對於確立兩岸和平發展的制度化框架無疑具有重要作用。但基於兩岸的政治現實，短期內還無法啟動如此高難度的政治議題。兩岸目前需要逐步累積善意，先打開兩岸交流合作的新局面，為最終簽訂和平協定創造條件。

其五，積極推動兩岸「三通」進程，擴大兩岸經濟交流合作，並最終建立兩岸共同市場。從李登輝時期的「戒急用忍」策略，到陳水扁時期的「積極開放、有效管理」（2006年後改為「有效管理‧積極開放」），無不對兩岸經濟交流加以限制。技術性阻擾兩岸「三通」，對臺灣企業投資大陸採取種種限制措施，使兩岸經貿的正常交流被人為阻隔，這也導致臺資外流，臺灣經濟「邊緣化」和產業「空洞化」的危機。事實上，由於大陸經濟的崛起，臺灣經濟已經與大陸緊密相連，要人為割斷這種聯繫顯然是不現實的。盡快實現兩岸「三通」，加強兩岸經貿交流是臺灣產業界的普遍要求。馬英九在上臺後，迅速對臺灣經貿政策做出調整，包括取消投資大陸40%上限，開

放大陸觀光客入臺,開放陸資入島,人民幣在臺灣自由兌換以及簽訂類似APEC的兩岸綜合性經貿協議等。特別是明確提出兩岸「三通」時間表。當然,這些政策的達成還需要大陸的配合,於是海協會與海基會迅速就相關經濟議題展開談判,目前有些議題已經超前完成,如「三通」議題就已基本實現,其他如金融合作也將進行談判,相信會有好的結果。兩岸經濟合作的最終目的是要建立「兩岸共同市場」,這是蕭萬長最先提出的政策理念,並寫進了2005年胡連會公報中。「兩岸共同市場」也是馬蕭在競選期間提出的主要經濟政見,這一政策的核心內涵是參考歐盟模式,結合兩岸的實際情況,強調開放式的經濟整合,實現兩岸互惠互利、共存共榮。它對於兩岸的和平發展是有利的。未來兩岸經貿的融合將進一步加深,這是毫無疑問的。

其六,積極推動兩岸交流,特別是文教交流。兩岸民間交流對於兩岸人民化解敵意、增進瞭解無疑是十分重要的,它有助於擴大兩岸和平發展的民意基礎。目前隨著大陸觀光客入臺協議的簽訂、兩岸「三通」的基本完成,未來兩岸人民的交流將更為便捷和緊密。此外,馬英九還主張承認大陸若干重點大學的學歷,允許陸生入臺就讀等。這些政策都有利於擴大兩岸人民的交流。

其七,認同「兩岸人民同屬中華民族」,認同中華文化。馬英九有著極強的民族氣節,這是人所共知的事實。在他的就職演說辭中,他明確提出「兩岸人民同屬中華民族」,這與陳水扁當局大搞「去中國化」和「文化臺獨」截然不同,它反映了兩人在文化認同、民族認同上的兩種傾向。這是馬英九大陸政策上最值得稱道的地方,也是兩岸目前所能找到的最大公約數。這一共識在2008年5月28日胡錦濤與吳伯雄的會面中得到再次確認,兩人都不約而同地強調在四川地震救災過程中兩岸同胞體現出的「中華民族情感」,更在會談中十多次提及「中華民族」這一概念。這對於增強兩岸交流的善意有著十分重要的意義。

馬英九在就任後所推行的一系列大陸政策開放措施，使兩岸關係在短時間內就發生了巨大而深刻的變化，可謂是一日千里。兩岸關係之所以會在馬英九上臺後發生如此巨大的變化，這首先是兩岸以及國際局勢大環境的改變。隨著中國大陸的迅速崛起，兩岸力量的對比差距越來越大，大陸主導臺海局勢的能力越來越強。臺灣要繼續執行與大陸的全面對抗政策已經難以為繼，無能為力，必須要全盤更張，臺灣才能重新找回自己的位置。其次，自2005年4月連宋等訪問大陸以來，兩岸交流的形勢驟然打開，民進黨當局已經無法阻擾兩岸人民的交流，兩岸關係的和平發展受到了越來越多臺灣民眾的認可，加強兩岸交流已經成為大勢所趨。這種趨勢是任何政治人物都不能阻擋的。第三，國際局勢有利於兩岸關係緩和。由於民進黨當局的對抗性大陸政策，使兩岸關係時刻面臨全麵攤牌的危機。從而對東亞安全乃至世界和平造成嚴重威脅，美日等國際勢力深知中國政府在臺灣問題上的決心和能力，不敢輕易冒險觸發這個火藥桶，因此形成了美日等國紛紛主動遏制臺獨勢力的局面。臺獨勢力注定無法突破中國政府在國際上維持的「一個中國」原則政策底線。第四，馬英九的大陸政策本身與大陸當前的對臺政策存在相當程度的交集，雙方形成了很大的善意和共識。雙方都承認「九二共識」；都承認兩岸同屬「中華民族」；都主張在一段時期內維持臺海現狀；都追求兩岸關係的和平發展。在這些大原則上雙方取得了原則共識，這使得在具體事務上的談判來得比較容易。因為拋開主權的爭議，兩岸人民事實上是存在著很大的共同利益的，是一個「兩岸命運共同體」。兩岸暫時擱置主權的爭議，培養和擴大兩岸的共同利益，這是符合兩岸人民根本利益的，也是符合中華民族根本利益的。

二、阻礙馬英九大陸政策調整的制約因素

雖然兩岸關係在馬英九上任後取得了舉世矚目的巨大成就，但兩岸關係的發展仍然存在著很大隱憂。兩岸關係要實現徹底和解，並最終建立兩岸永久的和平機制，並非是一蹴而就的。就兩岸關係發展的近期及遠期前景而言，主要存在著如下一些制約性因素。這些因素如果處理不當，還可能阻礙兩岸關係的和平發展進程，甚至出現暫時逆轉。

其一，如何應對和化解臺灣綠營政治勢力對發展兩岸關係的阻擾和制約。民進黨基於其臺獨意識形態而拒絕承認「九二共識」，並將兩岸關係定位為「一邊一國」，嚴重違背大陸「一個中國」原則的政策底線，這使得兩岸失去了進行政治對話的政治基礎，兩岸陷入嚴重的「獨」與「反獨」的全面對抗。相應地，民進黨的大陸政策也是為其臺獨意識形態服務的。民進黨的臺獨立場成為兩岸關係的死結，兩岸關係就官方層面基本陷入停滯。不僅如此，民進黨為了選舉利益，還常常用兩岸的對立來挑動臺灣民眾的歷史悲情，製造族群矛盾以贏取選票，兩岸關係成為其選舉政策的工具。因此有論者指出，在民進黨執政時期根本沒有兩岸關係，而只有兩岸議題。八年來，兩岸關係衝突不斷，危機四伏，走入了死胡同。臺灣社會深受其害，為民進黨對抗性大陸政策付出了沉重的代價。也因此遭到臺灣人民的唾棄，成為民進黨下臺的一個重要原因。

民進黨雖然在野，但並沒有徹底反省其臺獨路線和大陸政策，相反卻不惜採取暴力阻擾當前兩岸關係全面和解的進程，給馬英九的大陸政策造成很大困擾。畢竟民進黨雖然敗選，卻仍然擁有544萬多張選票，這是一股不小的民意，馬英九在推動兩岸關係的時候不得不考慮這部分民意的壓力。為了最大限度地尋求臺灣共識，馬英九啟用原「臺聯黨立委」賴幸媛出任「陸委會主委」，就是一大舉措，不過卻因此引起藍營民眾的反彈和大陸的疑慮。可見，面對臺灣藍綠對立的政治生態，要尋找臺灣共識並非易事。應當承認，目前臺灣部分綠營

群眾對於兩岸關係的快速和解是十分牴觸的,這從2008年11月份臺北第二次「江陳會」期間綠營群眾的暴力對抗可以看出來。未來民進黨已經揚言要重回街頭運動,如果真如此,臺灣社會將陷入新的動盪不安,對於兩岸關係的正常發展也會產生很大阻擾。當然,如果民進黨重回街頭運動,那麼其重回執政之路將遙遙無期,甚至有泡沫化之虞。因此,街頭運動對於民進黨而言是一柄雙刃劍。面對當前兩岸關係迅速改善的大勢,民進黨應當嚴肅思考其大陸政策該如何轉型,以符合兩岸關係的實際。而不是抱殘守缺,繼續用對抗性思維思考兩岸關係。因為那樣將會使民進黨在兩岸關係上被日益邊緣化,除此之外它什麼都得不到。

其二,如何引導和緩和臺灣已經客觀存在的「臺灣主體意識」對發展兩岸關係的疑慮和不安。從80年代以來,特別是經過李登輝和陳水扁執政時期的刻意操作和培養,臺灣社會已經形成了所謂的「臺灣主體意識」,「臺灣主體意識」雖然不能等同於「臺獨意識」,但也絕非一般意義的鄉土意識,它有其特定的意涵和形成背景。它是李登輝執政時期精心構造的一種新的「臺灣意識」,陳水扁執政時期又繼續加以深化鞏固,目前這一意識已經成為臺灣社會的主流認同。「臺灣主體意識」本質上是一種「國族認同意識」,即認同臺灣是一個「國家」,臺灣的前途和利益應當由2300萬臺灣人民來決定。「臺灣主體意識」並不排斥兩岸交流,但又擔心在兩岸交往的過程中,臺灣主權和尊嚴的流失,因此對於兩岸的交流持有很強的戒心。這種群體心態在當前兩岸關係大幅改善的情況下已經顯示出來,許多人對兩岸關係的大幅改善感到不安,這也是造成馬英九民調支持度大幅下降的一個重要原因。馬英九必須要證明他既能改善兩岸關係,為臺灣人民帶來利益,又要保證不能造成臺灣主權的流失,如何在這二者之間取得平衡,確實是一個很大的挑戰。

其三,如何化解美日等國際勢力的疑慮。美日是介入臺灣問題較

深的國家，特別是美國，是影響臺灣問題解決的關鍵外部因素。美國基於其東亞安全利益，長期以來把臺灣作為遏制中國的橋頭堡，但又不想冒與中國全麵攤牌的風險，因此在臺海兩岸執行一條平衡戰略，反對任何一方單方面改變現狀，以保證美國在臺海兩岸獲取最大利益。馬英九雖然保證「維持現狀」，但美國對於臺海現狀有其自身的解讀，兩岸未來的和解會不會衝擊美國所定義的「臺海現狀」而招致美國的干預？這確實是一個值得關注的問題。雖然從目前看來，美國對於兩岸的和解是持一種歡迎態度的，但其實私下也正在觀察其後續的發展及效應。目前美國剛剛實現政黨輪替，民進黨的奧巴馬上臺，未來美國的臺海政策究竟如何，目前還很難判斷。

　　日本同樣是影響臺灣問題的重要國際因素。日本與臺灣有著複雜的歷史和現實利益糾葛，歷史上日本曾在臺灣實行過50年的殖民統治，而現實中日本與臺灣的經濟聯繫十分緊密，臺灣海峽是日本重要的戰略運輸航線，日本與臺灣的臺獨勢力有著千絲萬縷的聯繫。近年來，日本對臺灣問題的介入越來越深。早在2003年6月，日本參眾兩院通過「有事三法案」，就將臺灣海峽列入「有事」的範疇。2005年2月，美日修改《日美防衛合作新指針》，把「臺灣海峽的安全問題」作為兩國的「共同戰略目標」。而民進黨執政時期也一直推行「聯日制中」的策略，加強與日本的聯繫。

　　日本對於馬英九有著很大的疑慮，特別是馬英九「保釣」的民族主義立場，使得日本擔心馬英九當選後過分「親中」，損害日本的利益，雖然馬英九在選前曾前往日本訪問說明其「維持現狀」的立場，但並不能從根本上化解日本的疑慮。2009年6月初發生的「保釣」事件，對於臺日關係造成了很大的衝擊。未來日本面對兩岸的和解會如何調整其臺海政策也值得關注。

　　其四，如何務實面對兩岸潛藏的結構性矛盾分歧，並努力擴大彼

此的共同利益。馬英九的當選，極大地改善了兩岸關係的氣氛，加速了兩岸和解的進程，但兩岸潛藏的結構性矛盾在短時間內仍然難以化解，比如兩岸對於「臺灣主權」問題的爭議，臺灣謀求「國際空間」的努力與大陸「一個中國」原則的衝突，兩岸在制度上的差異與競爭等，這些矛盾都難以在短時間內得到解決。需要兩岸建立高度的互信，本著「求同存異」「擱置爭議」的精神，透過對話來化解歧見，努力擴大彼此的共同利益，以達到「共創雙贏」的目的，構建兩岸的生命共同體，這同樣是一個高難度的挑戰。

藍綠陣營的發展態勢及對兩岸關係的影響

去年年底（2009年12月5日）的「三合一」選舉及今年年初（2010年1月7日）「立委」補選以來，臺灣政局發生了巨大變化，國民黨在這兩場選舉中都遭到失敗，而民進黨則取得相對勝利。在縣市長選舉中國民黨丟掉具有指標意義的宜蘭縣，得票率相較於上屆（2005）選舉大幅降低，而民進黨則大幅上漲（國民黨兩次縣市長選舉得票率分別為52.18%和47.88%；民進黨分別為39.50%和45.32%）。在「立委」補選中，民進黨更是3席全拿。即將於2月27日舉行的另外4席「立委」補選，目前民調顯示民進黨普遍領先，一般認為國民黨還會繼續遭受失敗。即將到來的2010年底的「五都」選舉，目前看來形勢對民進黨也比較有利。可見，國民黨正在遭受一系列潰敗式戰略性選舉失敗，其後果是相當嚴重的。馬英九能不能順利連任，目前已經成為需要嚴重關切的問題。臺灣政局自2008年3月實現政黨輪替以來，為什麼在短短一年多的時間內就會發生如此大的逆轉？以高票當選的馬英九為什麼會在短時間內從藍營的超級明星淪落為藍營選舉的負資產？這其中的原因如何？馬英九還能逆轉這一頹勢嗎？他會如何調整其內外政策？

這種政策調整會對臺灣政局和兩岸關係帶來何種影響？

從另一方面而言，氣勢逐步上升的民進黨未來發展的形勢究竟如何？剛剛擺脫扁案陰影的民進黨在沒有進行真正像樣改革的情況下真的就能在2012年重新執政？蔡英文能夠帶領民進黨完成改革重新再起嗎？民進黨會如何調整其內外政策特別是大陸政策？這些問題同樣是需要我們認真思考的問題。

總之，目前臺灣政局正在發生了劇烈的變化，不可避免的將給兩岸關係帶來影響，甚至會關係到兩岸關係和平發展的局面能不能有效維持和繼續推進的問題。

一、馬英九當局執政狀況及其前景

1.馬英九當局的執政困境及其根源

到目前為止，我們可以判斷，馬英九當局的執政基本上是失敗的。在臺灣，馬英九個人及其執政團隊的民調滿意度屢創新低（最新是23%），馬英九已經被貼上無能的標籤，人民怨聲載道，批馬成為一種社會風尚。在國際上，馬英九當局推行所謂「和中、親美、友日」的平衡戰略，並自詡臺灣成為了「和平的締造者」，但三方（包括我方）對馬英九當局的質疑從來沒有停止過，這背後潛藏著極大的危機。

為什麼馬英九當局的執政會迅速走向失敗？臺灣媒體和馬當局自身都有檢討，綜合起來主要有如下幾個方面的原因：

（1）國際大環境不好（馬上臺後連續遭遇石油危機、金融危機、H1N1流感、「八八風災」等天災人禍）。

（2）國民黨人才斷層嚴重，馬英九只能啟用李（登輝）陳（水

扁）時期的人，一大批綠營或者「藍皮綠骨」的人被留在馬政府內，從而導致政令不一，施政混亂。

（3）馬政府溝通能力嚴重不足，包括「朝野」之間的溝通，與黨籍「立委」、派系人物的溝通，與人民的溝通都嚴重不足。

（4）國民黨上層的權力制衡，連（戰）、宋（楚瑜）、王（金平）等都與馬英九存在或大或小的心結。另外，地方派系對馬英九改革路線的反彈很大。

（5）馬英九上臺後，過分「討好」綠營選民，在諸如陳聰明的留任問題以及其他一些人事案的任命問題上都沒有考慮藍營選民的感受，致使藍營民眾疏離。

（6）兩岸交流走得太快，沒有把握好節奏，造成民眾對「主權流失」的猜疑。另外，兩岸交流的好處也被特定行業和階層的人享有，底層百姓並沒有享受到多少實惠。

（7）馬英九及其執政團隊的執行力存在嚴重不足。比如「美國進口牛肉風波」、「八八風災」的救濟工作、ECFA的爭議問題、流感疫苗問題等等，這些都暴露出馬英九團隊的執行力存在很大問題。決策過程粗糙，執行過程也狀況百出。

（8）除以上這些因素外，我們認為還有一個更根本的原因，也即馬當局的內外政策脫離了臺灣的政治現實。馬英九當局的內外政策，從根本上說是尋求各種平衡和妥協。在國際上是尋求在中美日三者之間的平衡，在臺灣是尋求藍綠陣營之間的平衡。這種平衡政策脫離了臺灣的客觀政治環境。就國際環境而言，臺灣處於中美日等國際強權角力的風暴中心，在國際強權的擠壓下，臺灣的自主性是十分脆弱的。馬英九要在中美日三角關係中推行平衡戰略，這顯然已經超出了臺灣的能力範圍。現實狀況正是如此，馬當局試圖推行「和中、親

美、友日」的對外政策，但馬英九的兩岸和解政策從一開始就遭受到美日的質疑，美國一再提醒馬英九的兩岸和解政策不能損害美國的利益，而日本在馬英九上臺後迄今已經兩次挑起釣魚島海域的魚權糾紛，向馬當局施壓的目的十分明顯。日本前駐臺機構代表齋藤正樹甚至公開表示臺灣主權地位未定，挑戰馬當局在臺灣主權定位上的底線。可見，馬英九推行兩岸和解的政策遭受到美日相當大的壓力。但從我方而言，我們對馬英九的內外政策同樣充滿疑問，如堅持要購買美國武器，企圖把國際因素引進兩岸政治對話過程中，這些都不能不使我方產生疑慮。特別是，馬英九當局一方面不願啟動兩岸政治對話進程，另一方面則繼續強化尋求臺灣「國際空間」的努力，同時在經濟利益上尋求大陸的最大支持。這種只要不給的兩岸關係模式是無法持久的，如果有一天臺灣的索取超出了大陸的原則底線，那麼兩岸將不可避免地要發生衝突。可見，馬英九當局的對外政策似乎是處處討好，但背後卻潛藏著危機。在目前環境下，由於中美之間在臺海問題達成了暫時的妥協，而大陸又對馬英九當局寄予一定的希望，因此馬當局的平衡政策還有一定的空間，但未來隨著中美角力的加劇，臺灣左右逢源的空間會越來越小。從長遠來看，這一對外政策是注定要失敗的。

　　就臺灣政局而言，馬英九以當全民「總統」為念，實施企圖推動藍綠和解政策，但目前看來，他的這一努力也是失敗的。在臺灣的藍綠政治結構中，根本不存在中間路線的可能，而只能是一種非此即彼的零合競爭遊戲。在目前情況下，臺灣任何的政治人物都無法突破這一政治結構的侷限，陳水扁執政時期如此，馬英九執政時期同樣如此。馬英九要在藍綠之間尋求平衡政策同樣注定是要失敗的。今天馬英九已經逐步認清這一政治現實。

　　以上這些原因是造成馬英九執政困境的根源。在經歷一系列選戰的失敗之後，馬英九必定會重新檢討其內外政策，其檢討的方向與力

度,及其隨之產生的影響是我們必須要密切注意的。

2.馬英九內外政策檢討的基本方向和力度

在經過一系列選舉失敗後,馬英九宣示要進行政策檢討。檢討的方向無非內政、「外交」和兩岸三個方面。

(1)「外交」領域。「外交」方面由於大陸的善意配合,馬當局的「外交休兵」得到了一定程度的落實,在拓展「國際空間」問題上也取得了不小的突破,如參加WHA,兩次派連戰出席APEC會議等等。因此在「外交」領域馬當局是得分的,目前沒有檢討的必要,未來甚至會更加強化這方面的工作,以期取得更多突破。

(2)大陸政策。大陸政策方面本來也是馬當局的主要得分點,但由於馬當局要得太多,大陸給得太猛,加之民進黨的刻意抹黑和中傷,馬英九在大陸政策方面的得分大打折扣,這是十分可惜的。馬當局未來對於大陸政策應當會做出一些調整。但整個大陸政策的方向不會改變,而只是在步驟和節奏上會有所控制,在一些具體問題上會更加堅持臺灣的主體性。

目前看來,馬當局在兩岸經貿交流方面有意放緩了政策執行的節奏。如2009年6月簽訂的MOU(兩岸金融監理協議),到現在也還沒有進一步落實。在2009年12月第四次江陳會談原擬簽訂四項協議,但最終只簽訂了三項。陸資入島議題一度紛紛揚揚,現在也被有意冷凍起來。另據媒體報導,臺灣當局原先有意開放十二寸晶元廠登陸,目前也被擱置。這些跡象說明,馬當局在兩岸經貿交流方面已經開始局部緊縮。至於兩岸簽訂ECFA問題,臺灣當局方面顯得十分積極,但其背後的真正意圖是在兩岸簽訂ECFA之後以便於臺灣與東南亞國家及其他地區簽訂FTA,藉此避免臺灣經濟邊緣化的危機,同時緩解臺灣經濟過分依賴大陸的局面。

兩岸文教交流是繼兩岸經貿交流之後的又一個兩岸交流重點，目前馬英九當局對此還是比較積極的。但對於承認大陸學歷，允許陸生入島等原先允諾的政策會不會因為臺灣民眾的反彈而擱置還有待觀察。

　　兩岸政黨交流，國共平臺可能會逐步淡化其作用和功能，同時，國民黨可能會借用政黨外交的平臺拓展國際政黨外交渠道。

　　在兩岸關係定位方面，會堅持「一中各表」的「九二共識」，這個政策基調不會改變，但未來會進一步強調「中華民國是一個主權獨立國家」的現實。在諸如「撤飛彈」問題上，把此一問題和兩岸政治談判的進程掛鉤。此外還將加大在自由民主人權等問題上對大陸的批評力度。

　　總之，未來馬英九當局在維持兩岸交流局面的基本前提下，極有可能會刻意凸顯一些兩岸的爭議性議題，以體現臺灣的所謂「主體性」要求。

　　（3）內政方面。內政是馬英九政策檢討的重點。首先，要重新進行「內閣」人事調整。此項消息吳敦義已經對外宣布。其次，加強與黨內特別是「立法院」系統的溝通和協調，加強與地方派系的溝通與協調。此項工作已交由國民黨祕書長金溥聰執行。第三，拋棄全民「總統」的迷思，強化與民進黨的對抗，最為明顯的例子就是最近「地制法」的通過，國民黨強力動員，與民進黨籍「立委」爆發激烈肢體衝突，最終保證該法案的過關。未來隨著國民黨立場的趨於強硬，臺灣政治將進入新一輪的對抗衝突期。第四，向藍營選民交心，重新取得他們的認同和支持。此點馬英九已經開始在做。其他各項從略。

　　3.馬英九連任的前景分析

藍綠陣營的發展態勢及對兩岸關係的影響

從馬英九就任以來，國民黨在歷次重要選舉中都表現不理想，從雲林、大安區「立委」補選，到「三合一」選舉，最近的3席「立委」補選，國民黨陣營的表現都差強人意，遭遇一次又一次的失利。就目前的情況分析，在未來的兩場重要選舉中，2月27日的4席「立委」補選民進黨很可能取得3—4席，年底的「五都」市長選舉，民進黨很可能拿下3席。這種骨牌效應將對馬英九的連任之路造成致命衝擊，2012年馬英九究竟能否連任，已經成為我們必須要嚴肅思考和面對的問題。但認真分析目前的臺灣政局及相關因素，我們認為，馬英九2012年連任將可能僥倖過關，其理由如下：

首先，國民黨所經歷的一系列失敗關鍵還在於國民黨自身發展的缺陷，如人才斷層嚴重，提不出恰當的候選人。國民黨的派系問題嚴重，並且鬧內訌，削弱了國民黨的競爭力。國民黨內權力鬥爭嚴重，人心不齊等等。但國民黨選舉的失敗並不代表馬英九也會失敗，這二者之間是有區別的。

其次，國民黨雖然遭受到一系列選舉失利，但臺灣的藍綠政治版圖並沒有發生重大變化。國民黨仍然擁有絕大多數執政縣市。「立法院」即使民進黨再增加4席也不會改變國民黨占絕對優勢的現實。「五都」市長選舉民進黨拿下3席也有特定候選人的作用，主要是蘇貞昌可能拿下新北市，但如果蘇貞昌選新北市，他在與馬英九競爭「總統」大位的時候就多了一重負擔。因此，民進黨所取得的一系列勝利並沒有改變臺灣的藍綠政治版圖，其實力增加有限。

第三，國民黨在遭受一系列失敗之後會逐步喚起藍營選民的危機意識，這對於馬英九連任是有好處的。考慮到自2005年「三合一」選舉以來，國民黨都以絕對優勢拿下歷次重大選舉，藍營選民的鬆懈心理是存在的，再加之對馬英九執政的現狀不滿，藍營選民投票意願不高是可以理解的。這也是造成國民黨在2008年政黨輪替之後的歷次選

舉都失利的重要原因。透過這一系列選舉的失敗，重新激發出藍營選民的危機意識，這對於2012年的「總統」大選是十分有利的。

第四，民進黨迄今為止並沒有進行有效的改革，還不具備重新走向執政的條件。此點我們將在後面詳述。

第五，2012年世界經濟情勢會好轉，客觀環境會對馬英九有利。

第六，馬英九在經過一系列失敗之後開始警覺而進行檢討，在餘下的兩年多時間內，馬英九還有足夠的時間去修正其政策，重新找回選民的支持。

第七，馬英九連任的真正危險在於藍營內部的分裂，但如果藍營選民的危機意識被激發出來，在勝選的壓力下會自動進行「棄保」投票，不會給藍營內部的野心家太多機會。並且目前藍營內部的實力派人物都沒有動機和實力去分裂國民黨。

因此，我們判斷，2012年馬英九將有驚無險的渡過連任危機。

二、民進黨再起的勢頭及其前景

1.民進黨進行政黨轉型的條件逐步成熟

民進黨在失去執政權後經過一年多的徬徨，透過幾次選舉的勝利終於找回了失去的自信，並逐步明確了自己的發展方向和目標。民進黨的重新崛起已經是不可忽視的政治現實。

民進黨下臺後，輿論一直十分關注民進黨會如何進行政黨轉型。民進黨在蔡英文的帶領下，經過一年多的努力，逐步走出陳水扁弊案的陰影，重新確立了民進黨的發展方向。主要包括如下幾個方面：

其一，採取柔性切割的策略，逐步排除陳水扁在民進黨內的影響力。目前這一策略已經取得成功，民進黨已經走出了陳水扁弊案的陰

影。

其二,民進黨全面確立了理性的中道路線,修正了陳水扁的極端臺獨路線。民進黨下臺之初曾經想走回街頭路線,進行體制外鬥爭,但經過幾次衝突之後,民進黨逐步認識到這一路線的侷限。民進黨最近在進行群眾動員時已經十分謹慎。另一個例子是民進黨中執會確定「五都」候選人和市議員的提名採用完全民調的方式,從而修正了「排藍民調」和人頭黨員的弊端。這有利於民進黨排除基本教義派的牽制而向中道路線靠攏。

其三,民進黨在規劃「十年政綱」,企圖提出一套政策綱領。

其四,民進黨經過最近幾場選戰提名,把一大批幕僚世代推上前臺,這些年輕世代在幾次選舉中都表現不錯。民進黨的世代交替已經在逐步推進,這對於民進黨的未來發展十分重要。

其五,民進黨已經開始考慮調整期大陸政策,並且時機正逐步成熟。目前民進黨選舉勢頭正旺,探討調整大陸政策的空間已經出現。並且目前民進黨內以蔡英文及新潮流為首的溫和臺獨路線已經占據主流,他們對於推動兩岸交流的政策持積極態度。「急獨」勢力在民進黨內影響力減弱。

民進黨歷史上越是發展勢頭好,執政的可能性越高,其進行政黨轉型的積極性就越高。民進黨在最近的一系列選舉勝利,使民進黨進行轉型的可能性大增。這個時機是我們要抓住和利用的,要積極引導和催化民進黨的轉型。

2.民進黨2012年重新執政的可能性不大,民進黨的希望在2016年

民進黨雖然目前在選舉上勢如破竹,取得節節勝利,但民進黨自身所存在的結構性矛盾並沒有得到根本解決,以目前臺灣藍綠政治生態來看,民進黨在2012年拿回執政權的可能性仍然不高,民進黨重回

執政的希望在於2016年。主要理由如下：

其一，民進黨結構性矛盾仍然存在，短期內無法解決：

一是如何重建清廉的形象，擺脫陳水扁執政的負資產。

二是如何整合派系的矛盾，形成新的政治明星。

三是如何實現世代交替，培養新的政治接班人才。

四是如何提出其政策綱領，為臺灣規劃發展藍圖，特別是如何調整其僵化的大陸政策，實現臺獨轉型，以爭取中間選民的認同。民進黨不進行政黨轉型，難以突破目前藍大於綠的基本結構，也就無法重返執政。

其二，民進黨的歷史包袱太過沉重，民進黨內的現有政治人物並不具備真正能挑戰馬英九的超級明星。

一是民進黨迄今為止並沒有進行有效的改革，民進黨執政八年所帶給臺灣人民的痛苦並不會那麼輕易地消失，臺灣社會還沒有準備好接受民進黨在目前狀況下重新執政。

二是民進黨檯面上的政治人物（主要是「四大天王」和蔡英文）還沒有足夠的政治實力提前取代馬英九。蘇貞昌搭配蔡英文出來與馬英九組合競爭，並不占什麼優勢。蘇貞昌是即將「過氣」的美麗島律師世代的政治人物，這一批政治人物已經隨著陳水扁的沒落而沒落，很難再走向政治舞臺中心。而蔡英文與馬英九的政治特質近似，選民沒有可能選擇蔡英文而放棄馬英九。再加之馬英九有執政優勢，這些都有利於馬英九尋求連任。

其三，國民黨和馬英九遭受最近幾次選舉失敗的刺激，會重新調整政策方向，以爭取選民的認同。在剩下來的兩年多的時間內還可以做很多的補救工作。

其四,美國在目前情況下不可能支持民進黨過早重返執政。大陸更是不會接受沒有實現政黨轉型的民進黨重新上臺執政。

因此,民進黨要在2010年重返執政十分困難,但到2016年則是大有希望的。

大陸角度思考下的臺灣問題和平發展

臺灣選舉

2008年臺灣總統選舉的選情評估

離3月22日臺灣總統選舉投票日還有不到一個星期的時間，這場對於臺灣政局和兩岸關係都將產生重大影響的選舉究竟最後會鹿死誰手？馬英九目前的領先優勢能否繼續維持？謝長廷在未來一段時間內翻盤的機會有多大？未來可能影響選情發生重大變化的關鍵因素有哪些？如果馬英九當選，政權能否實現和平交接？等等。這些無疑都是需要我們加以密切注意的問題。

一、對於當前「大選」選情的總體評估

關於「大選」的基本情勢，目前看來，馬（英九）蕭（萬長）陣營無疑具有領先優勢，據臺灣各大媒體的民調數據顯示，從2007年8月謝（長廷）蘇（貞昌）配確立以來至今，馬英九的民調支持度基本保持在領先謝長廷15%以上，特別是從去年（2007）12月28日馬英九的特支費被二審宣判無罪之後，歷次民調都顯示，馬的支持度一直保持在領先謝20%以上。如果這種趨勢繼續保持下去，則馬英九當選確定無疑。那麼，如何解讀這種選舉態勢？它所透露的深層訊息是什麼？謝長廷在接下來的時間裡還有沒有絕地反擊的機會？

我們認為，當前選情的這種態勢並不是偶然的。從根本上說，這是民進黨執政八年失敗，臺灣社會民心思變的大環境決定的。其次，這也是藍綠兩大陣營內部整合的不同情形，也即綠營的相對分裂和藍營的相對團結決定的。最後，這還是馬、謝二人的人格特質是否符合

臺灣選民的期待決定的。下面我們從這三個層面來做具體分析。

首先，我們來分析一下臺灣社會大環境的變化對馬、謝二人選情的影響。在這一問題上，謝長廷無疑是相當不利的。謝長廷必須要背負民進黨執政八年失敗的沉重包袱，而馬英九則沒有這個負擔。民進黨當年打著「勤政、清廉、愛鄉土」的招牌上臺執政，曾經給臺灣老百姓帶來很大希望。但八年執政的結果，卻是貪汙腐敗、執政無能，臺灣社會由於民進黨的意識形態操縱而被嚴重撕裂，政局動盪不安，人民生活水平大幅下降，臺灣往日的繁華成為追憶。可以說，民進黨執政八年是完全失敗的，這種失敗目前已經成為民進黨最大的負資產，它殘酷的阻礙著民進黨想要繼續執政的夢想。馬英九多次說，不是國民黨打敗了民進黨，而是民進黨自己打敗了自己，這並不是自謙之詞，而是一個社會現實。

民進黨執政失敗的現實還使得其所擅長操弄的「省籍」、「族群」等議題被大打折扣，臺灣大多數選民已經無法容忍民進黨繼續以意識形態領政，把臺灣帶向一個危險的未知之地。他們要求改變，要求社會回歸到基本價值，這種民意已經成為臺灣社會主流，並將對選民的投票行為產生重大影響，如在剛剛過去的「立委」選舉過程中，陳水扁仍然企圖以操弄「意識形態」來贏得選舉，結果遭到了選民的無情唾棄，這等於是宣布民進黨過去所擅長的以主打「意識形態」為主的選戰模式已經失效。

臺灣社會民意所發生的這種改變也間接為馬英九的外省籍身分解了套。一般認為，馬英九的外省籍身分是其選舉最大的罩門，但從「立委」選舉後到現在，馬英九的省籍問題並沒有受到太多的質疑，反而是他的美國「綠卡」問題成為謝陣營所主攻的方向。可見族群問題在這場選舉中難以成為選戰的主軸。

因此，當前臺灣社會的大環境對馬英九是有利的，這種民心向背

決定了此次選戰的基本走向。在這種大背景下，任何候選人要靠個人的人格魅力或者技術性的選舉策略扭轉社會主流民意的走向是十分困難的，這也是決定馬、謝選情差異的關鍵所在。

其次，就藍、綠兩大陣營的內部整合問題而言，在此次大選中綠營陷入相對分裂，而藍營則表現出相對團結，這對於馬、謝二人的選情也產生了重大影響。從2000年以來，在一些重大選舉中藍營內部的分裂危機一直是一個影響藍營選情的重要因素。但從2005年的縣市長選舉以來，透過幾次重大的選舉，逐步實現了新黨、親民黨的泡沫化，藍營內部的整合問題已經基本解決。藍營各政治人物也基本認清了這一現實，不敢拂逆群眾民意而破壞泛藍團結。特別是在國民黨失去政權八年，而馬英九是唯一能帶領泛藍陣營奪回執政權的情況下，任何人都必須要小心翼翼，不敢破壞藍營選情。這一點從3月12日費鴻泰等四位「立委」上演的所謂「踢館」事件中可以看出來，這四位國民黨「立委」本來是要前往謝長廷競選總部查證「第一金控」非法將旗下的房產出租給謝營使用的違法事實，卻意外引發與綠營支持者的嚴重衝突，導致社會的不良觀感，對馬營的選情造成了很大衝擊。本來這四位「立委」也是無心之失，但事後國民黨立即祭出黨紀處分，泛藍群眾更是一片撻伐之聲。費鴻泰被迫宣布辭去國民黨「立法院」黨團書記長，並稱如果馬英九因此落選他要以自殺負責。由此可見泛藍陣營內部的民意壓力之大，這種民意壓力使得藍營在此次選戰中空前團結，這種團結起碼在選前是穩固的。

與此相對照的是綠營內部的整合問題則危機重重。民進黨經過「總統」候選人提名的黨內初選，已經造成民進黨「四大天王」的很大隔閡，像謝長廷和蘇貞昌之間都曾口出惡言，謝與游（錫堃）之間因為路線問題也曾互相指責。扁（陳水扁）長（謝長廷）情節則由來已久，在黨內初選中，本來陳水扁是傾向於讓蘇貞昌出線的，謝長廷的意外出線打亂了陳水扁的如意算盤。可見，民進黨的高層充滿矛

盾，這種矛盾在初選之後並沒有得到徹底解決。就以扁謝關係來說，陳水扁在「立委」選前強勢主導選舉，把謝長廷幾乎邊緣化，而謝長廷也在「立委」選舉中消極輔選，並多次明言「立委」選舉由陳水扁負責，而「總統」大選將由他主導。由於「立委」選舉民進黨的慘敗，陳水扁被迫宣布辭去民進黨主席，而謝長廷順勢繼任為黨主席，並取得了對於「總統」大選的絕對主導權，迫使陳水扁只能被動配合演出，失去了在此次「總統」大選中發聲的舞臺。謝長廷雖然取得了對於「總統」大選的主導權，但他難逃黨內同志對他消極輔選的指責，許多落選的「立委」不甘心替謝長廷賣力輔選。特別是由於「立委」選舉慘敗的打擊，部分綠營基層支持群眾已經開始流失。而在「立委」選後，像邱義仁、吳乃仁、游錫堃、張俊雄等具有指標性意義的人物都沒有參與或者退出謝的輔選團隊。可見，謝長廷要使民進黨各派系的力量重新集結尚有相當的困難。而種種跡象顯示，陳水扁對於謝的輔選也是十分消極的，如最近頻頻傳出的钅達震案（Taiwan goal）、圓山飯店私營化案等一系列弊案，對謝長廷的選情造成很大衝擊，但陳水扁似乎並不在意。在這種情況下，民眾對陳水扁的厭惡必然轉嫁於謝長廷身上，從而使得謝的選情雪上加霜。有傳聞指出，陳水扁正企圖聯合蘇貞昌及新潮流系準備布局2012「總統」大選（見臺灣《壹週刊》報導），看來這並非空穴來風。未來陳水扁的動向值得密切關注。

民進黨與「臺聯黨」的關係也形同決裂。李登輝和陳水扁已經徹底反目。李登輝在帶領「臺聯黨」轉型失敗後，「臺聯黨」也正發生著分化，一部分投向民進黨，一部分開始向國民黨靠攏。李本人在這次選舉中遲遲不表態挺謝，實質是有利於馬英九。李登輝在未來幾天的動向也值得密切注意。

可以說，泛綠陣營的整合問題是影響謝長廷選情的一個重大危機。面對一個離心離德的綠營，縱使謝長廷有三頭六臂，也只能是徒

呼奈何。

　　第三，就馬、謝二人的人格特質與臺灣選民的期待而言，馬英九無疑更符合臺灣社會的期待。經過民進黨八年的亂政，目前臺灣已經醞釀出一股民意，即相較於一個政治強人，臺灣社會更願意接受一位恪遵制度的「弱勢總統」。由於臺灣「憲政」體制的缺陷，「國會」無法對「總統」形成有效的制約，因此造成種種政治亂象。臺灣社會這八年來已經深受其害，因此希望選舉一位循規蹈矩的「總統」，以終止臺灣政局的紛亂狀態。筆者在與臺灣學者和青年學生的交流中，他們都提出同樣的觀點，可見這種民意已經逐步成為一種主流民意。那麼馬謝二人誰更能夠承擔這一角色呢？很顯然是馬英九更符合。馬英九的法律人性格，以及其溫和敦厚的個性，都比較符合一位「弱勢總統」所應有的人格特質。謝長廷雖然也提出「弱勢總統」的提法，但他是一位精於權謀算計的政治人物，他的律師性格使選民自然把他和陳水扁連接起來。可見，大多數理性的中間選民更能接受馬英九而不是謝長廷，這是可以預料的。

　　在從馬、謝的政策綱領來講，雖然謝長廷也講「和解共生」，並且在兩岸政策上表現出極大的開放度，企圖走中間路線。但由於謝始終受到深綠選民的制約，從而使他的中間路線大打折扣。如謝提出的要開放投資大陸40%的上限的問題，以及其他一些開放兩岸政策的措施都受到深綠群眾的質疑。最近《自由時報》發表社論，公開呼籲謝長廷要回歸「臺灣主體路線」。可見，謝難以擺脫深綠民意的制約，他的中間路線無法真正貫徹下去。而馬英九在兩岸政策上無疑能有更大的作為，這一點臺灣選民也是看得很清楚的。

　　綜合以上分析，我們認為，馬英九目前的領先優勢是多方面因素綜合作用的結果。這一結果是由於臺灣社會民意的變化以及藍、綠陣營力量對比的此消彼長而造成的，要在短時期扭轉這一趨勢十分困

難。

二、謝的「逆轉」戰略及當前選情的最新態勢

當然，總體大環境雖然對馬的選情有利，但並不能說這場選舉就已經可以蓋棺論定。筆者認為，在這場選舉中馬英九占了「天時」和「人和」，而謝長廷占有「地利」。臺灣社會大環境的改變是「天時」，泛藍陣營內部的團結是「人和」，而民進黨作為「本土政黨」的代表則是「地利」。謝長廷如果能喚醒本省籍群眾對「本土政黨」的熱情，則一來可以最大程度的發揮「地利」之便，二來可以彌補「人和」之不足。最後結果如何，還未為可知。謝長廷的「逆轉戰略」正是欲以「地利」對抗馬英九的「天時」，從而企圖上演一出絕地反擊的大戲，那麼他成功的可能性有多大呢？

我們不知道謝長廷「逆轉戰略」的具體內容，但從謝在「立委」選後所採取的一系列選舉動作大致可以窺知其選舉策略主要有如下幾個內容：其一，利用「立委」選舉的慘敗將陳水扁邊緣化，搶過對於「總統」大選選戰的主導權，並與陳水扁進行一定程度的切割。其二，宣誓自己「總統」大選若選輸就退出政壇，把自己置之死地，以贏得泛綠選民的同情。並迅速進行黨內整合，把各派系的人馬都儘量拉入到競選團隊，營造黨內團結的氣氛。其三，放低姿態去拜訪一些小黨和社會團體的負責人，表現出「反省」的誠意，以獲得社會的同情。其四，以國民黨在「國會」一黨獨大為由，訴求選民要把「總統」大位給民進黨候選人，以對國民黨進行「民主制衡」，並表明自己會做一個「弱勢總統」。其五，對馬英九進行一系列的不實指控，特別是利用「綠卡事件」來抹黑、矮化馬英九的人格形象，企圖以此混淆社會的視聽，影響選民的判斷。其六，在選舉的最後階段，謝長廷將會把戰爭的主攻方向拉回到民進黨所擅長的意識形態領域，即強

調維護臺灣「主體性」的重要性,而民進黨是「本土政權」的象徵,以此來訴求本省籍選民的支持。

謝長廷的這套競選策略有攻有守,並且節奏分明,在一定程度上造成了效果。如關於「民主制衡」的問題,這是民進黨攻擊的一個重點,它利用臺灣民眾對於過去國民黨戒嚴體制的恐懼,欺騙臺灣老百姓說如果「總統」也由馬英九當選,將使臺灣民主倒退二十年。這些言論都是很有欺騙性的,並且在臺灣社會中有一定的市場,如許信良就以「民主制衡」的理由表示支持謝長廷,一些知識分子也以此為理由鼓吹,對一些民眾會產生某種影響力。

又如馬英九的「兩岸共同市場」問題,這是前一階段謝營主攻的重點。馬英九的「兩岸共同市場」主張,把「兩岸共同市場」抹紅成「一中市場」,並用直接斥諸民粹的方式,說馬英九的「一中市場」將會使臺灣的「男人找不到工作,女人找不到老公,小孩要被髮配到黑龍江」,從而激發出臺灣民眾「恐中、仇中」的不健康情緒。這種攻擊在臺灣民眾中特別是南部民眾中已經造成了很大的思想混亂,這種情緒如果任其發展下去將會對馬英九的選情造成很大的衝擊,因此必須要及時出面加以解釋、安撫。目前馬營已經意識到這個問題的嚴重性,正透過各種方式來消毒,效果如何還很難判斷。

在選戰的最後關頭,藍綠陣營都在做最後的戰鬥動員。對於綠營來說,由於總體形勢對其不利,如何製造混亂,然後在亂中取勝是關鍵。而對於藍營來說,如何穩住陣腳,使選情不出現大的波動,把目前的優勢一直保持下去就是勝利。藍營最大的忌諱是自亂陣腳,讓綠營有可乘之機。這就是為什麼3月12號費鴻泰等四位「立委」的「踢館」事件,會造成藍營如此大的危機感的原因所在。「踢館」事件造成激烈的衝突,引起中間選民的擔憂,社會觀感自然不好。而綠營以此為藉口,製造外省人欺負本省人的情緒對立,對於激發民進黨的支

持者特別是南部選民的「危機意識」很有幫助，使綠營民眾找到了一個重新集結的藉口，而如何喚醒選民的支持熱情一直是謝營處心積慮要做到的。可見這一事件對於當前選情的發展將造成很大衝擊。我們從綠營最近舉辦的「2.28」和「3.16」兩場大遊行可以看出這一事件的影響，在「2.28」大遊行中，即使有「逆風行腳」的壯舉，還有陳水扁、呂秀蓮到場助陣，但聚集的人氣仍然有限。但在此次「3.16」大遊行過程中，全臺各地的綠色支持者都出來了，特別是臺北的場地，從電視畫面可以看出來場面十分壯觀。「3.16」這場全臺大遊行十分重要，它是3.22「總統」大選前的總預演。從「3.16」遊行的情形看，綠營的基本盤已經重新凝聚成形了，這對於此次選舉是一個重大警訊。它提示選戰最後關頭髮生逆轉的可能性不是完全沒有，對此我們要保持高度警惕。

當然，昨天藍營的人氣仍然很旺，臺北的造勢現場基本與綠營旗鼓相當，而在臺南由馬英九親自坐鎮，嘉義則由周美青獨當一面，其他各地也全面開花，效果都不錯。這在很大程度上壓制了民進黨的反攻勢頭，把「踢館」事件的影響降低到最小。同時，由於「踢館」事件的衝擊，藍營也增強了危機意識，因此，「踢館」事件在某種程度上成為藍綠各自進行最後動員的「戰爭動員令」，使得選舉雙方提前進入決戰位置。

當然，「踢館」事件雖然造成了對馬英九選情的不利影響，但總體而言，馬營對這一事件的因應還是妥當的、及時的，馬、謝的競爭態勢並沒有發生太大改變。形勢比人強，在當前臺灣社會民心思變的大勢下，謝長廷的策略操作所起的效果始終是有限的。即使他能夠最終找會綠營的基本盤，但臺灣社會大部分的中間選民，他們自會有自己的判斷，並做出理性的選擇，這部分選民的投票趨向將是決定選舉成敗的關鍵。臺灣社會已經厭惡了政黨的惡鬥，已經吃夠了民進黨意識形態領政的苦頭，他們普遍要求結束目前政治的混亂狀態，休養生

息，找回臺灣失去的社會價值，這種民意是難以輕易改變的。

三、幾種可能導致選情發生逆轉的非常態因素

在馬英九選情總體情勢看好的大背景下，隨著投票日的越來越臨近，必須要時刻關注會否發生導致選情發生逆轉的重大事件。由於這場大選對臺灣政局和兩岸關係都將產生重大而深遠的影響，因此，對於臺獨勢力在透過正常選舉方式無法取勝的情況下採取非常態的手段攫取政權的可能性要加以高度警惕，對於外部勢力在這場選戰中的舉動也要高度重視。

目前看來，最可能影響選情走向的重大因素主要有如下幾個方面：其一是馬英九的「綠卡」問題；其二是美國在這場選舉中的態度；其三是未來陳水扁當局有無可能透過製造兩岸緊張關係而影響臺灣選情；其四是有無可能出現如馬英九或者謝長廷等被暗殺的極端事件，而使得這場選舉被迫終止。以上四種因素都可能對選情造成重大影響，下面我們試一一加以分析。

首先，我們來分析馬英九的「綠卡」問題。「綠卡」事件從其引爆以來一直是謝營打馬的一個重要火力點，並一度對馬的選情造成很大衝擊。謝營利用「綠卡」事件最初是質疑馬英九的誠信問題，其後又上升到馬英九對臺灣的忠誠度問題。日前謝長廷咬定馬英九的綠卡仍然有效，並以退選為賭注。而最近陳水扁也跳出來指證說馬英九的綠卡仍然有效，並願以辭去「總統」為賭注。在「綠卡」事件發酵兩個多月，並且在馬英九提出有效證據之後，扁、謝還要出來攻擊這一事件，並且下了大「賭注」，可見這一事件並不單純。未來「綠卡」事件仍將成為綠營打馬的重要利器，至於如何出手、何時出手，必須要對此高度警惕。

「綠卡」事件和「特支費」案有某種相似之處，即都是透過對特定事件的歪曲解讀，然後運用某些法律漏洞來坐實對方的「罪行」。這是一種典型的法律詭辯術，是扁、謝律師性格的集中體現。但是這種詭辯的殺傷力絕不可小視，如馬英九的「特支費」案就險些使他的「總統」之夢功虧一簣。可以預見，「綠卡事件」也必將成為綠營利用法律程序絞殺馬英九的一柄利器。如果綠營有一天拿出馬英九綠卡仍然有效的「證據」的話，那麼綠營將因此否定馬英九當選的正當性，屆時大選會發生或者戲劇性的變化很難預料。在這一事件中，美國的解釋無疑可以輕易地左右選情，因此美國將對此事件如何表態需要加以密切注意。

　　其次，美國在這場選舉中的態度究竟如何？站在美國的立場來說，美國是不喜歡臺灣臺灣出現某一政治勢力獨大的局面的，因為這樣不利於美國控制臺灣政局。在國民黨取得「國會」的絕對多數之後，一般可以判斷，美國並不希望看到國民黨再次贏得「總統」大選，因為這不利於美國的均勢戰略。並且在美國看來，國民黨的大陸情節還可能使臺灣迅速靠向中國大陸，從而損害美國在臺海甚至亞太地區的利益，這是美國所一直十分擔心的。馬英九2006年8月訪問美國期間，雖然受到美國高規格的接待，但馬英九是否有效地化解了美國的疑慮，還是一個未知數。一年來隨著臺灣政局和兩岸情勢的變化，美國的答案如何？美國是否放心讓馬英九上臺執政？這些都會影響美國在這次大選中的政治判斷。

　　美國會如何選擇？筆者認為，美國雖然不喜歡看到國民黨一黨獨大的局面，但在目前馬、謝選情相差極大的情況下，美國不至於強勢干預這場選舉，因為那樣必將遭到國民黨的反抗甚至引起中國大陸的出手。在馬英九多次表態會維持臺海現狀，並宣誓其兩岸政策為「不統、不獨、不武」的情況下，美國或許會容忍這樣一位聽命於美國利益的候選人當選。在馬英九當選後，支持民進黨重新集結力量，從而

形成對國民黨的有效制衡。

第三，陳水扁當局製造兩岸關係緊張從而影響大選選情的可能性有多大？我們覺得這種可能性不能低估。此前，這種情形曾經被國民黨作為民進黨可能採用的一百多種「奧步」之一被公布出來。經過近八年的執政，陳水扁對軍隊的控制已經大大加強，他可能唆使臺灣空軍或者海軍在海峽中線製造一次軍事衝突，然後宣布臺灣進入緊急狀態，至少可以藉此升高兩岸的對立程度，為民進黨操弄「悲情意識」提供條件。當然，陳水扁宣布戒嚴的後果是美國也不願看到的，因為那樣將導致臺灣民主進程的極大倒退，這不符合美國對臺灣的期待。美國此前曾對陳水扁的這種蠢動提出警告，因此，宣布戒嚴發生的可能性不大，但製造兩岸關係緊張的危險性是客觀存在的。

第四，臺灣臺灣可不可能出現馬英九或者謝長廷被暗殺的極端事件，從而導致選舉被迫停止？臺灣暗殺馬英九的傳聞一直不斷，不能排除激進臺獨分子因為不甘心選舉的失敗而刺殺馬英九的可能。如果這樣，臺灣臺灣將可能陷入混亂。這種極端情況屬於大陸對臺用武的三種情況之一，如果那樣，臺海局勢可能發生驟變，兩岸提前攤牌。其後續情形非本文可以預測。

以上我們列舉了四種可能導致選情發生逆轉的重大事件，其實這些危機不僅僅在選前存在，在3.22大選後到5.22政權交接之前，這些危機都會一直存在。

設想如果馬英九贏得選舉，綠營必不甘心於所謂「本土政權」的喪失。陳水扁曾經說過，如果馬英九當選則是「政權淪陷」，而不是「政黨輪替」，一些極端的臺獨分子一向把「本土政權」看得無比神聖，他們怎麼會甘心就這樣把政權拱手讓出。可以預料，從3.22到5.20之間，將是臺灣政局動盪不安的時期，綠營可能借馬英九的綠卡問題否定其當選的正當性；或者極端臺獨分子在臺灣挑起動亂等等，都有

可能發生。在這一段時期，美國和中國大陸對大選結果的表態將相當重要。明確地說，如果美國對於這次大選的結果不迅速而明確地做出表態，並對陳水扁當局施加壓力，迫使其和平交權；如果大陸不能保持對於臺獨冒險行徑的高壓態勢，並採取切實有效的預防措施，那麼這種動亂的規模可能擴大甚至失控，從而使臺海局勢發生爆炸性的逆轉。

因此，我們不能認為，只要馬英九當選就萬事大吉，從某種程度上來說，馬的當選只是一個挑戰的開始，如何化解臺獨勢力的反撲，並確保政權能夠實現和平轉移，才是我們需要關注的重點。如何應對，需要及早籌謀。

2008年臺灣「大選」結果及其影響評析

2008年3月22日晚，臺灣總統選舉結果終於出爐，國民黨馬英九、蕭萬長組合得票765萬多，民進黨謝長廷、蘇貞昌組合得票544萬多，「馬蕭配」狂勝「謝蘇配」220多萬票。得票率方面「馬蕭配」為58.45%，「謝蘇配」為41.55%。這個結果大大超出了輿論的普遍預期，也預示著臺灣政局已經發生了重大變動，對於兩岸關係也會帶來深遠影響。

一、「大選」結果的影響

這次選舉對臺灣政局以及兩岸關係甚至對於東亞政治格局都造成了很深遠的影響。它的意義會慢慢呈現出來。

首先，這次選舉馬英九以外省人的身分而高票當選，基本上宣布了民進黨所一直操縱的省籍、族群問題已經失效。長期以來，民進黨

霸占著所謂本土的「道德制高點」，把國民黨都打為「外來政權」，這個魔咒成為國民黨以及外省籍政治人物難以碰觸的魔咒，即使是在馬英九宣布參選前，很多人也以此質疑他是否能選上，但現在看來，省籍問題已經不再是臺灣政治的核心問題。臺灣人用選票證明他們能夠接受一位外省人當「總統」，這對於國民黨以及外省政治人物來說等於是得到了大赦。這對於臺灣社會擺脫族群政治的噩夢，逐步過渡到一個正常的民主社會是有幫助的。

其次，這次大選使臺灣藍綠政治版圖發生巨大變化，綠營慘敗，被打回原形，不僅失去了「總統」寶座，而且「立委」也只有27席，縣市長7席，已經回到黨外時期的狀態。民進黨可以說是受到了傷筋動骨的慘敗，要捲土重來十分困難，起碼八年之內是無望。八年之後能不能拿回，如果國民黨做得很好的話，民進黨的機會仍然不大，臺灣在相當長的一段時期內將處於國民黨執政的時期，國民黨將是我們長期打交道的對象。臺灣政治在一段時期內將維持國民黨一黨獨大的局面。

第三，從兩岸統「獨」鬥爭來說，這次選舉結果也預示著大陸反「獨」遏「獨」的戰略方針取得了決定性的勝利。民進黨一蹶不振，受到極大削弱。「臺聯黨」也已經泡沫化。依附於民進黨的臺獨勢力受到極大打擊，像金美齡之流就跑回到日本去，不再認同自己是臺灣人，極端臺獨勢力受到了沉重打擊。兩岸有利於和平統一的因素增多。兩岸關係在未來可見的一段時期內都將維持和平穩定的態勢。胡錦濤總書記提出的和平發展的兩岸關係主軸可望得到具體落實，從而為實現抓住本世紀頭20年的戰略機遇期創造很好的條件。

臺獨的發展從李登輝以來惡性膨脹，到民進黨上臺達到最高峰，這次民進黨的慘敗已經宣布臺獨逆流開始退潮。多年來，兩岸圍繞著「獨」與「反獨」進行了針鋒相對的鬥爭，有時候甚至面臨攤牌的危

機，對中國的國家安全和現代化建設構成了嚴重挑戰。自2005年以來，大陸的對臺方針開始做出重大調整，透過邀請連戰、宋楚瑜等藍營高層政治人物訪問大陸，國共實現了歷史性和解。而在制定《反分裂法》之後，中央又推出一系列惠臺措施，爭取臺灣民心，終於打開了兩岸關係的新局面，國共攜手遏「獨」的局面基本形成，兩岸關係和平發展逐步成為兩岸人民的普遍共識。這為兩岸關係最終進入和平發展新時期創造了條件，鋪平了道路。兩岸格局的變化，臺灣主流民意轉向，對於這次馬英九的大勝造成了十分重要的作用。

第四，就對於亞太地緣政治格局的影響而言，馬英九的當選將可能使東亞的地緣政治朝向中國有利的方向發展。馬英九的中國情結是無可置疑的，他的保釣立場至今未變，日本人對他很疑慮。馬英九受美國的影響很大，民主、法制等觀念根深蒂固，這一點可能會對兩岸關係造成衝擊。但基本而言，馬英九的民族立場是堅定的，他可能會「反共」而不「反華」。這決定了馬英九至少不會和美日一起採取針對中國的對抗政策，將有利於減輕中國的壓力。同時，由於馬英九上臺後將使兩岸關係平穩發展，美國以後將很難以臺灣問題為藉口向中國施壓。這些都能減輕中國在東亞與美日軍事攤牌的壓力，使中國的國家安全環境大為好轉，更加專心致志搞建設。

二、「大選」後臺灣政治版圖變化的可能態勢

首先我們來看泛綠陣營方面。民進黨經此慘敗，元氣大傷，目前群龍無首，難以有一個人出面有效的整合黨內各派系力量。就臺面上的民進黨「四王一後」而言，陳水扁是民進黨的最大罪人，本人又官司纏身，下臺後必將受到清算。呂秀蓮一直在民進黨內受到排擠，沒有自己的人馬，卸任後也難有影響力。游錫堃的實力有限，原先依附於陳水扁，後被陳水扁拋棄，後因主張深綠路線在民進黨內樹敵不

少,也難以服眾。謝長廷是敗軍之將,按照民進黨的傳統應當辭職下臺,謝本人也宣布選輸將退出政壇,但選後謝繼續賴在黨主席的位子上不下來,社會觀感也不好,他的改革政策也難以服人心。謝要出來再選黨主席也困難重重。剩下來只有蘇貞昌還有一定實力,但他願不願意選黨主席還有待觀察,他自己已經宣布不參選。最後可能是一個新的人出來,像林義雄,有道德光環,他可能出來。葉菊蘭也有可能,但他的謝系色彩太濃,反對聲音也一定很大。還有就是所謂民進黨新時代人物,像羅文嘉、段宜康、李應元等呼聲很高。但這些人畢竟影響有限,難以服眾。所以民進黨現在很難找一個像樣的黨主席出來,黨內的混亂局面將維持很長一段時間。

民進黨最主要的問題還是路線之爭。民進黨內一直存在路線問題。民進黨從它的發展史上不同的時期會進行相應的改革。這次民進黨輸得這麼慘,如何檢討路線將是一個重要方面。路線主要包括臺獨黨綱問題、大陸政策問題、社會政策問題等等,對於這些問題如何處理,將決定民進黨的未來走向。如何發展,還需進一步觀察。

至於國民黨方面,國民黨的改革還是一個重大挑戰。國民黨的改造主要有兩個方面:一方面,未來如何繼續將國民黨改造成一個民主政黨,擺脫傳統派系政治與分贓政治的惡劣形象;另一方面,如何進一步推動落實國民黨的本土化問題。另外,「立法院」中國民黨占了3/4的席次,對於這些黨籍「立委」如何加以約束,也是一個很大的問題。「立法院」的亂象向來受到社會責難,未來可能會成為國民黨的一個包袱。

三、馬英九面臨的執政難題與兩岸關係的開展

未來馬英九面對的主要難題是如何挽救臺灣的經濟問題。經濟牌是馬英九在這次「大選」中開的最大支票,也是他贏得選民認同的主

要原因。未來如何落實其經濟政見,滿足人民的期待,這是一個很大挑戰。當然,馬英九的經濟牌要奏效,兩岸關係的改善是一個最關鍵的因素。因為馬英九的許多經濟政策都需要得到大陸的背書和支持。如兩岸開放「三通」、大陸遊客來臺、陸資入臺等等。這些都需要得到大陸配合。當然大陸對於馬英九的這些政策是願意配合的,因為這與我們爭取臺灣民心的方針是相一致的。當然,這些協議的簽訂都涉及兩岸談判問題,而談判必須要有一個基本的政治基礎。由於連戰在2005年訪問大陸期間,國共之間已經達成了堅持「九二共識」和反對臺獨的共識,因此未來兩岸在這個政治基礎上恢復兩岸兩會談判是可以預期的。當然,兩岸對於「九二共識」的內涵在認知上是存在差異的,國民黨方面認為「九二共識」是「一中各表」,而大陸認為「九二共識」的關鍵在於兩岸均堅持「一個中國原則」。「九二共識」是一個歷史事實,兩岸在上世紀90年代確實達成了對於「一個中國」的共識,這是任何人都無法否認的。馬英九作為主要的當事人之一,對於「九二共識」的形成過程是清楚的,他對於「九二共識」的堅持也是明確的。有了「九二共識」,兩岸的協商談判之門事實上已經打開。

馬英九所面臨的另一個問題是臺灣的所謂「國際空間」問題。過去幾十年來,兩岸在國際上進行了針鋒相對的鬥爭,早期是爭奪對於「中國的代表權」,也即「正統」之爭。鬥爭的結果,大陸取得了全面勝利。「一個中國」框架也成為國際間的基本共識。在1990年代,李登輝企圖另起爐灶,不再與大陸爭奪對於中國的代表權,於是推動臺灣加入聯合國,實質是要製造「兩個中國」或「一中一臺」,這才有了所謂臺灣的「國際空間」問題。可見,臺灣的所謂「國際空間」問題是兩岸政治鬥爭在國際上的一種延續,並且有著十分複雜的歷史及現實背景。要解決臺灣的「國際空間」問題,必須要尋求大陸的諒解和配合。如果沒有兩岸關係的改善,臺灣的「國際空間」問題只會

因為兩岸的鬥爭而越來越萎縮。馬英九正是看出這個問題的關鍵所在，所以他把兩岸政策作為臺灣「對外政策」的上位政策。

以上兩大問題：臺灣經濟問題、臺灣的「國際空間」問題都繞不開兩岸關係。因此，馬英九能不能在這兩個方面有所作為，主要看他能不能夠打開兩岸關係的僵局。因此，未來兩岸關係的改善將成為馬英九施政的一個重點，這一點是確定無疑的。

從大陸方面來說，由於國共和解，以及兩岸在「九二共識」等方面達成共識，兩岸將結束過去八年來的高度對抗狀態，而迎來一個新的和平發展期，這將使中央提出的和平發展的對臺方針政策得到全面落實，為兩岸的最終和平統一創造條件。目前，我們應當抓住這一千載難逢的歷史機遇，爭取能夠大有作為，開創兩岸關係的全新局面。

2009年底縣市長選舉的選情評估及影響預測

2009年12月5日，臺灣縣市長選舉將正式舉行投票。此次選舉共有17個縣市，其中藍營執政縣市14個，綠營執政縣市3個（嘉義縣、屏東、雲林）。選舉總人口705萬餘人，占臺灣總人口數40%左右。總體而言，此次選舉屬於一場地方性質的選舉，對臺灣藍綠政治版圖格局影響不大，但此次選舉的相關聯動效應相當巨大，選舉結果將牽涉到藍綠陣營內部的權力洗牌及各自未來的發展前景。目前看來，這場選舉已經被拉到了「總統」選舉前哨戰的地位，藍綠都有放手一搏的意味。究竟結局如何，值得期待。以下是我們對於這場選舉的預測與評估。

一、客觀環境及戰略戰術應用的總體評價

此次選舉就大環境而言國民黨面臨的不利因素較多：首先是從「八八風災」到「美國進口牛肉」事件等充分暴露出馬當局的執政能力不足，並且重創馬英九執政團隊的民意支持度。其次是馬英九面臨國民黨地方派系的強烈反彈，導致幾個重要縣市出現藍營分裂的局面，如花蓮、新竹（縣）、雲林等。第三，馬英九的兩岸開放政策帶給臺灣社會的某些疑慮，這些疑慮是民進黨可以操縱和利用的。因此從大環境而言，形勢對國民黨其實是不利的。但民進黨並沒有抓住機遇，有效利用這種客觀環境。縱觀此次選舉過程中，像「八八風災」、「美國進口牛肉」，ECFA簽訂等議題並沒有發酵成為主導性議題。反而是像李文忠攻擊吳敦義涉「黑」事件等這些議題一度成為焦點議題，最後被國民黨有效破解，並成為民進黨的選舉敗筆。主導議題本來是民進黨最為擅長的，但此次選舉中民進黨的議題主導能力嚴重不足，議題分散，主攻方向不明。這不能不說是民進黨的一大敗筆。

就具體的戰略戰術而言，我們先來看民進黨方面，民進黨喊出「地方包圍中央」，企圖透過這次選舉扭轉頹勢，拉抬聲勢，以此為明年的「直轄市長」選舉打下基礎，並最終在2012年重新奪回執政權。因此，民進黨把此次縣市長選舉看做是2012年「總統」大選的前哨戰。民進黨的預期目標是坐四望五爭六七，也即保住三個現有執政縣市（雲林、嘉義、屏東），奪回宜蘭，其他如南投、新竹縣等也盡力爭取。民進黨認為，現有三個執政縣市保住困難不大，如果再能奪回宜蘭則是勝利，新竹縣由於藍營的分裂，且藍營兩組候選人勢均力敵，民進黨認為有機可乘，因此把新竹縣也作為主攻的方向。南投一度也抱有希望，但由於李文忠操作「黑道」議題失敗，勝選已經無望。整體而言，宜蘭是民進黨的攻擊重點。如果取勝，而現有三個執政縣市又不失，則民進黨可以宣布此次選舉勝利。

面對民進黨的如意算盤，國民黨自然不會讓其得逞。國民黨一方

面在戰略上十分重視這場選舉,自馬英九以下,國民黨各重量級人士傾巢而出,劃定戰區,分工負責,可以說是傾盡全力,力圖打贏這場阻擊戰。但另一方面,由於馬團隊執政不力,為了避免拖累選情,同時為了在選後為可能的失利預留緩頰的空間,國民黨把這場選舉嚴格限定為一場地方性質的選舉。為了打贏這場選舉,國民黨同樣將防禦重點設定在宜蘭。為了守住宜蘭,僅馬英九本人就到宜蘭輔選9次以上,其輔選頻率之高十分罕見。其他如吳敦義、朱立倫、胡志強等藍營政治明星也紛紛前往助選。宜蘭之外,嘉義縣是藍營搶攻的重點。嘉義縣國民黨候選人翁重鈞在選前幾天成功操作綠營部分群眾的倒戈,讓藍營看到取勝的希望,也給民進黨造成很大壓力。如果嘉義縣變天的話,即使民進黨拿下宜蘭,但就整個選舉而言還是輸。嘉義縣成為此次選戰國民黨以攻為守的一步妙棋,足見此次選舉國民黨在戰術上的應用是十分成功的。此外,為了避免民進黨在新竹縣漁翁得利,國民黨在新竹操作棄保效應,如果能成功,則新竹縣也可保無憂。其他各縣市基本上不會出大的意外。

總體而言,在戰略戰術的應用上,國民黨此次選舉比民進黨更勝一籌。國民黨成功的主導了議題,並且攻防兼備。而民進黨既無法抓住國民黨執政不力的弱點,攻擊力又十分薄弱,僅限於宜蘭、新竹縣等地,反而讓國民黨在這些地方集中兵力打了一場陣地戰,由於國民黨握有執政優勢,這種陣地戰顯然對國民黨更為有利。

二、選舉席次的基本評估

此次17個縣市長選舉席次中,比較有懸念的就是宜蘭、嘉義縣、新竹縣等地。花蓮、金門等地由於藍營存在分裂,國民黨可能會失去這些席次,但對於藍綠政治版圖影響不大。我們判斷,此次選舉的最終結果可能是:

其一，民進黨的三個執政縣市中，雲林、屏東優勢明顯，取勝毫無懸念。嘉義縣存在變數，但民進黨基本上還是能保住。從最近的幾份民調來看，民進黨候選人張花冠都要領先國民黨候選人翁重鈞約12%－14%，且領先優勢還在逐步拉大中。雖然選前幾天翁重鈞成功操作150名民進黨資深黨員倒戈，但對於整個選情影響有多大值得存疑。嘉義縣屬於農業縣，綠營支持群眾本來就大於藍營。「美國進口牛肉」事件，ECFA議題等恰恰是對於中南部農業縣衝擊最大。在這種情況下，要嘉義縣綠營支持群眾的選票大規模流失可能性不大。

其二，對於宜蘭縣，從歷次民調來看，國民黨的呂國華和民進黨的林聰賢支持度都相當接近，差距都在誤差範圍內。因此雙方誰得勝都在情理之中。在這種情況下，投票率以及藍綠基本盤的比率將起決定作用。在宜蘭民進黨有25年的執政歷史，宜蘭號稱民進黨的「民主聖地」，就藍綠基本盤而言應當是綠大於藍。而呂國華的施政滿意度只有35%左右，在這種情況下，綠營的支持群眾投票意願應當大於藍營。因此我們判斷，在宜蘭縣民進黨很可能會贏得這次選舉。據臺灣政治大學、「中央研究所」訊息科學研究所合作的「未來事件交易所」最新縣市長選情的市場預測顯示（12月4日），目前民進黨候選人合約價格（價格介於0－100之間，價格除以100即當選幾率）在雲林縣、屏東縣與嘉義縣都超過90元（意即當選率達到90%），宜蘭縣的價格為74.0元（74%），大幅領先國民黨候選人合約價格。此一數據在以往的選舉預測中被認為準確率很高，可以作為參考。另外，《遠見》雜誌在12月1日的一份民調中也顯示，民進黨候選人林聰賢以53.6%領先呂國華的46.4%。《遠見》雜誌的民調在歷次選舉中也證明是很具參考價值的。

其三，民進黨寄望新竹縣因為藍營分裂而漁翁得利的可能性並不太大。因為新竹縣藍綠比例大概在7：3左右，藍營占絕對優勢。綠營即使凝聚起所有支持群眾，仍然不足以當選。目前看來，我們認為由

於張碧琴涉嫌賄選而被檢調大規模搜索，很可能造成藍營的棄保效應，邱鏡淳因而當選的可能性大增。

其四，花蓮縣傅崑萁的民調支持度一直穩定領先，一般認為，傅當選的可能性最大。

其五，餘下其他縣市，由於藍綠比例懸殊，基本上藍營可以保持執政。

綜合分析，我們認為在此次選舉中，民進黨將可以保住雲林、屏東、嘉義縣，另外以小幅領先優勢拿下宜蘭的執政權。民進黨共計獲得4個縣市長席次。國民黨方面，除花蓮將失去1席外（無黨籍），其餘縣市無憂，也即國民黨獲得12個席次。

三、選舉結果的可能影響評估

以上選舉結果對民進黨而言是小贏，對國民黨來說是小輸，就整個藍綠政治版圖而言並無關大礙。但這個結果對藍綠陣營內部的權力結構調整以及藍綠陣營未來的發展前景會產生一定影響，對兩岸關係也可能造成一定影響。

對綠營而言，這個選舉結果是基本滿意的。它將使綠營就此站穩腳跟，徹底擺脫此前被動挨打的局面，綠營士氣將有極大提升。民進黨將大力渲染這場戰役的勝利，從而迅速凝聚基本盤，以便早日恢復元氣。這個選舉結果也將使蔡英文經受住選舉的考驗，有助於提升蔡在民進黨內的威信。明年5月民進黨的新任黨主席選舉，蔡可能獲得連任，如果明年直轄市長選舉民進黨可以拿下3席（目前看來極有可能，即高雄、臺南和新北市），那麼蔡的聲望將繼續上升。不能排除蔡成為綠營新共主的可能。2012年馬蔡對決的態勢可能形成。蔡的權力的鞏固，將帶領民進黨逐步走出「天王」政治的陰影，而逐步實現新老

更替。此一發展趨勢值得關注。

　　對於國民黨而言，此一小輸的局面，雖然是一個警鐘，但也可以承受。由於此前國民黨已經將這場選舉限定在地方選舉的範疇，國民黨有足夠的空間將這場選舉的衝擊降低到最小。馬英九將可能在選後對「內閣」進行微調，以表明他改革的決心，同時表示他「負責任」的態度。這次選舉的結果對於馬英九改革國民黨地方派系的努力也是一個不小的挫折。但新竹縣國民黨的勝選則還能讓他堅持改革路線。當然，目前不能完全排除新竹縣張碧琴最終勝選。如果那樣，馬英九的改革路線將徹底失敗，未來馬英九的權威將極大削弱。國民黨內的權力鬥爭將逐步激烈化、公開化。這將成為未來國民黨長期執政的一大隱憂。

　　對於兩岸關係而言，以上的選舉結果還不會嚴重到迫使馬英九檢討其大陸政策。但未來由於綠營氣勢的上升，綠營將加大破壞兩岸和解路線的力度，這將增加馬英九大陸政策的壓力。在壓力之下不能排除馬英九微調其兩岸政策的可能性。

新北市長選舉，藍綠勝算幾何？

　　年底的「三合一」選舉無疑是臺灣政治生態的一次重新洗牌，藍綠兩大陣營都不敢大意，早早排兵布陣，為年底的選戰作準備。就目前的情形而言，此次民進黨是有備而來，且是傾盡全力，「天王」級的人物紛紛披掛上陣，其中最重要的一個布局就是擬徵召蘇貞昌選新北市長。民進黨將新北市定位為藍綠決戰的主張場，並企圖傾全黨之力，戰而勝之。新北市注定將成為年底「三合一」選舉的主戰場。

一、新北市成為藍綠對決的主戰場

為什麼民進黨會選定新北市作為主戰場呢？最主要的是民進黨認為新北市是國民黨執政縣市的一個軟肋，而民進黨在新北市實力尚存，可以一搏。民進黨曾經在新北市執政達16年之久，蘇貞昌前後任職六年，其「衝衝衝」的行事風格和任內政績都頗獲新北市民好評。這恰恰與現任國民黨籍新北市長周錫瑋形成鮮明對比。周錫瑋政績不佳，每年的政績滿意度評比都排在其他各縣市的末尾，因此被民進黨戲稱為「吊車尾（瑋）」。各項民調都顯示，如果年底選舉是蘇貞昌對周錫瑋的話，那麼蘇貞昌穩贏。這給民進黨以很大信心，認為一定能夠從國民黨口中搶下這塊肥肉。目前民進黨已經是磨刀霍霍，雖然蘇貞昌本人還沒有鬆口參選，但私下的布局其實早已在進行。據悉蘇貞昌的嫡系子弟兵、現民進黨新北市黨部主委吳秉叡，正積極組訓四千名口語部隊，由前「行政院政務委員」林萬億、林錫耀、吳澤成等三名蘇的親信擔綱主講，主軸定為「衝衝衝VS.吊車瑋」，針對性相當強。蘇系子弟兵的大動作，其目的不言自明。

　　新北市號稱「天下第一縣」，人口380餘萬，占臺灣人口六分之一，並且新北市很快就要升格為「直轄市」，政治地位自然上升，其重要性不亞於臺北市。新北市的得失關係甚大，國民黨自然不可能輕易拱手讓人。相對於民進黨的咄咄逼人，國民黨顯得有些被動。目前最大的問題是周錫瑋的政績不彰，雖然馬英九、蕭萬長年前密集考察新北市，加持的意味很濃，但終究無法在短時期內使政績改觀。照這種情況發展下去，國民黨只能坐以待斃，年底選舉的結果不問可知。因此，國民黨也不得不計劃徵召更強棒出來對抗蘇貞昌的威脅，包括胡志強、朱立倫、歐晉德、葉金川、洪秀柱等都在徵詢之列，但這些人中或意願不高，或實力有限，真正上位人選遲遲無法落實。國民黨未來能推出什麼樣的強棒人選，關乎這場選舉的成敗，目前只能拭目以待。

　　面對強敵當前，國民黨內傳出另外一種聲音，即是要傾全黨之

力,「畢二役於一役」,將蘇貞昌阻擊在2012年「總統」大選的起跑線外。因為就實力而言,蘇貞昌是民進黨在2012年可能推出的「總統」候選人的最佳人選。如果讓蘇貞昌在年底的新北市長選舉中慘敗受傷,無疑也是為馬英九2012年的連任搬掉一塊大石頭。因此,如果蘇貞昌最終決定投入這場選戰,也即意味著2012年的「總統」選舉提前開打,勢將極大地提升這場選戰的層級,藍綠雙方將在新北市展開一場鏖戰。

二、鏖戰在即,主將缺位

對於這樣一場重要的選舉,現在唯一的懸念恰恰是,決戰的陣勢雖然展開,但雙方的主將卻並不太明朗。蘇貞昌到目前為止還沒有鬆口表態參選,而積極尋求連任的周錫瑋到目前也沒有明確表態。為什麼會出現這種局面呢?

這其中充滿著藍綠雙方的算計。對綠營而言,雖然蘇貞昌民調領先周錫瑋,但如果國民黨推出另外的強棒,則勝負未為可知。這場選舉對蘇貞昌的挑戰是十分巨大的,勝選固然可以鞏固蘇貞昌在綠營中的地位,使其成為2012年民進黨「總統」候選人的不二人選,但如果敗選的話,面對其他蠢蠢欲動的黨內同志,無異於也就自動放棄了參加2012年「大選」的資格。蘇貞昌是否決定要「為黨犧牲」,去做一次政治豪賭,也確實需要細細思量。畢竟,新北市目前的選民結構是藍大於綠,在新北市10個縣轄市中國民黨掌握有9個,12席「立委」中國民黨也有10席。在這種情勢下,蘇貞昌要打贏這場選戰並不容易。

對於國民黨來說,如果蘇貞昌出馬,肯定要尋找更好的人選,但周錫瑋尋求連任的意願很強,在目前態勢不明朗的情況下,如何說服周錫瑋自動放棄尋求連任的想法呢?如果因為手法粗糙,造成藍營內部分裂,後果同樣十分嚴重。因此,藍綠兩軍形成了一種恐怖平衡,

誰也不敢主動出招。目前藍綠陣營都放話，要把新北市的提名放到最後，最終結果可能要等到6月份才能揭曉。藍綠陣營機關算盡，只不知新北市民作何感想？

綜合分析，蘇貞昌最後參選新北市長的可能性很大。這倒不是他本人的意願如何，而是目前民進黨內的情勢促使其不得不出來打這場選戰。民進黨基層的勸進聲音不斷，而各派系頭目也一致表態要其出來參選，如扁系、謝系，甚至新潮流系都有強烈期待。雖然其中也充滿了各派系的權謀算計，但徵召蘇貞昌參選新北市長已經成為了民進黨上下一致的「共識」，在這種氛圍下，蘇貞昌即使有個人的利益算計，恐怕也難拂逆眾意，最後只能選擇「為黨犧牲」，放手一搏，或可以迎來一片生機。

相對民進黨的「上下一心」，國民黨在候選人提名問題上則顯得比較棘手。由於周錫瑋積極尋求連任，雖然在民調上他是輸於蘇貞昌的，但畢竟蘇貞昌到目前為止還沒有表態參選，國民黨也就很難有理由去勸退周錫瑋。而如果國民黨中央不強勢作為，自然也沒有人願意出來強出頭。面對這一局面，國民黨也只能採取靜觀其變的策略。但時間顯然對國民黨更不利，因為如果要重新徵召人選，還必須要留有充足的時間讓候選人去獲得新北市民的認同。如果一再拖延時日，只怕即使找到恰當人選，也是回天乏術了。

三、選舉結果牽動臺灣政局未來走向

目前看來，這場新北市長選舉還充滿變數，藍綠雙方都在等著對方先掀底牌，因此僵持不下，但底牌總是要掀開的，過於權謀算計必將影響選民的觀感，並會對選舉結果造成不利的影響。其實問題的根本還在於新北市的執政績效不彰，讓綠營認為有機可乘，才造成目前這種局面，國民黨需要在這方面多作檢討。如果一位地方官連續幾年

的執政成績都得不到老百姓的肯定,那老百姓憑什麼還要相信你,再給你四年機會呢?民生才是根本,如果脫離這個根本而去過分解讀選民結構的藍綠屬性,最終會落得一場空。

這場選舉無論對國民黨還是對民進黨都是輸不起的一場選戰。對於民進黨而言,如果贏得這場選舉,將使其就此穩住陣腳,並且憑藉新北市的龐大政經資源積聚能量,以圖東山再起。同時,拿下新北市,將使民進黨的勢力重新回到北部,從而對藍營形成牽制和擠壓作用,北藍南綠的對峙態勢將因此而改觀,對臺灣未來的政治走向會產生深遠影響。另外,由於新北市的人口、資源巨大以及即將升格為「直轄市」,如果民進黨拿下新北市,也會對馬英九當局的施政形成強大的牽制作用,同時增加蘇貞昌2012年對抗馬英九的政治能量,從而為2012年的選舉投下變數。

相反,如果民進黨在這場選舉中失敗,將極大地延緩民進黨重新崛起的勢頭,並可能真收到「畢二役於一役」的效果,重創蘇貞昌的政治聲望,從而為馬英九2012年的連任掃除障礙。同時,選舉的失敗還可能導致民進黨內的新一輪權力洗牌,從而對臺灣政局和兩岸關係產生深遠影響。

可見,這場新北市的選舉關乎藍綠兩大陣營未來相當長一段時期內的政治命運,其重要性不能低估。這也決定藍綠雙方圍繞新北市長寶座的爭奪將異常激烈,究竟鹿死誰手,值得密切注意。

「五都」選舉的結果預測及其影響評估

年底(2010)的「五都」選舉,藍綠陣營雙方已經推出了自己的候選人,雙方對壘的基本態勢已經明朗化。此次選戰被視為2012年「總統」大選的前哨戰,對於臺灣藍綠陣營的實力消長影響甚大。對

於這場選舉的結果,學界已經做出了不同的預測,結論相差甚大。筆者試圖從個人因素、政黨和團隊因素以及大環境因素三個方面來對這場選舉進行分析預測。

一、藍綠選舉情勢的對比分析

影響選舉的因素,主要包括如下一些方面:個人形象、身體狀況、執政能力、選舉政見、民調支持度、基層實力、政黨形象、選民結構、議題操作、投票率、大環境等等。這其中又可以分成三個層次:第一的層次是候選人個人層面。包括個人形象、身體狀況、執政能力、選舉政見、民調支持度等;第二個層次是政黨和競選團隊層面,包括基層實力、政黨形象、選民結構、議題操作等;第三個層面是大環境,包括經濟狀況、執政滿意度、輿論走向、投票率及投票意願、兩岸政策等。以下我們從這三個層面對這幾組候選人進行對比。

1.候選人的對比

臺北市　郝龍斌(國)對蘇貞昌(民)。二人的個人綜合素質相差不大。郝龍斌有執政優勢,但由於臺北市政有「高空貓纜」和「內湖捷運」等執政瑕疵,經常被反對黨拿來做文章。未來郝龍斌需盡快處理好這兩大工程的整改工作,這樣才能避免在執政能力這項因素上失分。在選舉政見方面,蘇貞昌提「雙城奇謀」,但現在「蘇蔡」心結已經是公開的事實,如果沒有蔡英文的配合,「雙城奇謀」究竟是空談。在這一點上郝龍斌與朱立倫的合作空間顯得更大些。另外,由於臺北屬於大都會區,兩岸開放政策更容易贏得臺北市民的認同,現在民進黨高分貝反對ECFA,這對於蘇貞昌的選舉是不利的。從民調支持度來看,二人的差別不大,目前所公布的民調二人的差距都屬於誤差範圍內(據TVBS　5月26日民調,郝龍斌與蘇貞昌的民調支持度分別為46%:41%。)。綜合分析,在個人層面上,郝龍斌在「選舉政見」

上占優勢，而在「市政建設」上有瑕疵。未來這兩項因素如何影響選舉結果，還要看二人的應對措施是否得當。

新北市　朱立倫（國）對蔡英文（民）。由於蔡英文沒有地方執政經驗，很顯然朱立倫在執政能力方面占優。但周錫瑋的執政績效沒有得到市民的普遍認同，這也會影響到朱立倫的選情。此外，影響蔡英文選情的個人因素還包括：其一，她以黨主席身分參選，作為主席她必須為「五都」選舉全局負責，這樣必然會影響她在新北市的競選活動。其二，蔡英文本無意參選新北市，只是被逼進了這個局，因此其參選的誠意不足。這些都會對蔡英文的得票率造成影響。但是，蔡英文現在的民調支持度高，其非典型政客的形象有利於爭取中間選民的認同。在選舉政見方面，蔡英文提出要確立新北市的主體性，擺脫作為臺北後花園的形象，這一點也是很有說服力的。總體而言，在個人因素層面，朱、蔡二人互有長短。

臺中市　胡志強（國）對蘇嘉全（民）。胡志強有執政優勢，且其在臺中市長期經營，政績頗受肯定，民望也不錯。蘇嘉全作為空降部隊，要挑戰胡志強困難度很大。但蘇嘉全各方面的綜合素質都不錯，屬於民進黨內頗有實力的中生代，其在屏東縣長任內政績不錯，「打黑」形象頗受肯定。再加上又擔任過民進黨的祕書長，具有全臺知名度。其身體狀況也較為占優勢。這些因素使得蘇嘉全的後勁很足，目前到選舉投票還有幾個月的時間，可操作的空間還很大。再加之最近臺中市治安問題惡化，並成為社會議論的焦點，對胡志強的選情不利。綜合而言，在個人因素方面，胡志強雖暫時領先，但蘇嘉全後勁十足，未來胡志強能否保持其優勢還存在很多變數。

高雄市　黃昭順（國）對陳菊（民）。黃昭順曾連任五屆「立法委員」，長期深耕高雄，就個人形象和能力而言，並不輸於陳菊。並且陳菊曾傳出健康狀況的問題，這方面黃昭順還略占優勢。但黃昭順

缺乏縣市執政經驗,這方面比陳菊有很大劣勢。陳菊在高雄市任內的政績頗受市民肯定,如高雄世運等的勝利舉辦,為其得分不少,其民調支持度大幅度領先黃昭順。因此,在個人因素層面陳菊執政能力和民意支持度方面優勢明顯,要在其他方面彌補這個差距並不容易。

臺南市　郭添財(國)對賴清德(民)。郭添財曾任「立法委員」,並曾於2005年代表國民黨參選臺南縣長。賴清德是現任「立委」,此前也無地方執政經歷。就個人形象、執政能力等方面二人並沒有太大差距。但臺南作為綠營大本營,綠大藍小的態勢明顯,目前賴清德民調支持度大幅領先郭添財,主要得益於臺南特有的政治結構。這個結構使藍營的任何候選人都難以有大的作為,主要看能得票多少的問題。

2.政黨及競選團隊層面的對比

臺北市　臺北市的選民結構是藍略大於綠,這一點對郝龍斌有利。但郝龍斌的民調目前並沒有大幅度領先,這說明臺北市藍營的基本盤還沒有凝聚。其原因還在於郝龍斌的執政成績沒有獲得選民的完全認同。未來如何補足這一塊,把藍營基本盤找出來是關鍵。在議題操作方面,目前綠營強力反對ECFA的立場及相關活動對蘇貞昌構成了一定的壓力。這是因為臺北市民對於兩岸開放的態度是比較支持的,未來蘇貞昌對於這一問題的態度會對選舉產生一定的影響。總體而言,郝龍斌如何把政治結構藍大於綠的先天優勢轉化為選票,這是決定這場選舉成敗的關鍵。

新北市　新北市的選民結構基本上是藍綠五五波,沒有明顯的差距。現在藍綠都存在內部整合的問題,藍營朱立倫空降,周錫瑋及其支持群眾能否完全轉移給朱立倫還有賴於國民黨及朱立倫耐心細緻的工作。蔡英文的問題則主要是蘇貞昌的基層實力能否轉移給蔡英文,「蘇蔡心結」能否最終化解,這顯然是一個問題。目前蔡英文參選

後，新北市似乎成了此次「五都」選舉的關鍵戰場，臺北市已經相對邊緣化。可見，蘇貞昌搶先宣布參選臺北市並以此主導選戰的企圖並沒有得到實現。那麼蘇貞昌是否甘心扮演配角的角色，他會在多大程度上支持蔡英文，這還需要進一步觀察。在選舉策略上，目前朱立倫是步步為營，穩打穩紮，勤於走訪基層。蔡英文則憑藉起高人氣，企圖以文宣、議題等制勝，這有別於傳統的選戰手法。這兩種選舉手法究竟誰更有利，現在還無法判定。

臺中市　大臺中的藍綠結構對比差距並不大，但胡志強的執政績效深受選民認同，因此造成近兩次臺中市長（合併前）的選舉國民兩黨得票率差距很大。可見胡志強的個人因素在選舉中的作用超過政黨因素。但在臺中縣市合併後，地方派系如何選擇其結盟對象，會是一個比較大的變數。胡志強能否成功整合地方派系，對於選舉結果將產生較大影響。與胡志強相比，目前蘇嘉全在臺中談不上有基層經驗與實力，其得票來源主要來自於基本盤，如果要開拓票源，只能透過議題操作及選舉政見來吸引中間選民。未來如臺中治安問題會是一個比較重要的選舉議題，如果胡志強不能有效應對，會失分不少。

高雄市　高雄縣市在合併之後，綠大於藍的態勢已經十分明顯，這一選民結構決定藍營在高雄難以有大的作為。唯一可能挽回敗局的是綠營內部出現分裂。由於「秋菊」（楊秋興和陳菊）之爭造成二人裂痕太大，未嘗沒有見縫插針的機會。未來陳菊如何化解楊秋興的反彈力道，會是影響這場選舉成敗的一個重要因素。但綠營的政治生態，決定任何出走的人都會被視為叛徒而很快被邊緣化，要楊秋興出走而背叛民進黨選民的可能性不大。

臺南市　臺南市作為綠營的大本營，藍小綠大的選民結構態勢明顯。國民黨要在臺南翻盤的可能性不大。但目前綠營內部的整合工作並不順利，許添財與蘇煥智都沒有明確表態支持賴清德。許添財甚至

傳出獨立參選的訊息,如果成真,則綠營將陷入分裂。但我們判斷這種可能性並不大。基本而言,臺南和高雄限於綠大藍小的選民結構,藍營在這兩個地方難有大的作為。

3.大環境因素

大環境執政狀況、經濟環境、輿論走向等。馬英九當局的執政績效沒有受到選民認同,民意支持度長期維持在30%左右的地位徘徊,經濟環境也沒有得到明顯的改善。因此,大環境目前對國民黨而言是不利的,這會對年底的「五都」選舉造成拖累。不過,馬英九執政已經漸有起色,經濟回升的勢頭明顯,在兩岸ECFA簽訂後,未來幾個月臺灣的經濟應當會有不錯的表現。因此,未來幾個月臺灣的經濟形勢以及馬英九當局的施政狀況如何會對年底的「五都」選舉造成直接的影響。

二、對於選舉結果的預測

從以上我們的分析可知,目前大環境對藍營不利,但未來幾個月還有提升的可能。關鍵看馬當局如何作為,拿出亮麗的執政成績單出來。比如ECFA的簽訂,目前已經成為臺灣的主流意見,雖然綠營的反對聲浪很大,但馬當局應當拿出魄力,排除干擾,抓緊落實。對於「五都」選情的具體判斷,我們認為臺南、高雄受限於選民結構,綠營只要不出現大的分裂,則藍軍無望。臺中胡志強執政成績頗受市民肯定,民望甚高,雖然有治安問題及地方派系整合問題,最終應當都可以獲得良好的解決,不至於導致選情的翻盤。因此,藍營保住臺中應當無憂。現在主要看臺北和新北二市究竟鹿死誰手。臺北市選民結構藍略大於綠,且選民的都會性格明顯,對兩岸開放的支持度較高。這些會是蘇貞昌難以迴避的嚴肅課題。郝龍斌執政績效還有待提升,未來需要把「高空貓纜」、「內湖捷運」等重大施政缺陷彌補,另外

也要加強藍營內部意見的整合。郝龍斌取勝的關鍵在於能否成功凝聚藍營基本盤。新北市藍綠選情膠著,但「蘇蔡心結」會是蔡英文必須邁過去的一道檻。如果蘇貞昌不能全力支持蔡英文參選新北市,則蔡英文要勝選很難。但蔡英文作為民進黨的「人氣天王」,目前風頭正盛,民調支持度很高。當然,高人氣能否轉化成高選票也還是未知之數。對於朱立倫而言,面對蔡英文這樣的人氣明星,要贏下這場選舉唯有步步為營,腳踏實地,勤跑基層,一點點地累積實力。新北市的選戰是一場苦戰,也是此次「五都」選舉的核心之戰。這一點應當是明顯的。

對於最終的選舉結果,目前尚難預測,有幾種可能性:其一,綠四藍一,即藍營僅保住臺中市;其二,綠三藍二,即綠營在臺北和新北拿下一城;其三,綠二藍三。即綠保住南部二都,藍保住北北中三都。我們傾向於第三種可能性最大。

雖然目前綠軍在臺北、新北攻勢很強,但蘇蔡二人能否經受實戰的檢驗還很難說。臺北市的選民結構有利於藍軍,蘇貞昌要突破這一障礙很困難。新北市雖然蔡英文有高人氣,但高人氣並不等於高選票。此外,蔡英文缺乏地方執政經驗,再加之蔡的專業形象與新北市複雜的派系環境不一定能適應。另外,蔡也面臨如何與蘇系勢力整合的問題。所以綜合而言,其實朱立倫更容易獲得選民的認可。所以我們判斷,臺北、新北二市,藍軍將有驚無險的過關。

藍三綠二,基本上是藍綠維持平盤的局面,北藍南綠的態勢沒有多大變化。但此次選舉在總得票率方面綠營必定大幅度成長,其得票率應當接近甚至超過國民黨。這是因為臺北、新北二市雖然國民黨能贏,但差距都不會太大。臺中市的選票差距也不會相差太多。但國民黨在高雄和臺南的票數很可能會大輸。這樣造成國民黨在南部二都的選票差距無法透過北北中三都的贏面而彌補。

三、選舉結果的影響

以上三種結果都有可能，每一種結果都會對2012年的「總統」大選造成完全不同的影響。我們先來分析第一種情況，即藍三綠二，藍營保住臺北、新北、臺中三市，而綠營保住高雄、臺南二市。這是最有可能出現的結果。這種結果會對2012造成何種影響呢？

首先，國民黨獲得了一個喘息之機，民進黨強勢發展的勢頭受到暫時遏制，從而有利於馬英九的2012連任之路。

其次，民進黨由於選票得票率大幅成長，因此也並不能算輸。相反，蔡英文、蘇貞昌可以挾高得票率的氣勢順勢組成「蘇蔡配」或者「蔡蘇配」，宣布聯手參加2012年「總統」大選。這個組合將對馬英九的連任之路構成極大壓力。由於去年底的「三合一」選舉民進黨在得票率方面僅落後國民黨兩個百分點，加上此次「五都」選舉的高得票率，民進黨在總得票率方面將逼近甚至超過國民黨。就以往幾次縣市長選舉得票率與「總統」選舉結果的關聯來看，凡是縣市長選舉能夠在得票率上過半的一方，基本都能在即將到來的「總統」選舉中獲勝。民進黨在得票率方面的大幅成長，將極大地增強其爭奪2012年「總統」大選的信心。

其三，就藍綠內部的發展情勢而言。國民黨方面，金溥聰可以繼續連任，「馬金體制」仍然是國民黨的權力核心。馬英九解除了提前跛腳的危機，國民黨內暗藏的權力鬥爭不會浮上臺面。這客觀上有利於鞏固馬英九的權力基礎，對於其主導布局2012年的連任有利。民進黨方面，由於新北市、臺北市雙輸，使民進黨原先設計的「坐三望四」破局，蘇貞昌將可能因此受到黨內的質疑，從而對蘇貞昌的政治生命造成內傷，這也為蘇貞昌爭取2012年「總統」大選候選人資格的努力投下陰影。

對於第二種結果，即藍一綠四，國民黨丟掉臺北、新北二市。這種結果對於國民黨是災難性的。基本上馬英九將失去代表國民黨參加2012年「總統」大選的資格，其權力基礎也將完全瓦解。國民黨內將出現新的權力中心，國民黨內本土勢力與外省籍勢力的鬥爭將浮上臺面，從而使國民黨陷入新的分裂危機。2012年民進黨將因為國民黨的分裂而重新取得執政權。

對於第三種情況，即藍二綠三，國民黨丟掉臺北、新北二市中的任意一席，民進黨取得三席。這個結果對於國民黨方面而言，金溥聰將要下臺為敗選負責，馬英九的親信至此完全離他而去（此前劉兆玄、蘇起已相繼離職）。馬英九失去其最信賴的人，其原先孤立封閉狹小的決策圈子將被迫擴大，甚至於會做出「權力下放」的舉動，以換取黨內其他派系力量的支持和配合。這對於國民黨而言並非壞事，反而有利於國民黨的團結。當然馬英九還可以代表國民黨出戰2012，如果能夠成功找回支持群眾的熱情，其連任的可能性還是很高的。

藍二綠三的結果對於民進黨而言則是一個勝利，將增加其爭奪2012年的信心與實力。蘇貞昌、蔡英文中誰能夠代表民進黨搶下一席，則誰將代表民進黨出戰2012，「蘇蔡配」或者「蔡蘇配」沒有懸念，只要看選舉結果即可判定。因此，這一結果有利於民進黨內部的整合，這對其爭奪2012也是一個利多。

民進黨2012年「大選」參選人點評

2011年3月11日，蔡英文正式宣布將參加2012年的「總統大選」。此前，呂秀蓮也已經表態參選。民進黨的另一位人氣「天王」蘇貞昌意圖參加2012年「大選」早已是路人皆知的事。就目前看來，民進黨內不會再有新的人出來參選了，蔡、蘇、呂三人爭奪民進黨「總統」

候選人的情況已經明朗化。

一、蔡、蘇、呂相爭，誰將最終出線？

蔡、蘇、呂相爭，其實明眼人都看得出來，三人中實力最弱的是呂秀蓮。呂秀蓮政治班底薄弱，又加之其敢言的個性，在黨內少有盟友。因此呂在這場初選中出線的機會十分渺茫。但目前呂秀蓮卻是三人中動作最大，火力最猛的人。左打蘇，右打蔡，勁道十足。呂秀蓮的大動作已經引起了黨內人士的反感，如林濁水就公開警告她最好少說話。其實呂秀蓮火氣如此之大，也是因為自己在黨內得不到應有的尊重，如蔡英文可以和蘇貞昌「闇室密談」，卻對於呂秀蓮同樣的要求置之不理。蔡呂之爭已經變得有些難堪，對蔡英文終究是一個傷害。

民進黨內這場初選的主戰場還在於蔡蘇之爭。蔡英文、蘇貞昌都是民進黨內的人氣明星。在蔡英文擔任民進黨主席之初，蔡蘇與新潮流系結成盟友。直到去年「五都」選舉，蘇貞昌搶先宣布參選臺北市長，迫使蔡英文不得不去選新北市長，蔡蘇由此種下心結，並且始終得不到化解。蔡蘇由政治盟友變成了政治對手。

民進黨上下對於蘇蔡之爭可謂喜憂參半。一方面蔡蘇作為政治明星，他們的有限競爭無疑能夠帶動民進黨競選的氣勢。如果最終能夠達成「蔡蘇配」或者「蘇蔡配」，這個組合會成為民進黨出戰2012年的夢幻組合，對於馬英九的連任之路將構成巨大挑戰。但另一方面，如果蔡蘇心結太深，二人都不退讓，發展成2008年謝蘇之爭的格局，則民進黨極可能重蹈四年前敗選的覆轍。

就目前看來，形勢對蔡英文更為有利。蔡英文此次搶在蘇貞昌之前宣布參選，並且成功營造出了「派系共主」的氣勢。此前蔡英文已

經與謝長廷結盟，謝系是民進黨內實力最強的派系，有了謝系奧援，蔡英文實力大增。再加之新潮流系事實上也選擇了支持蔡英文，新系要角徐佳青出任蔡英文競選辦公室的發言人，新系大佬吳乃仁、洪奇昌、林濁水等都是蔡英文所主導成立的民進黨智庫的核心成員。扁系成員也被大量網羅進蔡英文的競選團隊並擔任要職，如蔡英文競選辦公室主任就暫由前陳水扁辦公室主任林德訓擔任。另外，「獨派」團體也表態支持蔡英文。民進黨內各派系除了蘇系之外，都已經被蔡英文招入麾下，「西瓜偎大邊」的政治效益已經顯現出來。在這種情況下，蘇貞昌要憑一己之力與蔡英文相抗衡已經很難。

當然，目前還不能說蘇貞昌已經在這場初選中提前出局。蘇貞昌剩下的唯一機會是等待民進黨內風向的轉變，因為2012年民進黨奪回執政權的可能性到底有多大，這還是個未知數。如果勝算不大，與其讓蔡英文去打一場必敗的選戰而提前報銷，還不如把希望寄託在2016年。再加之這場選戰已經是蘇貞昌人生的最後一仗，這次沒法參選，以後大概也就沒有機會了。如果蘇貞昌能夠讓這種情緒在民進黨內發酵，倒也有可能透過「全民調」的初選方式來翻盤。但這種機會並不大。

因此，目前需要關注的重點是到底有沒有可能形成「蔡蘇配」的問題，如果蔡蘇不能配，那麼蔡英文最終可能與誰搭檔參選？筆者認為，「蔡蘇配」作為民進黨最有競爭力的一種模式，如果基層以勝選為由勸進，「蔡蘇配」的可能性還是很大的。如果「蔡蘇配」不能成型，則順位是「蔡謝（謝長廷）配」。但那樣的話，則意味著蔡蘇的決裂，民進黨勝選的機會會小很多。蔡英文最終會與誰搭檔參選，還有待進一步觀察。

二、看得見，不一定吃得到

民進黨初選參選爆棚，一個主要的原因是近三年臺灣政治情勢的發展，讓民進黨看到了重新奪回執政權的希望。在過去幾年的大小選舉中，民進黨都取得了不錯的成績，特別是2009年的縣市長選舉和2010年的「五都」選舉，民進黨在這兩場選舉中的總得票數甚至超過了國民黨。反觀國民黨，則是士氣低迷，選舉連連失利，基本支持群眾流失嚴重，特別是南部選區，更可謂「滿盤皆綠」。馬英九個人的民調支持度也長期在低位徘徊。這個局面讓民進黨見獵心喜，對於2012年的這場「大選」充滿期待。

　　其實冷靜分析，情勢未必像民進黨想像的那樣樂觀。回顧這三年以來，民進黨在蔡英文的帶領下確實有了不小的變化。比如與陳水扁家族弊案的切割，對於大陸政策的調整，黨內世代交替的推進等等，這些方面都取得了不小的成績。但這些改革還並不能夠真正取得臺灣民眾、大陸以及國際社會的信任。民進黨要重新走向執政，還有幾道邁不過去的坎。

　　其一，如何徹底擺脫陳水扁執政的負資產，重建民進黨的政黨形象。陳水扁八年執政所帶給臺灣人民的教訓是十分深刻的。執政無能、貪汙腐敗、族群撕裂、兩岸對立。這段歷史不僅臺灣人民深受其害，也對兩岸和平及東亞安全格局造成很大衝擊。這個執政的負資產不會那麼快的消失，民進黨要真正取得臺灣人民以及大陸和國際社會的信任，還有很長的路要走。

　　其二，大陸政策是民進黨無法承受之重。民進黨執政失敗的一個主要原因，是其對抗性的大陸政策。民進黨作為臺獨政黨的本質，使其很難不與大陸為敵，臺獨與「反臺獨」的鬥爭是無法調和的。因此民進黨在未實現徹底的臺獨轉型之前走向執政，兩岸必然要走向衝突，這是不以人的意志為轉移的。民進黨下臺以來，在大陸政策方面做出了很大的調整。但基本上還是在「臺灣前途決議文」中打轉，無

法碰觸臺獨黨綱問題，這是無法取信於大陸人民的。「一中問題」恐怕是民進黨難以迴避的問題，民進黨必須要對此做出明確表態，要含混過關不太可能。

其三，民進黨內現有的政治人物都不具備挑戰馬英九的實力。蔡英文與馬英九同質性太高，但蔡的執政經驗與馬不可同日而語。一個地方縣市首長都沒有做過的人，怎麼能期望她做好一個地區領導人？並且蔡英文也不是沒有政治道德瑕疵，如關於領取優惠存款18%利息爭議的問題，在這個問題上甚至蘇貞昌都比蔡英文要更經受得住檢驗。總之，蔡英文目前只是民進黨所塑造出個一個政治明星，要真正走向成熟並非一朝一夕之功。至於蘇貞昌，雖然執政經驗要比蔡英文強，但作為「美麗島律師世代」的政治人物，同樣面臨著世代交替的命運，看不出他比馬英九有更大的群眾魅力。

民進黨要在2012年拿回執政權，只能是鏡花水月，看得見，卻不一定吃得到。

三、國民黨不要掉以輕心

我們說民進黨尚不足以在2012年拿回執政權，並不是說國民黨就可以高枕無憂。

事實上馬英九連任之路並不會那麼平坦。一個主要的原因是馬英九的執政成績不太理想。這其中當然有主客觀的因素，如其上臺之初恰逢世界金融危機，陳水扁執政八年留下的是一堆爛攤子等等。目前馬英九執政已經逐步走上了正軌。蔡英文在其競選宣言中把臺灣的現狀說成一團糟，這是不公平的。而且把責任都歸罪於馬英九執政，這顯然也有失厚道。蔡英文欲混淆視聽，相信臺灣人民有辨別力。

其次，國民黨改革帶來了一系列後遺症，導致國民黨執政基礎有

所鬆動,特別是在南部經營出現了嚴重的問題。國民黨改革是一條要走的路,但改革的手法一定要細膩。如改革地方派系,卻對國民黨自身造成了內傷。對於南部的經營也出現了很大問題,基層組織渙散,選舉一敗再敗,又不注意長期經營,機會主義盛行。南部政治生態的「綠化」現像已經相當嚴重,如果不能扭轉這一趨勢,必將對國民黨的長期發展造成深遠影響。

其三,國民黨對於年輕人的吸引力減弱,黨內的世代交替也較為緩慢。在去年的「五都」選舉中,國民黨的青年選票流失嚴重。這次蔡英文在其競選宣言中打出「世代交替」的牌子,對於年輕人有很大吸引力,也可以說是擊中了國民黨的軟肋,這是一個警訊。國民黨內的世代交替必須要加快,才能增加黨的活力,增強對年輕人的吸引力。這方面民進黨已經走在了前面。

以上這些方面是影響馬英九連任的重要因素。如果處理不好,對於馬英九的連任之路將會造成重大衝擊,也將對國民黨的長期發展帶來深遠影響。政治沒有絕對,特別是在目前藍綠政治實力大為接近的情況下,選舉的技術性因素往往能影響選舉的最終結果。就大趨勢而言,馬英九連任之路比較有利,但我們也不能排除任何意外發生的可能。

2012年臺灣總統選舉結果的定量分析

離2012年臺灣總統選舉投票還有最後10天的時間,到目前為止,這場選舉還處於膠著狀態,選情撲朔迷離。本文試圖在分析近年來臺灣藍綠政治板塊結構變化的基礎上,結合臺灣各種重要的民調數據,對2012年大選結果作一基本預測。

一、藍綠基本盤的測定

傳統的觀點認為，臺灣藍綠板塊結構是藍大於綠，藍綠比大概是5.5：4.5或者6：4。但從2008年以來的歷次選舉投票結果表明，藍綠板塊結構已經進一步拉近，呈現出五五波的態勢。下面我們試分析2004年以來幾次重要選舉的得票率，來看藍綠政治板塊在這個區間的移動情況。

表一　2005年以來三次縣市長選舉藍綠得票率

	2005 年縣市長選舉	2009 年縣市長選舉	2010年「五都」選舉
泛藍	50.69%	47.88%[1]（49.97%）	44.54%[2]（49.88%）
泛綠	41.95%	45.32%	49.87%

[1]如果加上從藍營分裂出去的新竹縣張碧琴76254票和花蓮縣傅昆萁85532票共計161786票，則此次藍營得票率在49.97%。

[2]楊秋興在這場選舉中主打「反對陳菊」，吸引了藍營的很大部分選票，並且楊秋興在2012年「大選」中已經加入馬吳陣營，因此楊秋興的票應全算作藍營的票，共計41.495萬票。加上楊秋興的票，此次藍營的得票率實際為49.88%

表二　2004、2008年兩次「總統」選舉藍綠得票率

	2004 年	2008 年
國民黨	49.89%	58.45%
民進黨	50.11%	41.55%

表三　2004、2008年兩次「立委」選舉藍綠得票率

	2004 年	2008 年
泛藍	46.85%	51.23%
泛綠	43.53%	36.91%

從以上圖表可以看出，泛藍陣營除開2004年的「立法委員」選舉之外，其他幾次選舉的得票率都在49%以上，這說明藍營自2005年縣市長選舉大勝以來，其基本支持群眾還是穩固的。起碼到「五都」選舉為止，這個基本盤並沒有出現鬆動的跡象。因此，我們可以判定，藍營的基本盤目前為49%—50%之間。

對於綠營基本盤的判斷則較為複雜。民進黨在2008年大選中的得票率為41.55%，考慮到當時民進黨受陳水扁執政失敗和貪腐弊案的影響，民進黨形象大受損傷。在這種情況下民進黨還能有41.55%的得票率，這完全可以看做是民進黨的基本盤。有綠營學者評估，大約有4%（50萬票）的淺綠支持者沒有出來投票。巧合的是，2008年「大選」的總投票率為76.33%，2004年「大選」總投票率為80.28%，兩者相差也約4%。因此，筆者認為，在正常情況下，綠營的基本支持盤在45%—46%之間。2009年縣市長選舉民進黨的得票率大概反映了它的基本盤。

但筆者發現，從2009年縣市長選舉以來，民進黨的基本盤又有成長，在2010年的「五都」選舉中它的得票率達到49.87%。「五都」選舉因為「槍擊事件」意外造成藍綠對決的態勢，這場選舉投票率達71.71%，這在地方層級的選舉中是相當罕見的。那麼能否判定綠營的基本盤已經成長到49.87%？我們認為不能這樣看。如果把「五都」的得票率（49.87%）加上2009年的縣市長選舉得票率45.32%再加以平均，結果為47.59%。這個數字可以看作目前狀態下綠營的基本盤。

綜合分析，目前狀態下藍綠陣營的基本盤比為49：47或者50：48，也即藍營領先綠營兩個百分點。據臺灣「中選會」最新公布資

料，2012年臺灣總選舉人口為1809萬。筆者預計，此次「大選」投票率在78%左右。則一個百分點相當於14萬票左右。我們也可以以此計算出在基本盤方面馬領先蔡的票數，用公式表示為：

18090000×78%×2%≈28萬票（取整）。

二、中間選民的定義與構成

在藍綠政治板塊勢均力敵的情況下，中間選民的投票取向無疑將成為決定選舉結果的關鍵。近年來學術界對於中間選民的研究越來越重視。那麼如何定義和劃分中間選民？這是一個十分複雜的問題。一般認為，臺灣中間選民在150萬—200萬之間。中間選民的投票意向一般認為是難以把握的，但在實際的投票行為中，投票者的投票意向並非飄忽不定，而是具有一定穩定性的。當一位中間選民一旦在某次重要選舉中作出表態，他的選擇會有一定持續性。在這種情況下，他就失去了中間選民的身分，而可以被納入到藍綠板塊結構中來考慮。因此，表態或者投票行為成為判斷中間選民的標準，只有那些一直沒有表態的選民才能算作中間選民。臺灣作為一個被高度政治動員的選舉社會，每一次「總統」大選都是一次高強度的藍綠對決，中間選民被迫各自站隊。在大選結束之後，中間選民開始重新分化組合，直到下一次對決的來臨。中間選民在下一次「大選」對決中會做何種選擇，可以從位於兩次「大選」之間的地方縣市長選舉中看出端倪。我們發現，地方縣市長選舉的得票率與「總統」大選有很大的關聯。在地方縣市長選舉中能取勝的一方，在接下來的「總統」大選中往往能取勝。以圖表說明如下：

表四　藍綠地方縣市長選舉與「總統」選舉得票率關係

	1997年縣市長選舉得票率	2000年「總統」大選得票率	2001年縣市長選舉得票率	2004年「總統」選舉得票率	2005年縣市長選舉得票率	2008年「總統」選舉得票率
國民黨	42.12%（輸）	23.1%（輸）	35.25%（輸）	49.89%（輸）	50.96%（贏）	58.45%（贏）
民進黨	43.32%（贏）	39.3%（贏）	45.27%（贏）	50.11%（贏）	41.95%（輸）	41.55%（輸）

由上圖可知，凡是在某次地方縣市長選舉中能取勝的一方，在接下來的「總統」選舉中都能獲勝。雖然在2000年到2004年之間有泛藍分裂的因素，但2004年在國親合的基礎上泛藍仍然輸，這更加說明中間選民選舉取向的重要性。因此地方縣市長選舉既可以看出藍綠板塊的位移，也可以看出中間選民的動向。

我們既然以表態與否作為判定中間選民的標準，那麼就很容易判定每一次大選的「中間選民」的數量。即以某一次「總統」大選的投票人數減去隨後一次地方縣市長選舉的投票人數之差即為中間選民人數。如要判斷2012年「大選」的中間選民人數，就可以2008年「總統」大選的投票數減去2009年「三合一」選舉投票數與2010年「五都」選舉投票數之和，公式表示為：13221594 12003338=1218256（票）。這個數據再加上新增的選民數約77萬人（臺灣「中選會」公布數據），即為2012年「總統」大選中的未表態選民數，合計約200萬人。

那麼如何確定這些未表態選民的投票意向呢？這是選舉預測中最具有挑戰性的部分。臺灣政治大學洪永泰教授（此次為馬英九競選總部民調負責人）對此的處理是結合總體資料（主要是選民板塊結構）及個體資料（民調數據）進行綜合分析，這種處理方式被公認為是一種較為有效的選舉預測方式。筆者借用這種方式來計算馬、蔡、宋三人在中間選民部分的得票率。1月3日臺灣各大主要民調機構公布的馬、蔡、宋三人的民調支持度如下：

表五　1月3日臺灣各主要民調機構公布民調數據

	《中國時報》	中天新聞台	TVBS	《聯合報》	《自由時報》	《今日新聞網》
馬英九	39.5%	41.3%	45%	44%	34.5%	36.7%
蔡英文	36.5%	38.5%	37%	36%	33.26%	32.3%
宋楚瑜	5.8%	6.6%	6%	7%	10.81%	10.1%

綜合各類民調數據，得出馬英九的平均民調支持度為40.1%；蔡英文的平均民調支持度為35.6%；宋楚瑜的平均民調支持度為7.7%。那麼，馬、蔡、宋三人在未表態選民部分所分得的選票數分別是：80.3；71.3；15.4。那麼在未表態部分馬英九可以領先蔡英文約9萬票。加上前面計算的在基本盤方面馬領先蔡的兩個百分點約28萬票，則馬共計可以領先蔡37萬票左右。

三、宋楚瑜的選票及對「雙英」選情的影響

宋楚瑜參選為「雙英」對決增添了變數。我們需要弄清楚的是宋的得票數以及對「雙英」選情的影響。

宋的得票數筆者覺得可以從2006年臺北市長選舉宋的得票率來推估。因為當時藍營的危機意識十分強，選民棄保的自覺性也較高。由於宋在中部以及東部有一定的影響力，綜合分析，2006年臺北市長選舉宋楚瑜的得票率可以作為宋在2012年大選中的底線。當時宋的得票率是4%，以2012年「總統」大選的總投票人口和投票率78%為基數，則宋的得票數為：18090000×78%×4%≈56萬票。

由於宋的支持群眾主要來自於藍營或中間選民，因此，宋的選票可以廣義的認為是從馬的支持群眾中分離出來的。但是就宋的票數對馬、蔡二人的影響而言，應當以7：3來劃分，這裡面考慮到宋可能吸引部分淺綠的選票，以及宋吸引了部分馬可能轉向蔡的選票，因此這

個比率是合理的。那麼在宋的基本盤部分對於馬的實質影響是 56×（7/10 3/10）=22.4萬票。

我們在前面計算馬英九可以總共領先蔡英文37萬票，則如果宋的選票控制在4%以內（也即宋的基本盤），馬英九可以約15萬票以上的優勢勝蔡英文。

如果宋的票數突破4%，則宋增加的票應當看做是吸收了本屬於藍營基本盤的票，而馬英九可以承受的最大損失是15萬票，超過這個數字則必輸。也即宋的得票數如果超過56+15=71萬票，則馬英九必輸。如果宋楚瑜的得票控制在56萬—71萬票之間，則馬英九可以1萬—15萬票贏蔡英文。筆者認為，宋的最終得票數應在5%，也即70萬票左右。那麼，最終可能馬英九會以1萬—5萬票左右險勝蔡。

四、結論：2012年「大選」結果的基本預測

1.總投票率。2008年「大選」的總投票率為76.33%，這一次由於不表態淺綠群眾的回流，以及宋楚瑜的參選對選情的刺激，總投票率應當高於2008年，筆者預計在78%左右。如果投票率超過80%，則馬英九的選情危險。因為按照以往幾次「大選」的經驗，總投票率超過80%則藍營必輸。圖示如下：

表六　總投票率與「大選」結果關係圖

年份	1996	2000	2004	2008
投票率	76.04%	82.69%	80.28%	76.33%
結果	藍贏	綠贏	綠贏	藍贏

2.最終得票數。綜合以上分析，筆者對於2012年「總統」大選的選情判斷如下：以2008年「總統」大選的總投票人口18090000為基數，78%的總投票率計算。

如果宋楚瑜參選到底，並且宋的得票數能控制在70萬票以內，則馬能小贏蔡英文1萬—5萬票。

如果宋的票數壓縮在56萬以內，則馬英九可以贏蔡15萬票以上。

如果宋超過70萬票，馬英九必輸。

筆者認為第一種可能性最大。馬、蔡的得票數分別為：
（18090000×78%-70）×1/2=680±5萬票（取整）。

意料內外：臺灣「二合一」選舉結果評析

1月14日晚，臺灣「二合一」選舉結果已經出爐，國民黨馬英九、吳敦義組合得票689萬多，得票率52.6%；民進黨蔡英文、蘇嘉全組合得票609萬多，得票率45.6%；親民黨宋楚瑜、林瑞雄組合得票約37萬，得票率2.8%。在「立委」席次方面，國民黨獲得64席，民進黨40席，「臺聯黨」3席，親民黨3席，無黨籍3席。這次「二合一」選舉作為臺灣在兩岸關係和平發展背景下的第一次重大選舉，其結果對於臺灣政局和兩岸關係將帶來深遠影響。

一、既在意料之中，也在意料之外

就選舉結果而言，國民黨無疑是這次選舉的最大贏家。「馬吳配」以約80萬票的絕對優勢大勝「蔡蘇配」，毫無爭議地成功保住了執政權。在「立法院」方面國民黨也取得穩定多數席次，民進黨即使聯合其他兩個小黨，仍不足以對國民黨構成實質威脅。這個結果為未來馬英九的施政提供了極為有利的條件。

對於民進黨而言，這個結果有點「出乎意外」。蔡英文是這幾年民進黨精心打造的人氣天王，具有十分雄厚的政治實力。選前所有的民調都顯示，馬蔡的選情持續膠著，因此80萬的選票差距超出了民進黨的意料。但無論如何，蔡英文及民進黨遭受這次選舉挫折，需要一個相當長的時期進行派系整合和政策調整，這意味著民進黨將進入一個新的不穩定期。

對於親民黨而言，宋楚瑜雖然只取得約36萬張選票，輸得十分難看，但畢竟親民黨實現了在「立法院」組成黨團的目標。未來親民黨透過「立法院」發聲，尚可繼續延續其政治影響力，暫時避免了泡沫化的命運。

這次選舉「臺聯黨」意外獲得3席不分區「立委」席次，可謂天上掉下餡餅。「臺聯黨」的深綠意識形態未來將對民進黨的臺獨轉型形成牽制，民進黨的轉型之路更不平坦。親民黨和「臺聯黨」這兩個本已被邊緣化的小黨在這次選舉中雙雙進入「立法院」，為臺灣逐步成型的兩黨政治格局投下了變數，「兩大兩小」的政黨競爭局面形成，未來的發展演變值得關注。

綜合而言，這場選舉結果既在意料之中，也在意料之外。所謂「意料之中」，就是說臺灣目前尚不具備實現政黨輪替的主客觀條件。民進黨經過陳水扁的八年執政，背負著沉重的執政包袱。雖然近幾年在蔡英文的帶領下民進黨進行了一些改革，但不可否認在諸如與陳水扁貪腐實行切割以及大陸政策調整等議題方面是非常不徹底的，民進黨的世代交替問題也沒有完成。民進黨在沒有進行徹底改革之前本來就不具備提前執政的條件，因此雖然蔡英文具有高人氣，但並不能轉化為高選票，可見民進黨想逃避改革而僥倖取得執政權並不現實。從國民黨一方面來說，這幾年馬英九的執政雖然有許多瑕疵，但不可否認在經濟發展以及兩岸關係方面成就是巨大的。在黨內改革方

面馬英九也展現了其政治魄力,雖然方式頗受非議,但大方向是正確的。此外,馬英九的政治人格相較於蔡英文而言也更能經受檢驗。因此,這場選舉馬英九能夠最終取勝,應當是情理之中的事情。

所謂「意料之外」,是指馬英九能以80萬票大勝蔡英文頗令人意外。這次選舉由於「雙英」選情持續膠著,再加之宋楚瑜的參選使藍營發生分裂,輿論對於馬英九的選情並不樂觀,普遍認為馬英九只能「低空掠過」。而最終的結果卻是馬英九以80萬票的巨大優勢勝選,這確實超出了許多人的意外。為什麼會出現許多人看走眼的局面?這確實值得深入探討。

二、臺灣社會正在走向理性成熟

筆者認為這次選舉結果之所以如此充滿懸念,一個最大的原因是由於這場選舉是兩岸關係和平發展背景下臺灣所舉行的第一次重大選舉。兩岸關係和平發展的深入,使得臺灣的政治環境已經發生了變化。這種新情況對於所有人而言都是陌生的,傳統的經驗不一定適用。因此,選舉結果出人意料也是可以理解的。那麼這場「二合一」選舉與以往歷次選舉相比究竟有些什麼樣的新特色呢?

首先,兩岸因素在這次選舉中造成了極為重要的作用,並成為決定選舉成敗的一個關鍵因素。在以往的歷次重大選舉中,民進黨擅長製造兩岸對立與衝突從而贏取選票。這次選舉民進黨從一開始就主打民生牌,在兩岸政策上則採取模糊策略,企圖矇混過關。但蔡英文在兩岸政策上的籠統含糊成為她敗選的致命傷,「臺灣共識」無法取信於兩岸,也無法讓美國放心。否定「九二共識」更是讓民進黨陷入空前孤立,不僅臺灣廣大工商階級紛紛表態支持「九二共識」,甚至連美國也在最後明確表示對蔡英文的兩岸政策不放心,並傾向支持馬英九連任。不僅如此,兩岸因素還成為促使藍營團結的最重要因素,在

維持兩岸關係和平發展的大原則下，藍營支持群眾最終拋棄個人恩怨而自覺歸隊，形成了藍營大團結的局面，從而成功化解了宋楚瑜的分裂危機。可見，兩岸因素在這次大選中扮演了正面的關鍵角色，這是過去沒有過的現象。

其次，國民黨在臺灣話語權的爭奪上第一次掌握了主動權，特別是在兩岸話語權方面更是如此。過去二十年多年以來，民進黨在臺灣本土化與民主化的過程中一直掌握著臺灣政治的話語權，國民黨只能「拿香跟著拜」，在議題爭奪上一直處於被動服從的地位。這次選舉中馬陣營主打兩岸牌、清廉牌與安定牌，全面克制了蔡陣營主打的本土牌、階級牌與民生牌，特別是在「九二共識」與ECFA議題上，民進黨始終處於被動挨打的局面。民進黨主打的一系列議題都失敗，如主打民生牌卻因為無法穩定兩岸而陷入自相矛盾；主打階級牌卻激起了企業界的普遍反感，將工商階級推向了民進黨的對立面；主打本土牌如讓李登輝在選前之夜站臺也未達到效果。總之，民進黨傳統上所擅長操作的一系列議題都失靈或者效用大減，這也反映在和平發展背景下臺灣政治氛圍已經發生改變，民進黨還要抱殘守缺當然跟不上時代的步伐。

其三，這場選舉過程比較平順，結果也比較理性，選舉議題以民生議題為主。族群與兩岸等政治議題雖然存在，但表現形式已經發生變化。此外，陳致中的落選，以及宋楚瑜的被棄保，都說明藍綠選民的投票選擇更成熟理性。這說明臺灣社會正在走向成熟理性。

三、難以改變臺灣問題的舊有格局

當然，這場選舉並沒有從根本上改變臺灣問題的舊有格局。首先，就臺灣政治生態而言，藍綠惡鬥依然，並沒有任何緩解的跡象。不僅如此，這場選舉反而強化了「北藍南綠」的政治板塊結構。藍綠

惡鬥無解，也意味著臺灣還將繼續內耗空轉，這對於臺灣社會的發展十分不利。目前由於國民黨掌握著行政和立法大權，占據了主場優勢，民進黨為了與國民黨進行政治鬥爭，必將繼續杯葛國民黨的施政，馬英九所面臨的挑戰還剛剛開始。預計在馬英九的下一個執政期，國民黨方面，會堅持推行其改革路線，繼續對國民黨體質進行改造，國民黨中央與地方派系的角力還將持續，其政治影響還有待觀察。而在民進黨方面，由於蔡英文的敗選，使得民進黨的改革路線受挫，民進黨內部不可避免地會進行新一輪派系角力和路線鬥爭。未來民進黨如何發展還存在變數。至於親民黨與「臺聯黨」，這次雖然各獲得了3席「立委」席次，但難以改變臺灣逐步走向兩黨政治的基本格局。

其次，就兩岸關係而言，雖然「九二共識」透過這場選舉已經深入人心，但兩岸關係的結構性矛盾並沒有改變。特別是民進黨不願放棄其臺獨立場，為兩岸關係留下很大的不安定因素。

第三，就國際因素而言，美國並沒有放棄其干涉臺灣問題的立場，反而可能因為其戰略東移而更為積極的介入臺海事務，中美之間圍繞臺灣問題的鬥爭還將繼續。

兩岸關係

中美戰略博弈與兩岸關係的現實定位

　　兩岸關係的前景從本質上說取決於三方面的因素：一是臺灣政局及民意的走向；二是大陸自身的發展以及是否能制定有效的對臺方針政策；三是國際因素特別是美日介入臺灣問題的力度。這三種因素又是相互作用、相互影響、相互制約的。

　　臺灣問題是中國的內政問題，因此，海峽兩岸中國人對於追求統一的意願及決心是主要因素，是內因；而國際因素對於臺灣問題的干擾是次要因素，是外因。兩岸中國人追求國家統一的共識越強，國際因素干擾臺灣問題的著力點就越小；中國大陸解決臺灣問題的意志和能力越強，國際因素干擾臺灣問題的意願和可能性就越弱；中國大陸發展得越好越順，對臺灣人民的吸引力就越強，兩岸走向統一的有利因素就會增加。總之，臺灣問題的解決關鍵還取決於我們自身的發展，國際因素干擾的力度與臺灣統「獨」民意的走向都取決於中國大陸發展的好壞。

　　當然，事物的發展變化不是內因能單獨決定的，外因也是十分重要的變量。眾所周知，由於歷史和現實的原因，臺灣問題外力因素的介入已經相當深，這是一個無法迴避的現實。因此，我們在思考兩岸關係未來走向的時候，必須要考慮到國際因素的影響。這種影響不一定都是不利的，如果運用轉化得好，也可能變成對兩岸統一有利的因素。但這必須要對國際因素介入臺灣問題的意願、能力及意圖有一個清醒的估計和正確的判斷。而這種估計和判斷有賴於我們把臺灣問題放在更廣闊的國際政治舞臺上來考察。

一、亞太安全格局下的中美日三邊關係

　　當今世界政治格局是「一超多強」的單極多元格局,即美國的「一超獨大」和諸強的「多元並立」。「一超多強」格局從本質上說並不是一種穩定的國際格局體系,而只是一種過渡形態,在新的國際格局形成之前,無論是作為「一超」的美國還是作為「諸元」的多強,都企圖運用自己的力量爭取在未來新的國際格局中占據更為有利的地位,特別是美國要構建獨霸世界的單極體系與其他諸強要求建立多元共存的多極化體系的鬥爭,是當今大國關係的主旋律。

　　自冷戰結束以來,美國從來沒有放棄其利用自己的超強國力構築和強化「一超獨霸」單極世界格局的努力,而美國的這一全球戰略與其他世界大國追求世界多極化的戰略利益衝突也從來沒有停止過。同時,作為諸元的多強之間由於歷史的、現實的因素,也存在著各種不同的矛盾衝突,這使得「一超多強」世界格局下的大國博弈顯得更為變幻莫測。

　　就亞太安全格局而言,目前最為重要的是中美日三邊關係。這並不是一個等邊三角,在這個三角關係中,日本一向奉行以日美同盟為核心的外交政策,且有《美日安保條約》的盟約保障,雙方在國際政治特別是亞太安全體系中有較強的行動協調性。當然,美日之間也不是沒有矛盾,雖然美日結盟針對中國的意圖很明顯,但由於美國事實上還存在著對於日本的占領關係,日本的安全保障有賴於美國提供。因此,美日同盟關係並不是一種平等的盟友關係,而是以美國為主導的依附關係。由於無力向美國挑戰,日本只能以強化日美同盟關係來推行其全球戰略,但美國對於日本的支持和讓步是有限度的,如日本在爭取成為聯合國常任理事國的問題上,就未能獲得美國的支持,這清楚地說明美日關係的本質是以美國為主導的非平等關係。日本要成為正常國家,最需要突破的恰恰是美日之間存在的不平等關係,這是

日本外交的弔詭所在。就目前的國際態勢而言，日本不能也不想擺脫美日同盟的不平等關係，因此，在可預見的將來，美日鬥爭是次要的，合作是主要的。

相較於美日關係而言，中美、中日關係都存在著比較複雜的競爭關係。中美在全球政治格局中的競爭關係自不待言，中日在亞太地區也存在著十分嚴重的競爭關係。隨著中國的日益崛起，中日兩國爭奪東亞領導權的鬥爭將日趨激烈。中日關係自上世紀90年代以來一直牴牾不斷，雙邊關係急劇冷卻，目前仍處於一種「政冷經熱」的很不穩定的狀態。從近代東亞地緣政治來看，日本自甲午中日戰爭以來就獲得了東亞地區的主導權，這一現狀隨著近年來中國的迅速崛起而開始發生改變。目前，東亞事實上是中日兩強並立的局面，這種局面在東亞幾千年的歷史上還從未出現過。但這種局面是暫時的，中日兩國在這一輪競爭中究竟誰將最終勝出，未來一二十年是極為關鍵的時期。日本要贏得這場勝利，必須要借助於美國的力量，而美國作為全球的霸主，其亞太安全格局是以美日同盟為核心構建的，美國借助日本維持其在東亞的統治地位，而日本也企圖在美國的支持下與中國在東亞地區展開爭奪主導權之爭。事實上，面對中國的崛起，美國也希望日本與中國進行有限度的競爭，以牽制中國發展的勢頭。美日同盟關係恰恰在面對中國時才有最大的一致性。考慮到在美日同盟中日本的依從性，我們可以將中、美、日三邊關係簡化為中美（日）關係，在這組三邊關係中，除了因共同的利益有合作的一面之外，在競爭這一面中美之爭顯然是主要的，中日之爭可以納入中美之爭的大範疇中來考查。

二、中美戰略博弈與臺灣問題

（一）中美在臺灣問題上的矛盾衝突

在中美（日）關係中，有一個最大的利益爭奪焦點，那就是臺灣問題。由於歷史的原因，臺灣和美國、日本都有著很深的淵源。日本對臺灣有過51年的殖民統治，這段時間代表著日本在東亞最為「輝煌」的時期，許多沉迷於帝國榮光中的日本人自然對臺灣抱有一種特殊的情感。而美國則是由於其介入國共內戰，而且是將臺灣納入冷戰體系的始作俑者，因而成為臺灣問題上最大的國際因素。臺灣問題說到底是中美問題，臺灣問題解決的最大阻力來自於美國。而日本由於歷史的原因，和與中國爭奪東亞主導權的現實需要，近年來對於臺灣問題也表現出越來越濃厚的興趣，其欲介入臺灣問題的用心已昭然若揭。因此，臺灣問題有可能成為中美（日）之間最大的利益衝突點。這也是臺灣問題的敏感性和複雜性之所在。

在東亞安全格局制約下的臺灣問題，其最終走勢如何，牽涉到中美（日）之間的力量消長和對於各自國家戰略的取捨。對於美國而言，臺灣問題是用以牽制中國的一枚棋子，因此臺灣對於美國的價值有工具性的一面。但是，由於臺灣又是美國構建亞太安全戰略的重要環節，臺灣的任何變動都將影響到美國的亞太安全戰略，甚至造成美國主導的亞太安全格局的解體，因此臺灣對於美國來說又具有戰略價值。再加上美國在臺灣擁有的經濟利益、軍事利益，以及臺灣在民主化後已經成為美國在全球推銷所謂民主經驗的「典範」，這些對於美國來說都是難以割捨的利益。因此，美國對於臺灣問題的介入以及對於臺灣問題的安全承諾是有其利益基礎的，幻想美國會輕易放棄對臺灣的支持並不現實。

而對於中國而言，臺灣作為核心戰略利益的地位是毋庸置疑的。臺灣問題是關係到中國的國家統一、國家安全、民族尊嚴、民族復興的生死攸關的重大戰略問題。因此，臺灣與大陸最終必須統一，對此沒有任何妥協的餘地。

（二）中美在臺灣問題上形成戰略平衡的可能性

當然，這並不意味著中美之間就注定要在臺灣問題上走向對抗。這是因為：

首先，美國堅持「一個中國」政策。中美三個聯合公報，作為維繫中美關係的基石，都明確堅持「一個中國」政策，承認臺灣是中國的一部分這一事實。在中美建交以後的歷屆美國政府也基本上遵守這種承諾。雖然美國制定《臺灣關係法》繼續干涉中國內政，但總體而言，美國的「一個中國」政策仍能得到維持。這是中美兩國在臺灣問題上的最大共識。

第二，中美對於解決臺灣問題的方式有一定的交集。中美建交，美國承認「臺灣是中國的一部分」，事實上美國已經喪失了干涉臺灣問題的立場，因為臺灣問題既然屬於中國的內政問題，則美國無權干涉臺灣問題的解決。但美國在隨後通過的《臺灣關係法》中寫明：「美國決定和中華人民共和國建立外交關係之舉，是基於臺灣的前途將以和平方式決定這一期望」。[72]又說，「任何企圖以非和平方式來決定臺灣的前途之舉——包括是用經濟抵制及禁運手段在內，將被視為對西太平洋地區的和平及安定的威脅，而為美國所嚴重關切」。[73]可見，作為美國干涉臺灣問題的最大法律依據——《臺灣關係法》，事實上也同時確認了中美建交公報的法律效力，只是對於解決臺灣問題的方式，美國「期望」採用「和平方式」，而對「非和平方式」將會「嚴重關切」而已。

全國人大常委會在1979年元旦發表《告臺灣同胞書》中，已經表明了中國爭取用和平方式解決臺灣問題的立場。1981年9月30日，葉劍英委員長向新華社記者發表談話，又具體提出了九條對臺方針（即「葉九條」）。《告臺灣同胞書》和「葉九條」在中美1982年聯合公報中得到確認，美國政府對此表示「理解與欣賞」。[74]1983年6月25

日,鄧小平在會見美國西東大學教授楊力宇時,全面闡述了按照「一國兩制」方針解決臺灣問題、實現國家統一的具體構想(即「鄧六條」)。至此,「和平統一、一國兩制」成為中國政府解決臺灣問題的基本方針。事實上,中國歷屆領導人對於爭取以和平方式解決臺灣問題的態度是堅決而真誠的。江澤民在1995年發表《為促進中國統一大業的完成而繼續奮鬥》的新春談話中,提出關於發展兩岸關係、推進中國和平統一進程的八項主張,第四項主張即為:「努力實現和平統一,中國人不打中國人」。胡錦濤在2005年3月4日發表新時期對臺工作的四點意見(即「胡四點」)時也強調,「爭取和平統一的努力絕不放棄」。事實上,世界上沒有誰比中國人更希望能和平解決臺灣問題,骨肉相殘的民族悲劇是誰也不願意看到的。

「和平統一,中國人不打中國人」,這是從民族感情和國家利益出發提出的建設性主張。美國關心臺灣問題解決的方式問題,只是因為,「美國如果默認使用軍事力量強行統一臺灣的嘗試,那麼美國在遠東的地位將受到毀滅性的破壞」,「換句話說,美國將不得不進行干預。但那並不是為了一個分離的臺灣,而是為了美國在亞太地區的地緣政治利益」。[75]美國基於維護其亞太安全戰略而強調臺灣問題需用和平的方式解決,這與中國基於民族情感和國家利益強調和平統一的方針是有本質區別的,但不可否認,中美兩國在對於臺灣問題的解決方式上有一定的交集。

當然,中國爭取以和平方式解決臺灣問題,前提是兩岸必須要遵循「一個中國」原則,為了保留維護這一原則的最後手段,中國從來沒有而且今後也不可能承諾放棄使用武力。中美如何尋找共同的利益點,爭取臺灣問題能以和平的方式解決,這確實是一個巨大的挑戰。

第三,就中國的國家發展戰略和美國的全球戰略而言,在可預見的將來,都不希望彼此發生衝突。中美都是核大國,而且都是聯合國

安理會的常任理事國,中美之間爆發軍事衝突,其後果是難以想像的。因此,雙方在面臨利益衝突時,最好的辦法就是彼此妥協,尋求雙方的戰略平衡點。

中國當前所奉行的國家發展戰略是尊重現行的世界政治經濟體系,並努力融入這一體系之中,中國並不企圖尋求如美國那樣的全球霸權。中國永遠不稱霸,這是鄧小平為中國外交制定的基本方針,這對中國的現實以及未來的外交政策都具有指導作用。中國是現行世界體系的合作者、建構者而不是破壞者,美國近年來也已逐漸認識到這一事實,因此,2005年9月21日,時任美國常務副國務卿的佐利克,在紐約的美中關係全國委員會發表了題為《中國往何處去?從正式成員到承擔責任》的演講,提出「促使中國成為國際體系中負責任的利益相關者(Responsible Stakeholder)」的對華戰略新構想。[76]這表明美國開始重視中國在維護和構建當今美國為主導的國際體系、實現美國利益的過程中所承擔的重要功能,並企圖使這一力量與美國的全球戰略相一致。可以預見,如果這一觀點成為美國對華戰略的主流意見,那麼中美關係的前景將更加光明,中美之間將能夠找到更多可以合作的領域,共同維護現有的世界秩序,這也是美國所樂見的。

對於中國而言,一個與美國相對抗的國家政策並不是明智的選擇,中國作為發展中國家,其最大的任務還是要尋求自身的發展。中共十六大提出要抓住本世紀頭20年的戰略機遇期加快發展,這一戰略能否得以實現,作為世界超級大國的美國是否加以配合是至關重要的。因此,我們的政策不是要去挑戰美國主導下的現行世界秩序,而是要充分利用這一秩序加快自身的發展。中國的國家發展戰略與美國的全球戰略存在著某種程度的交集,這是決定未來中美關係走向的基本要素。

第四,目前美國的全球戰略陷入困境,在許多方面都需要加強與

中國的合作。如前章所述,在小布希的第一任期內,美國奉行攻擊性的單邊主義政策,借用「9.11事件」後的國際局勢,先後發動了阿富汗戰爭和伊拉克戰爭。美國的單邊主義,特別是美國繞開聯合國發動伊拉克戰爭,極大地損害了美國的國際形象,美國的國際聲望大跌,其外交政策也遭到國際的廣泛抵制,美國與歐洲的關係瀕臨破裂。而伊拉克戰爭使美國泥足深陷,難以自拔,有成為第二場越戰之虞,美國急於尋求解脫。此外伊朗問題、朝核問題等都對美國的全球戰略構成嚴重挑戰。小布希的單邊主義越來越難以為繼,迫使小布希在其第二任期內調整外交政策,尋求與盟國和聯合國的協調,外交手段和多邊合作開始成為美國外交政策主軸。美國面臨的這些挑戰,像伊朗問題、朝核問題,中國在其中都扮演著相當關鍵的角色,美國無法繞開中國去處理這些問題。其他如核武擴散、環境問題、經貿問題等,美國都需要有中國的合作。特別是在經貿方面,中國經過近二十年的經濟成長,在經濟方面取得了巨大成就,已經成為全球經濟領域舉足輕重的角色,中美經濟利益也被捆綁在一起,形成相互依存的格局。中國掌握的巨大美元外匯儲備,已經對美國形成了某種戰略性牽制。以上種種都決定了美國不可能輕易與中國走上對抗衝突之途。

　　事實上,除了臺灣問題之外,中美之間在可預見的將來並沒有發生衝突的理由。中國的和平崛起戰略需要取得美國的諒解和支持,起碼是不反對,而美國目前在許多國際領域同樣需要中國的支持與配合。考慮到中國並不尋求挑戰美國的霸權地位,美國也沒有理由採取全面敵視中國的政策。當然,美國的全球戰略是要維持其「一超獨霸」的地位,進而建立一個以美國為首的單極世界體系。而中國作為世界多極化潮流最為重要的促進力量,同時中國的綜合國力及其發展潛力是最有可能對美國構成全面挑戰的國家,中國和美國之間存在的這種結構性矛盾是無法調和的。美國對於中國的迅速崛起感到擔憂,但由於中國不執行與美國的全面對抗政策,美國要像對付前蘇聯那樣

執行全面地遏制政策又無法獲得盟友的支持而難以實現,且這種遏制政策也不符合美國的利益,因此,美國只能選擇遏制與合作的雙重策略,全面遏制和全面合作對於美國來說都不現實。在小布希第一任期內企圖執行對中國的全面遏制政策,但事實上這樣做是十分危險的,並沒有也不可能收到任何好的效果。因此,以「9.11事件」為契機,美國調整其對華政策,形成了目前的「避險」(hedging)政策和加諸中國責任的「負責任利益相關者」(Responsible Stakeholder)的結合。這代表了美國一方面想遏制中國的發展勢頭,另一方面又想把中國納入以美國為主導的國際秩序中的矛盾心態。可以預料,遏制與接觸(乃至合作)的雙軌政策在未來相當長時期內仍將是美國對華政策的基調。

三、維持臺灣現狀的現實與前景

對於中美之間最為敏感的臺灣問題而言,中美長時期內將存在的既競爭又合作的關係決定了中美在臺灣問題上都要小心翼翼,以防止因為臺灣問題而導致中美關係發生爆炸性的逆轉,走向軍事對抗。經過1996年臺海危機以來中美在臺灣問題上的歷次較量,美國目前已經深刻體會到臺灣問題的敏感性和複雜性,不敢輕易在這一問題上做出挑釁性的舉動以導致中美軍事對抗。而中國目前也不能期望美國在臺灣問題上主動退縮,如前所言,由於美國在臺灣存在著重大利益,且中國以軍事手段解決臺灣問題將導致美國亞太安全格局的全面崩盤,這對於美國來說也是難以容忍的戰略性潰敗。因此,中美目前在臺灣問題上的最好的選擇就是維持現狀,中美雙方都不去挑戰對方的原則底線,以一種克制的態度保證臺海現狀的暫時維持。維持現狀雖不是最終解決問題的辦法,但卻是在中美都無力打破臺海僵局的情況下最為現實的選擇。

維持現狀最大的好處就是能為中美雙方贏得實行戰略調整的迴旋空間。臺灣問題必須最終解決，臺灣必須與大陸統一，中國不會容許無限期地拖延下去，美國對此也心知肚明。美國雖然在臺灣有巨大利益，但是當美國感受到在臺灣維持其利益所付出的代價越來越大，甚至對其本土的國家安全都構成威脅時，美國必須要認真思考繼續介入臺灣問題所帶來的巨大風險。隨著中國的日益強大，這種風險也會越來越大。如果美國缺乏意志和決心承擔這種風險，美國就必須要考慮在中國的國家力量強大到足以在臺海地區甚至在東亞對美國提出全面挑戰時，美國如何體面地從臺灣問題上脫身的問題。何況從長遠來看，一方面美國將無法阻止中國實現國家的統一進程，美國阻撓中國統一的行為不僅不道德也不現實，而且十分危險。另一方面隨著中美合作的日益擴展，臺灣與中國大陸在美國全球戰略天平上的分量將會此消彼長，屆時美國不可能因小失大，寧肯與中國大陸對抗也要維護一個經常給美國製造麻煩的臺灣。

　　當然，在美國全面認清這一現實之前，中國要有耐心，不能誤判形勢，操之過急。要避免發生中美之間因為偶發因素而導致全面對抗局面的發生，因為這樣反而可能會對國家統一進程帶來災難性的後果。中國現在需要做的就是繼續埋頭發展，提升自己的綜合國力，增加與美國進行戰略博弈的籌碼，以促成國家統一的早日完成。從這個意義上說，中共十六大提出抓住本世紀頭20年的戰略機遇期，一心一意謀發展，這與最終完成國家統一大業的進程是相吻合的，並行不悖的。

　　可見，在一定時期內維持臺海現狀是一種中美目前都可以接受的妥協性安排。至於這種現狀能夠維持多久，以及臺灣的最終前途，都取決於在未來一段時期內中美力量對比的消長，以及中美之間戰略博弈的最終結果。

臺灣政局發展與兩岸關係未來走向

在中美都傾向於維持臺海現狀的情況下，臺灣政局的發展和執政當局的大陸政策取向會如何影響兩岸關係的走向？這是一個需要深入討論的問題。

一、臺灣政局發展與兩岸關係的演進

（一）臺灣政局與兩岸關係的關聯性

兩岸關係自上世紀50年代兩岸分裂對峙以來，大致可以分為幾個階段：從1949年國民黨退據臺灣到1979年全國人大常委會發表《告臺灣同胞書》，宣示和平統一止，為兩岸「軍事對峙期」。此後臺灣提出「三民主義統一中國」，大陸提出「和平統一、一國兩制」，是兩岸「和平競爭期」。1987年臺灣宣布開放探親，由此打開兩岸交流的大門，兩岸關係迅速發展，其間雖然屢有波折，甚至還發生了1996年的臺海危機，但兩岸交流的趨勢不可遏止，到1999年李登輝宣布「兩國論」前，兩岸關係都可以歸結為「交流緩和期」。從1999年李登輝拋出「兩國論」，2000年標舉「臺獨黨綱」的民進黨上臺執政，兩岸關係的主流事實上已經變成維護國家統一與反對國家分裂的統「獨」鬥爭，因此從1999年迄今可以歸結為兩岸關係的「統獨鬥爭期」。

如果聯繫到臺灣政局在這五十多年走過的歷程，我們會發現，兩岸關係的四個階段與臺灣政局的演變脈絡是基本吻合的。從1949年國民黨退據臺灣到1979年高雄「美麗島事件」的爆發，臺灣處於國民黨威權體制的建立和鞏固期。從「美麗島事件」的爆發到1986年9月28日民進黨成立，是黨外勢力不斷衝撞戒嚴體制時期，民進黨的成立及隨後國民黨宣布開放黨禁、報禁，事實上已經宣告國民黨戒嚴體制的徹

底崩解。從民進黨成立到2000年民進黨上臺執政,是民進黨迅速發展壯大並最終取得執政權的時期。由於民進黨是明確宣示要追求「臺灣獨立」的政黨,雖然由於國際大氣候和大陸以及臺灣民意的制約,民進黨不敢宣布「臺灣獨立」,但作為執政黨的民進黨並沒有放棄其臺獨意識形態,而其所執行的一系列內外政策,可以說是不宣布臺獨的臺獨政策。可見,臺灣政局的發展脈絡與兩岸關係的演進階段基本一致,二者存在著很強的相互關聯性。

(二)國家認同危機是臺灣社會的最大癥結

自上世紀70年代蔣經國宣布「革新保臺」,並啟動「本土化」與「民主化」進程以來,臺灣社會發生了翻天覆地的變化,包括國民黨威權體制的解體與以選舉制度為核心的民主制度的全面建立,其中民進黨作為反對黨從成立到執政只用了14年的時間。臺灣政局的快速發展也造成了兩岸關係發生了結構性的變化。今天,兩岸關係已經突破了國共內戰格局,而演變成分裂與反分裂的統「獨」鬥爭。為什麼會有如此劇烈的變化,這必須要從臺灣政局的發展演變中去尋找原因。

臺灣的「民主化」轉型與「臺獨化」運動是相伴生的。臺灣的「民主化」、「本土化」與「臺獨化」從一開始就形成一種奇特的共生結構。臺灣的「民主化」和「本土化」以犧牲中華民國國家認同符號為前提,正如若林正丈所言:「70年代的外交危機以後,蔣經國之所以推動『臺灣化』及『十大建設』,並以民間的人脈及經貿力量展開實質外交,基本上都可視為體制本身在靜悄悄地促進『臺灣圖騰』的正統化」。[77]這是一種十分詭異的現象。臺灣「民主化」轉型過程中出現的這種狀況在世界民主化潮流中極為罕見。為什麼會出現這種情形?這是由臺灣社會蘊藏的最深刻的國家認同危機決定的。由於歷史和現實的原因,臺灣社會在國家認同問題上存在著嚴重的分裂。這一危機從本省人與外省人的族群矛盾演化而來,上升到國家認同層

面，則表現為認同「臺獨建國」還是認同中華民國。這兩種認同取向，把臺灣社會分裂為對立的兩極，即藍營和綠營。這兩大陣營在臺灣的選舉制度下，為了各自的政治利益而鬥爭，因此國家認同分歧又透過選舉行為表現出來，是藍綠陣營各自動員群眾、獲取選票的重要工具，成為歷次臺灣重大選舉的核心議題。可以說，國家認同危機是影響臺灣政局發展的主要因素。

這種狀況的出現，與臺灣人在國家認同問題上的現實困境有關。就現實而言，臺灣人的國家認同確實十分尷尬，一方面，「臺灣國」只是一個幻想，而中華民國也只是一個幻象，要臺灣人認同中華人民共和國又不現實。因此，臺灣人面臨著認同問題上的無所適從。這種局面的形成與國共內戰有著很大關係。在退據臺灣之初，國民黨以一個「反攻大陸」的神話，將臺灣強行納入國共內戰體系，並運用各種方式把自己打扮成代表中國的正統，包括《中華民國憲法》、「國民代表大會」等代表中國法統的事物都被原封不動地搬到臺灣繼續延用。但這無法掩蓋一個事實，即中華民國在大陸確實已經被中華人民共和國所取代，中華民國要維持《中華民國憲法》所規定的地域、人口、主權等國家要素都只能憑藉想像來虛構，它並不符合現實，這個中華民國的虛構性遲早會現出原形。在70年代發生臺灣退出聯合國以及中（大陸）美建交等一系列重大外交事件之後，中華民國的這種虛構性就徹底暴露出來。

在中華民國的虛構性暴露出來之後，臺灣社會在國家認同上陷入了深刻危機。基本而言有兩種取向：一種是繼續認同中華民國，一種是要重新建立一個「臺灣共和國」。當然，繼續認同中華民國，也不可能是那個虛構的代表全中國正統的中華民國，而是強調中華民國的治權只及於臺澎金馬，並表述成為「中華民國在臺灣」的論述。這其實是一種「獨臺化」傾向。而建立「臺灣共和國」這一目標由於受到國際社會特別是大陸的強大壓力，以及臺灣民意的制約，根本是一個

不可能達成的任務。幾經調整，在1999年5月民進黨八屆二次黨代會通過的「臺灣前途決議文」中，將其表述為「臺灣是一個主權獨立國家，依目前憲法稱為中華民國」。中華民國似乎成為臺灣各派政治勢力的最大公約數。

但臺灣社會存在的國家認同危機並沒有真正解決，以認同中華民國還是「臺灣共和國」為標準，藍綠兩大陣營圍繞著國家認同問題展開激烈的鬥爭，這種鬥爭被稱為所謂統「獨」之爭。在「民主化」與「本土化」的衝擊之下，國民黨也開始逐步轉變，強化自己的本土和民主色彩。不久前國民黨作出決議，首次將「臺灣」寫入黨章，宣示將「以臺灣為主，對人民有利」作為黨的信念，並在黨員目標條次中刪除了「統一」字眼，改以「和平發展」，很能說明國民黨的未來兩岸政策走向。在臺灣目前的政治生態下，國民黨實行「民主化」和「本土化」的轉換是遲早要完成的，實現本土化後的新國民黨與老國民黨將有本質上的不同。當然國民黨和民進黨的國家認同還是有區別的，它們的區別在於：民進黨建立「臺灣共和國」的主張，是要徹底斬斷臺灣與中國的聯結；而國民黨的中華民國國家認同並不排除臺灣未來與中國進行聯結的可能性。進一步說，當前國民黨的兩岸政策在很大程度上是屈從於臺灣主流民意要求「維持現狀」的政治現實，是為因應2008年「大選」所做出的策略性妥協和退卻，如果國民黨有機會重新執政，不排除其在引導主流民意發生變化的情況下再次調整其兩岸政策。但總體而言，臺灣臺灣藍綠陣營所進行的統「獨」之爭與中國大陸同臺獨分裂勢力所進行的維護國家統一、反對國家分裂的統「獨」鬥爭是存在著本質上的差異的。

（三）臺灣各政黨的國家認同取向

目前臺灣各主要政黨在國家認同上的光譜分布，基本上可以用下圖來表示：

統一（新黨）←維持現狀（國民黨、親民黨）→獨立（民進黨、「臺獨聯盟」）

　　其中統一選項隨著新黨的泡沫化實際上已經被虛化，因此，臺灣各主要政黨的認同分歧主要是「維持現狀派」和「臺灣獨立派」之間的鬥爭。在馬英九、蕭萬長當選為臺灣新領導人之後，「維持現狀」將成為臺灣未來大陸政策的主軸。當然，民進黨等臺獨勢力的大陸政策仍然會對國民黨形成很大制約。民進黨在過去八年執政期間，其大陸政策充滿意識形態的操弄，導致兩岸關係持續緊張，也造成臺灣社會的撕裂和經濟的停滯。在民進黨重新淪為在野黨後，其大陸政策將如何調整，仍然是觀察未來兩岸關係走向的一個重要指標。下面我們對國民黨及民進黨未來大陸政策的演變加以分析。

二、選票極大化策略下的民進黨大陸政策

（一）選票極大化策略與民進黨大陸政策的調整

　　臺灣的大陸政策，吳玉山教授認為有兩條主軸：其一是統「獨」爭議（認同面向），其二是經濟與安全（利益面向）。其中統「獨」爭議是臺灣政治鬥爭的焦點，也最容易引起國際的關注，一向動見觀瞻。這一問題我們在上文已經加以論述。而隨著大陸經濟的迅速發展，兩岸經濟的融合日益加深，經濟與安全因素的衝突也變得越來越重要。臺灣各政黨和政治勢力的大陸政策都必須要在這兩個面向上作出選擇，從而確定其大陸政策的基本方向。[78]吳教授還運用選票極大化策略模式分析了臺灣大陸政策的制定。由於臺灣是選舉社會，各政黨和政治勢力都必須要透過選舉獲取政治利益，因此如何最大可能的使自己的政策獲得選民認同，成為各政黨制定其內外政策的主要依據。由於選民有偏好常態分布的情況，在大陸政策領域內，不論是在認同面向，還是在利益面向，也都呈現出常態分布的情形。在認同軸

211

線上，傾向於統一或者獨立的都是少數，大部分選民都傾向於維持現狀；在經濟軸線上同樣是認為經濟和安全應該並重的民眾比認為經濟利益為重或安全利益為重的民眾要超出很多。按照選票極大化策略理論，各政黨在制定大陸政策時，都必須要考慮迎合最大多數選民認同的需要，從而促使各政黨的大陸政策向中央峰點移動。[79]

選票極大化策略模式對分析臺灣各政黨的大陸政策走向很有參考價值。下面我們借用這一理論來具體分析一下民進黨的大陸政策演進。

早期的民進黨走體制外街頭抗爭的群眾運動路線，除了意識形態領域的「激進臺獨」路線外，談不上對於兩岸關係有什麼嚴肅的思考，即使有也只不過是其用來進行臺灣政治鬥爭的工具。自上世紀90年代以來，臺灣政治生態發生了巨大變化，經過六次「修憲」和「國大」、「立法院」、「總統直選」等重大變革，臺灣以選舉制度為核心的民主制度全面建立。在這種情況下，任何政黨都要透過選舉來獲得自己的權力。因應時空變化，民進黨也必須進行「政黨轉型」，從體制外的群眾運動路線向體制內的選舉路線轉變。而民進黨在1991年通過的「臺獨黨綱」，就成為民進黨爭取選民的最大障礙，必須加以調整。最終結果是在1999年5月，民進黨黨代會通過「臺灣前途決議文」，對「臺獨黨綱」作出重大修正，即由原先的「獨立建國」立場，轉而主張「臺灣是個主權獨立的國家，依目前憲法稱為中華民國」，首次承認了「中華民國的國號」。此後，「臺灣前途決議文」成為民進黨詮釋臺灣現狀的基本指導原則。民進黨在統「獨」面向上的這一調整，可以看作是在選票極大化策略作用下，大幅度向中間修正的具體舉措。

在利益面向上民進黨也需要做出調整。事實上，在1996年臺灣實現第一次「總統直選」以前，民進黨對於利益面向上的大陸政策並沒

有一個清晰的概念。為了取得執政權，民進黨需要在這一方面提出自己的系統主張。1998年2月，民進黨舉行黨內「中國政策大辯論」。在這次辯論會上，有所謂「大膽西進」和「強本漸進」的路線之爭，透過辯論，最後達成「強本西進」的共識。該年5月，民進黨中常會透過「中國政策研討會共識」案，使這次辯論的共識成為民進黨的指導性文件。1999年11月，為了參加次年的「總統大選」，民進黨又推出「跨世紀中國政策白皮書」，第一次系統地形成了民進黨的大陸政策。在「白皮書」的前言中表明：「民主進步黨認為，以下一個世紀為起點，推動臺灣與中國關係的全面正常化，正是跨世紀中國政策的主軸」。又說，「這份『以臺、中關係正常化』為主軸的民進黨跨世紀中國政策，就是在國家安全的前提之下，由『凝聚國家定位共識』、『建立穩定的互動機制』、『發展經貿合作關係』等具體主張構築而成」。隨後，「白皮書」用三個部分對這三個問題加以論述。這個「跨世紀中國政策白皮書」作為民進黨大陸政策的第一次系統論述，在2000年民進黨上臺執政後，基本上以此為基礎展開其大陸政策。

（二）臺獨意識形態是兩岸關係的根本癥結

民進黨能夠在2000年大選中勝出，固然首先是得益於國民黨的分裂，但不可否認，其淡化臺獨色彩的大陸政策也確實騙取了不少中間選票。那次選舉陳水扁雖然只獲得了39%左右的選票，但相較於1996年民進黨「總統候選人」21%的得票率，則有了大幅度的提升。當然，成為執政黨後，民進黨的大陸政策不僅要符合臺灣民意的期待，也要能接受美國以及中國大陸的檢驗。這是一個更高層次的挑戰。但從陳水扁執政七年多來兩岸關係的僵持現狀來看，民進黨的大陸政策走進了死胡同。其中最大的癥結在於，民進黨的臺獨意識形態與大陸的「一個中國」原則存在著根本衝突，沒有調和的可能性。只要民進黨不放棄其臺獨立場，無論在現實層面上釋出多少「善意」，都不可能

得到大陸的正面回應,這是民進黨大陸政策失敗的根本原因。

其實,民進黨大陸政策的制定從來都不是取決於兩岸關係的實際發展狀況,而是取決於臺灣政治發展的需要。因為在選舉制度下,民進黨的權力來源在於選民的認同,至於大陸的態度並不是其主要考慮的選項。況且,要民進黨放棄其臺獨主張而接受「一個中國」原則,對於以臺獨意識形態作為精神支柱並以此動員群眾支持的民進黨來說,無異於讓其放棄政治生命,這是民進黨難以承受的代價。在這種情況下,臺灣當局大陸政策的重點已經不在於發展兩岸關係本身,而是如何向臺灣選民交代,以換取選民的繼續支持。為此,一方面在利益面向上,執行比較寬鬆的兩岸經貿政策,即所謂「積極開放,有效管理」80,以符合臺灣要求加強經貿交流的民意需求和兩岸經濟融合的客觀現實。而在統「獨」面向上,民進黨則頑固堅持其臺獨立場,並採取切香腸式的「漸進臺獨」路線,不斷衝擊大陸的「一個中國」底線,造成兩岸關係的持續緊張。為了推卸破壞兩岸關係的責任,把自己打扮成「臺海和平的維護者」,以爭取國際輿論的同情,民進黨採取開空頭支票的辦法,拋出一些在現實條件下根本不可能實現的議題,迫使大陸接招,刻意把自己塑造成兩岸關係的「受害者」。

據陳水扁自己說,他自上臺以來,迄今已經向大陸拋出了三十多枝「橄欖枝」,但這些橄欖枝,無法掩蓋其在「和平」的煙幕下,刻意推動臺獨進程的事實。在上臺之初,陳水扁就公然否定「九二共識」,隨後又於2002年提出「一邊一國」論,公然挑戰「一個中國」原則。他還在社會、文化等領域推行全方位的「去中國化」運動和臺灣「正名」運動。在外交領域以「務實外交」、「過境外交」等方式,企圖在國際上製造「一中一臺」的事實。在政治領域則於2006年3月宣布終止「國統會」和「國統綱領」運作,推翻其上臺之初所做出的「四不一沒有」承諾。

2007年以來，陳水扁的臺獨分裂活動變本加厲。3月4日，他拋出「四要一沒有」，公然主張「臺灣要獨立，要正名，要新憲……」。3月18日，指使其御用學者拋出所謂「第二共和國憲法草案」，推動「法理獨立」進程。6月18日，又拋出「以臺灣名義加入聯合國」的「公投綁大選」的臺灣「正名」主張，直接對「一個中國」原則的底線提出挑戰。9月2日，民進黨中執會通過所謂「正常國家決議文」，宣稱要在適當時間推動「正名制憲」、更改「中華民國國號」等，這表明民進黨的兩岸政策已經回歸到上世紀90年代初的激進臺獨路線。

從這八年來臺灣政局發展的主線來看，陳水扁事實上透過「切香腸」的方式，一步步落實「臺獨時間表」。在陳水扁的一再操弄下，兩岸關係已經走到了極其危險的邊緣，就連美國也不得不公開站出來對其急進的臺獨行徑加以約束，以避免臺海局勢失控。當然，陳水扁當局刻意操弄兩岸關係也給臺灣社會造成了深重災難。八年來，臺灣社會陷入經濟停滯、民生困苦、族群撕裂的嚴峻狀態，其總根源在於民進黨的臺獨意識形態及其對抗性的大陸政策。民進黨也因此受到懲罰，遭到臺灣選民的無情唾棄。如今，民進黨重新淪為在野黨，其未來如何檢討臺獨黨綱及大陸政策，將決定民進黨的發展前景和空間。可以認為，民進黨不會輕易拋棄臺獨黨綱，但其大陸政策將向務實的方向發展。其調整的力度還需要進一步觀察。

三、國民黨及馬英九的大陸政策及其未來走向

隨著2008年3月22日臺灣總統馬英九及蕭萬長的勝選，國民黨作為準執政黨的地位已經確立。未來相當長的一段時期內，國民黨的大陸政策將成為未來臺灣當局與大陸發展關係的主流。因此系統研究國民黨及馬英九的大陸政策對於未來兩岸關係的發展有著十分重要的意義。

（一）國民黨的大陸政策及其未來走向

從2000年淪為在野黨以來，國民黨在前主席連戰的主導下，拋棄過去李登輝的「兩國論」路線，對國民黨進行了一系列改造，包括政黨體制、政策路線等。

2001年7月25日，連戰在國民黨中常會上表示，李登輝的「兩國論」違背「國統綱領」和「九二共識」，需要重新檢討。7月29日，國民黨召開「第十六次全國代表大會」，大會通過了新修訂的黨章、黨綱。新黨章規定：「本黨基於三民主義理念，建設臺灣為人本、安全、優質的社會，實現中華民國為自由、民主、優質的社會，實現中華民國為自由、民主、均富和統一的國家」。該黨綱還宣示國民黨要「復興中華文化，實行民主憲政，反對共產主義，反對分裂國土，共同為中華民族之整體利益而奮鬥。」這表明，國民黨一方面要面對長期立足於臺灣的現實，同時不忘追求中華民族的整體利益。此次大會還通過了題為「國家新藍圖，臺灣新動力」的政策綱領。政策綱領在兩岸關係方面表示，國民黨「依循國統綱領，在『一個中國，各自表述』的九二共識基礎上，追求兩岸和平穩定關係，建立軍事互信機制，建構臺海和平區，在臺灣優先的前提下，逐步邁向民主、自由、均富的統一。」同時主張「兩岸擱置政治爭議，從事制度競賽，走向全面政經建設，形塑政治民主、經濟自由的現代化國家。」「積極恢復兩岸制度化協商；加強全方位交流，推動城市交流、政黨交流、高層互訪。配合全球運籌中心，推動兩岸經貿鬆綁；促進兩岸資金、人員及資訊移動透明化，創造國際企業策略聯盟的環境。」

2005年4月，連戰應邀訪問中國大陸，與中共總書記胡錦濤舉行會談。隨後雙方共同發布「兩岸和平發展共同願景」新聞公報。這一公報已在2005年8月召開的「第十七次全國代表大會」上列入政綱。此後，馬英九、吳伯雄都表示將遵循「連胡公報」推動兩岸關係。如果

這種承諾得以落實，未來兩岸關係的和平發展將是可以預見的。

（二）馬英九的大陸政策與未來兩岸關係的開展

馬英九在2006年7月曾經宣布「五不四要」的兩岸政策，即不宣布「獨立」、不變更「國號」、不將「兩國論」入「憲」、不舉辦「統獨公投」、不廢除「國統會」的「五不」，以及與大陸恢復協商、簽訂和平協議、擴大經貿往來、增進文化教育交流的「四要」主張。隨後他又提出關於兩岸關係的一系列具體政策。綜合分析，馬英九的兩岸政策將會以「臺灣為主、對人民有利」為主軸，「不統、不獨、不武」，維持臺海現狀。具體內容包括：

其一，在政治領域，承認「一中各表」的「九二共識」，並主張在「九二共識」的基礎上與大陸展開談判。他希望兩岸能先做到「互不否認」，認為「兩岸相互否認，不必要，兩岸相互承認又做不到，兩岸相互不否認，則可以讓兩岸空間變得無限寬廣」。

關於兩岸談判的問題，他主張建立兩岸協商談判的固定機制，恢復海基會、海協會的協商功能。目前，馬英九已經任命江丙坤為海基會董事長。他最為關心的談判議題是「經濟正常化、和平安全、國際空間」。他希望兩岸結束敵對狀態，簽署和平協議，建立軍事互信機制，但談判的前提是要求大陸撤除飛彈。他認為未來兩岸協商「不需要、更不必要美方介入，兩岸可以自己解決自己的問題。」

其二，在經濟領域，馬英九將蕭萬長的「兩岸共同市場」作為自己的主要政見。主張「先以兩岸經貿關係正常化為基礎，再據此推動臺灣參與區域經貿整合」，主張簽署兩岸經貿合作協議。在具體政策方面，金融領域，他主張取消臺資登陸的限制，開放人民幣自由兌換、讓臺資銀行登陸，及開放陸資來臺設立據點。農業領域，他主張農產品登陸，但會採取措施限制大陸農產品進口。他主張兩岸迅速實現「三通」，實現週末包機正常化，以及開放大陸觀光客來臺。

其三，在兩岸文化交流領域，馬英九主張將透過協商，全面開放兩岸文化交流，包括促成兩岸媒體相互駐點採訪正常化，支持各級學校與大陸學校交換交流；鼓勵臺灣民間基金會深入大陸，在大陸設點推動公益，或扶貧濟弱，或講學啟蒙、或培育人才、激發創意，擴大兩岸接觸面。

可見，馬英九的大陸政策是比較理性務實的，如果這些政策都得以落實，無疑將極大地改善兩岸關係。但這並不意味著兩岸關係就會一帆風順，實際上，馬英九的政治理念與大陸的政治現實存在著很大的衝突，這種衝突與緊張如果雙方能夠有效溝通、建立互信，則不至於造成兩岸關係的太大波動，但對於這種危險應當有清醒的認識。

馬英九的政治立場有兩個基本內容：

其一是堅持「中華民國法統」，「反對法理臺獨」。綜觀馬英九從政的履歷，他對於中華民國立場的堅持是一貫的，他對於兩蔣特別是蔣經國有著特別的感情，這不僅是知遇之恩，更是理念的認同與堅持。從這一立場出發，馬英九既反對臺獨，但同時也「反共」。馬英九反對臺獨的立場是堅決的，他曾多次表明「臺獨制憲」「不應該、不可能、不必要」。可見，馬英九當政之後，兩岸將重新回到中華民國與「中華人民共和國」的正統之爭。對於這一挑戰，必須要有清醒的認識。

其二是認同西方民主價值，反共意識強烈。馬英九在美國留學多年，受西方意識形態的影響很深。他對於民主和法制的堅持是十分堅決的，正因此，他的「反共意識」十分強烈。他對於「六四事件」、「法輪功」等都持支持的態度，這對於大陸政府無疑是一個很大挑戰。

因此，馬英九執政後的兩岸關係仍然將充滿矛盾，這需要兩岸領導人有開闊的心胸，「求同存異，共創雙贏」。事實上，自馬英九當

選以來，兩岸領導人在處理兩岸關係時都是比較小心謹慎的。大陸十分珍惜好不容易得來的兩岸關係和緩局面，而臺灣在經過民進黨八年執政之後，經濟凋敝、民生困苦，也亟須改善兩岸關係，以使臺灣重新步入正軌。因此，雙方對於改善兩岸關係都有現實的主客觀需要。並且國共兩黨在反對臺獨分裂，追求國家統一這一原則立場上是有共識的，國共兩黨都承認「九二共識」，這是兩岸發展關係的最堅實的政治基礎，也是兩岸關係穩定的基石。

從宏觀層面分析兩岸關係的未來走向

兩岸關係的未來走向，其關鍵因素主要牽涉到國際因素特別是中美因素、臺灣政局發展、大陸綜合國力的提升及對臺政策的制定。從這三個方面著手分析，就可以窺知兩岸關係未來演變的基本方向。

中美戰略博弈決定了臺灣問題發展的基本格局，而臺灣政局的演變與大陸綜合國力的提升及對臺政策的調整決定了兩岸關係的未來前景。基本而言，我們可以把以上三個問題劃分為兩個層面：一是國際層面，即在大陸、美、臺戰略三角格局制約下，各自的行為選擇及可能走向；二是內政層面，即三方基於各自內政的需要而做出的行為選擇及可能走向。下面我們將在此基礎上對臺灣問題的未來走向進行一個長期展望。

一、大陸、美、臺三角關係格局的發展趨向

在國際層面，大陸、美、臺三角關係的主軸是中、美關係，無論是美臺關係還是兩岸關係都是服從於中、美戰略博弈的大格局。目前中、美透過戰略博弈在臺灣問題上已經達成暫時維持現狀的默契，在這種情況下，臺灣只能被迫接受這一選擇。這是大陸、美、臺三方力

量對比的結果決定的，臺灣根本無力改變。當然，暫時維持現狀並不是一種常態，兩岸關係的最終結局取決於大陸、美、臺三方力量對比在未來的演變。力量對比朝向任何一方傾斜，都會引起兩岸三邊關係的改變。從現實環境來看，基於大陸近年來綜合國力增長的強勁勢頭，和臺灣發展的相對衰落，如果這種趨勢一直持續下去，大陸在三方博弈中最終勝出是可以預期的。因此維持現狀對於臺灣特別是臺獨分裂勢力來說，是一種不利但卻無奈的選擇。對於臺獨來說，如果要改變這種狀況，唯一的選擇就是在兩岸三方力量對比朝向大陸傾斜之前，主動挑起事端，孤注一擲。從目前情況來看，臺獨冒險的危險性確實存在。這是因為，陳水扁等如今在臺灣掌權的臺獨人士，是一批國際觀及兩岸觀都很差的政客，經過多次「切香腸」式的臺獨試探得逞後，已經利令智昏，誤判形勢的可能性很大。

為了避免這種危險發生，中、美必須要共同合作對付臺獨的綁架戰略，壓制臺獨勢力的衝動，只有這樣才能保障中、美各自的戰略利益。可以預見，中、美未來在遏制臺獨的問題上將會有越來越密切的配合，美國甚至有可能會在一定程度上調整其在臺海政策上一貫採取的模糊戰略，而明確的宣布反對臺獨。

中、美合作的結果對於臺獨勢力來說則是災難性的。在這種情況下，臺灣將完全失去在「國家定位」上存在的模糊空間（這種空間對於臺灣保持一定程度的獨立性相當重要），臺灣作為中華人民共和國一部分的事實將在國際上進一步清晰化、固定化。到那時，所謂臺灣「主體性」必將遭受巨大挫折。

在大陸、美、臺三邊博弈中，臺灣絕對無法承受失去美國保護的後果。當然，臺灣也看出美國基於美臺之間的重大利益，也不會輕易放棄對臺灣的支持，因此陳水扁當局才敢於挑戰美國的政策底線，但這種挑釁對於美臺之間的互信是一種嚴重損害，布希政府甚至曾公開

稱陳水扁當局為「麻煩製造者」，可見陳水扁當局的臺獨冒險行徑已經超越了美國能夠容忍的底線。

在馬英九順利當選為臺灣新一屆領導人之後，以陳水扁為首的臺獨政權也正式走入歷史。民進黨政權在過去執政八年期間，一直追求和製造各種臺獨活動，並企圖最終謀求臺灣「法理臺獨」，從而使兩岸甚至中美面臨全麵攤牌的風險，對東亞甚至世界和平造成極大威脅。隨著民進黨政權的下臺，這一危機暫時解除。馬英九宣示將奉行「不統、不獨、不武」的兩岸政策，維持臺海現狀。這一政策與中美之間維持臺海現狀的默契是相一致的。大陸、美、臺三方在維持臺海現狀這一問題上找到了一個平衡點。因此，在馬英九執政的未來一段時期內，兩岸關係的穩定發展將是可以預期的。

二、內政因素對兩岸三方關係的影響與未來發展

兩岸三方的政策選擇與制定都要受到各自內政因素的強力制約，這是顯而易見的。美國國內的牽制主要來自於國會，美國國會介入臺灣問題之深有歷史的傳統和現實的基礎[81]。早在二次世界大戰結束後，在美國國會中就存在一個強大的遊說集團——「中國幫」（China Bloc，亦稱China Lobyy），他們為國民黨政府退據臺灣後繼續保持在聯合國的席位、獲取美國的軍事經濟援助、保持與世界上大多數資本主義國家的外交關係等作出了極大「貢獻」。上世紀70年代，美國政府基於「聯中制蘇」的戰略需要，著手改善美、中關係，並最終拋棄了臺灣與中國大陸建立了外交關係。此舉引起美國國會的強烈反彈，國會迅速制定《臺灣關係法》加以反制，造成中、美建交後美國透過這一法案得以維持與臺灣的「非官方的官方關係」。冷戰結束後，特別是中國大陸發生1989年政治風波之後，美國國內的反華勢力空前高漲，國會更為深入地介入臺灣問題，對美國政府對華、對臺政策產生

了極大制約，如1995年李登輝訪問康奈爾大學，就是因為國會眾、參兩院一致通過邀請李登輝訪美的議案，迫使美國政府不得不同意李氏訪美，對中、美關係造成了巨大的衝擊。小布希上臺後，美國國會的親臺勢力得到進一步的發展，2002年4月9日，美國國會眾議院成立了「臺灣連線」（Congres-sional Taiwan Caucus），截止到2005年3月，該「連線」已由發起之初的40人增加到了141人，占眾議院總數的1/3之多。參議院的「臺灣連線」則於2003年9月17日正式成立，到2005年9月，其成員亦從最初的10人增加到24人，超過參議員總數的1/5。[82]參眾兩院「臺灣連線」不僅在成員數量上占優勢，而且成員級別較高，對美國的對臺、對華政策有著重大的影響力。美國國會對中、美關係的負面影響越來越大。

美國國會的這種政治生態，與臺灣多年來苦心經營對美國會「外交」有很大關係。美臺斷交後，對美國會「外交」一直是臺灣「外交」的重中之重。國民黨統治時期，臺灣「外交部」設有國會聯絡組，專門負責對美國會「外交」。陳水扁上臺之後，由於對國民黨的傳統「外交」機構並不信任，而建立起許多與美國國會溝通的所謂「扁式管道」，由其心腹邱義仁直接負責。另外，在美國還有許多臺獨團體專門從事院外遊說工作，主要有FAPA和「福爾摩莎基金會」（Formosa Foundation，簡稱FF）等。這些團體在美國國會有很大的活動能量。與臺灣相對照的是，中國大陸長期以來只側重於對美官方外交，而不太注重對美國會的遊說工作，造成許多美國國會議員對中國事務的冷漠與陌生。美國國會議員大多只關注國內事務，對於國際事務並不怎麼關心，因此，許多國會議員缺乏對於中國大陸的瞭解，相對而言，對於臺灣則瞭解得比較多，因此更容易支持一些對臺灣有利的提案。近年來中國政府也已經開始重視對美國會外交，可以預期，隨著工作的深入，美國國會議員將能夠更為公正客觀地看待中（大陸）、美關係，從而促使中（大陸）、美關係向更加健康的方向發

展。

對於臺灣而言,選舉利益是各政黨制定內外政策的最大依據。關於選票極大化策略對臺灣各政黨大陸政策的影響,我們已經在本章第二節加以詳細分析,這裡需要指出的是,民進黨的大陸政策,不僅取決於選票極大化策略,也取決於民進黨的臺獨意識形態。正如臺灣學者所說,「現在的臺灣處在一個意識形態反中、反華的時代,不但對外是反中共,對內也極力推行一些有意無意的反中政策,甚至將臺灣的主體性完全建立和表現在反中、反華的作為上」。[83]可見,民進黨蓄意將「反中」與所謂臺灣「主體性」連接起來,人為製造「臺灣——中國」的對立,以一種臺獨法西斯主義強迫臺灣民眾選邊站。在這種情況下,臺灣民眾根本上不可能有理性的選擇,而只能落入民進黨預設的「愛臺灣」還是「賣臺灣」的選舉邏輯,即選擇民進黨就是「愛臺灣」,否則都是「愛中國」。民進黨用這種辦法在臺灣製造臺獨狂飆運動,是一種典型的「文革」政治,與民主選舉背道而馳。由於民進黨當局肆意操弄「臺灣——中國」的意識形態對立,兩岸關係也充滿了碰撞,失去了和解的可能。但這種情況在馬英九當選後將有很大改觀。過去八年來,臺灣民眾也吃盡了民進黨當局操縱意識形態、製造兩岸對立的苦頭,臺灣的主流民意要求兩岸尋求和解,要求回歸民生等基本議題。而馬英九本人也一直堅持「九二共識」,並希望兩岸能在此基礎上展開談判,尋求和解。因此,馬英九主政下的臺灣,尋求與大陸和平共榮將是一個主軸。

對於中國大陸而言,由於臺灣事關中國的民族尊嚴、國家統一和復興,在這個問題上,官方和民間的立場是完全一致的,即絕不容許臺灣從中國領土分裂出去。統一臺灣,這是中國政府多年一貫的追求。但由於目前中國面臨著加速實現現代化的戰略任務,同時基於同胞之情,大陸政府也真心希望兩岸能夠和平發展、共存共榮。為了實現兩岸關係和平發展的新局面,大陸採取了一系列政策措施,收到了

較為明顯的效果。如在2005年相繼邀請國、親、新三個在野黨主席訪問大陸,以及推出一系列惠臺政策,全面落實寄希望於臺灣人民的方針,做好臺灣人民工作。從而一舉掌握了兩岸關係發展的主導權。雖然民進黨當局一直企圖破壞、阻擾這一趨勢,但都沒有得逞,反而使其成為國際公認的「麻煩製造者」。民進黨最終也遭到臺灣人民唾棄。

馬英九的當選為兩岸關係的發展創造了無限空間和可能,由於國共之間已經建立起交流平臺,而馬英九也多次宣示將在九二共識的基礎上與大陸展開和平談判,這與大陸宣示要在九二共識基礎上恢復兩岸談判的原則基礎是一致的。因此,未來大陸必將抓住這一有利時機,與臺灣當局展開談判,建構兩岸和平發展的穩定架構,創造和平發展的兩岸關係新局面。

三、「大選」後兩岸關係的發展預測

當前馬英九、蕭萬長以高票贏得選舉,為兩岸關係的和平發展創造了新的契機,也暫時解除了兩岸因為臺獨冒險行徑而徹底攤牌的危機。因此,未來兩岸關係的總體前景是比較樂觀的。

目前,臺灣百業待興,人心思治,希望緩和兩岸關係已經成為臺灣的主流民意。馬、蕭在競選過程中大打經濟議題,開出了一大堆的經濟支票,如實現兩岸「三通」,開放大陸觀光客來臺等,這些政策都需要大陸政府的配合才能實現。民進黨八年的執政,已經使得臺灣的經濟活力喪失,被亞太市場嚴重邊緣化。臺灣要恢復經濟活力,重新融入亞洲市場,必須要透過與大陸的協商談判才能實現。臺灣亟須獲得的「國際空間」問題,也必須要與大陸協商談判才能解決。因此,民進黨過去執行的與大陸嚴重對抗的政策,給臺灣造成了嚴重災難,未來臺灣當局必須要在這一問題上改弦易轍,這是任何人都違抗

不了的。

對於大陸方面來說，本世紀頭20年是中國崛起的重要戰略機遇期，我們正處於全面實現現代化的關鍵時期，自然不希望因為臺灣問題而阻礙甚至破壞這一進程。因此，在一定時期內維持臺海現狀，對於我們抓住戰略機遇期是十分有利的。這與馬英九宣示的「不統、不獨、不武」「維持臺海現狀」的政策有某種程度的交集。兩岸抓住目前推進兩岸關係的有利時機，各自發展，對於雙方都是有利的，從全局而言，是有利於中華民族的整體利益的。

當然，兩岸的分歧仍然存在，兩岸民眾還需要擴大交流、增進瞭解，消除彼此的隔閡。臺灣人民在近代以來有其特殊的歷史遭遇，從而形成了臺灣人特有的悲情意識，對於這種意識，大陸人民也要充分瞭解。但臺灣人民也要瞭解大陸人民對於今天發展局面來之不易之珍惜，要理解中華民族的全面復興是全中國人民的願望，這是誰也阻止不了的。為了中華民族的整體利益，中國人民不能允許臺灣從中國分割出去，這種意志也是堅定的。雙方如何在這之間找到平衡點，擱置分歧，尋求共識，共謀發展，這對於兩岸人民都是有利的。

目前，兩岸談判已經勢在必行，海基會、海協會的協商談判機制又將重啟，未來兩岸事務性談判都在這一平臺上進行。目前需要解決的議題是實現「三通」和大陸觀光客來臺。這是馬英九選前拋出的重要政見，未來能不能得以落實，將對馬英九未來四年的執政造成重要影響。至於兩岸政治談判，簽訂和平協議，建立軍事互信機制等，在未來都將逐步展開。兩岸要抓住目前的有利時機，透過兩岸談判，逐步形成共識，建立互信，並最終構建兩岸關係和平發展的穩定機制。相信這一戰略目標能夠在不遠的將來得以實現。

大陸對臺政策的調整開闢兩岸關係新局

面

　　臺灣問題的解決最終取決於大陸自身的發展和是否制定出有效的對臺方針政策。自2004年大陸發表「5.17聲明」以來，特別是2005年3月胡錦濤總書記就新形勢下發展兩岸關係提出四點意見之後，在大陸新的對臺政策策略的推動下，兩岸關係發生了顯著變化，大陸牢牢掌握了兩岸關係發展的主導權，而臺灣當局則相對處於疲於應付的局面。本文重點分析新時期大陸對臺政策的調整及其背景。

一、大陸對臺政策調整的背景分析

　　近年來兩岸關係的變化，從根本上說是兩岸力量對比的此消彼長決定的。大陸近幾年的發展一日千里，經濟表現全球矚目，綜合國力日益增強，人民生活水平穩步提高，對於國家的前途充滿信心。而臺灣在民進黨主政下，政治惡鬥不斷加劇，貪汙腐敗橫行，經濟發展陷於停滯，人民生活水平不斷下滑，對於前途感到迷茫。兩相比較，優劣立現。力量對比的變化是大陸能夠逐步取得兩岸關係主導權的根本原因。

　　當然，自胡錦濤全面主政以來，因應形勢發展制定出一套行之有效的對臺政策策略，也是大陸能夠取得兩岸關係主導權的關鍵。

　　論者一般都會注意到，大陸對臺政策的原則性和承續性是相當強的。從鄧小平提出「和平統一、一國兩制」迄今二十多年，這一政策仍然是大陸解決臺灣問題的基本方針，在今天仍然有十分重要的現實意義。當然，時代畢竟在不斷進步，自上世紀80年代以來，國際國內的情勢都發生了巨大變化，特別是臺灣臺灣的政治形勢，由於堅持臺獨立場的民進黨上臺執政，使兩岸關係發生了結構性的變化。因此，

如何適應形勢的發展，在「和平統一、一國兩制」的基本方針指導下進行政策創新，對於推進兩岸關係的發展就顯得至關重要。

在江澤民主政時期，中央對臺工作根據客觀情況的變化有不少的創新，如在堅持「一中原則」的前提下對於「一中內涵」的處理就比較富有彈性。84 又如對於和平談判問題，提出「只要在一個中國前提下，什麼問題都可以談」。又如對於臺灣方面十分在意的對等問題，大陸方面也釋放出了最大的善意，中共十六大報告中正式提出「一中新三段論」，即「世界上只有一個中國，大陸和臺灣同屬一個中國，中國的主權和領土完整不容分割」。把臺灣和大陸平等置於「一個中國」之下，說明兩岸談判不是誰要吃掉誰，而是平等的協商。這些調整表明了大陸對於透過兩岸和平談判解決臺灣問題的最大誠意和善意。可惜的是，臺灣方面由於是具有強烈臺獨意識形態的李登輝主政，根本無意與大陸進行談判，反而在1999年提出「兩國論」，將兩岸關係導向死胡同。另外，由於當時美國處於冷戰後的對華政策調整期，美國一些反華勢力試圖透過扶植臺灣來對抗中國大陸，因此加大對臺軍售，提升美臺關係層級，甚至準許李登輝赴美訪問，大大突破美臺非官方關係的限制。美國的對臺政策調整，也鼓勵了李登輝的分裂政策，從而不利於兩岸關係的改善。

任何一項政策的有效性，都有賴於政策制定者對於主客觀情勢的判斷，以及基於此判斷所擬定的政策的可行性。如果主觀願望不符合客觀實際則政策必定落空，如具體的政策缺乏可行性，同樣無法收到預定的效果。在上世紀的90年代，當時客觀環境對中國相對不利。

首先是國際大環境對中國不利。隨著冷戰的結束，特別是1989年政治風波之後，以美國為首的西方國家對中國實施經濟制裁。美國把中國作為最大的潛在威脅加以遏制，中美關係波折不斷，中國的國際處境一度十分艱難。

其次是政、經形勢對比對大陸不利。上世紀的八九十年代正是臺灣經濟發展的黃金時期，臺灣作為「亞洲四小龍」之首，經濟成績十分亮麗。而大陸的改革開放此時正進入一個爬坡期，又恰逢國際經濟制裁，大陸在資金、技術等方面都有求於臺灣。同時大陸在深化改革過程中所產生的許多社會問題，如國企問題、下崗工人問題、「三農」問題等都迫切需要政府加以應對。這些問題都牽制了國家解決臺灣問題的精力。在這種形勢下，大陸要求與臺灣進行和平統一談判，臺灣缺少與大陸談判的意願，大陸也缺少迫使臺灣回到談判桌前的足夠實力。因此，無論大陸釋放多少善意，做出多大讓步，兩岸政府間的談判始終都無法實現，相反，卻使臺灣看出了大陸對臺政策虛弱的一面而採取更富挑釁性的動作，李登輝的「兩國論」、陳水扁的「一邊一國論」相繼出籠，臺灣在臺獨道路上越走越遠，兩岸關係瀕臨破裂的邊緣。

相比較而言，胡錦濤全面接班後，國際國內情勢發生了對中國有利的變化。這種變化主要包括：

一、中國經濟經過上世紀90年代後期的調整進入了一個新的快速增長期，經濟力量呈現出爆炸式的增長。軍事現代化變革經過十多年的積累也取得了很大的成績。中國的綜合國力進一步提升，從而增強了大陸解決臺灣問題的實力與信心。

二、臺灣政局經過十多年的發展演變，特別是民進黨上臺執政後，一方面臺獨運動的荒謬性和不可能性已逐步呈現出來；另一方面臺獨勢力經過十多年的宣洩也得到了相當程度的釋放，從趨勢而言已經度過了高峰期而處於消退期。民進黨長期以來對於臺獨意識形態的過度操作，也使得愈來愈多的臺灣民眾對於這一運動感到失望以致反感。

三、美國在「9.11事件」後，基於全球反恐的戰略需要，開始改變

對華強硬政策，中美關係獲得了很大改善。由於美國在許多方面有求於中國，需要中國的合作，因而在臺灣問題上也不得不尊重中國的國家利益，採取比較克制的態度，甚至在一定程度上對大陸的對臺政策予以配合。同時，美國也不希望在其將主要精力投入中東戰爭的時候臺灣問題發生變故，美國比任何時候都更希望維持臺海現狀。

總之，進入新世紀以來，國際國內有利因素的增多，兩岸政經情勢對比的變化，是胡錦濤對臺政策新思維的大背景。前章已述，在這一對臺政策新思維的推動下，近幾年來兩岸關係發生了顯著變化，大陸牢牢掌握了兩岸關係發展的主導權，從而證明了這一新的對臺政策的正確性和有效性。

二、構建兩岸關係和平發展新局面的現實與前景

2005年4月，國民黨主席連戰應邀訪問大陸，並與中共總書記胡錦濤舉行會談。隨後二人共同發表公報，達成五點共識，其主旨是促進兩岸關係和平發展的問題。此後大陸相繼釋出一系列惠臺政策措施，促進兩岸人民交流，使兩岸關係得到很大程度的緩和。

陳水扁當局不願看到這一局面的發展，在2006年元旦宣布採取「積極管理、有效開放」的緊縮兩岸政策。3月又宣布終止「國統會」和「國統綱領」的運作，並企圖啟動「正名制憲」的進程，製造臺灣「法理獨立」。面對陳水扁當局的挑釁，中央一面採取有效措施嚴厲打擊「法理臺獨」活動，一面繼續堅持維護兩岸關係和平發展的局面。

2007年10月，中共召開第十七次全國代表大會，當時臺灣當局正推動以臺灣名義加入聯合國的「入聯公投」，這是對一個中國原則的嚴重挑戰。面對這一嚴峻局面，中央同樣一面採取各種有效措施加以

反擊，包括透過美國向臺灣當局施壓等，一方面仍然不願意放棄追求兩岸關係和平發展的努力。在胡錦濤總書記所作的《十七大報告》中鄭重呼籲，兩岸「在一個中國原則的基礎上，協商正式結束兩岸敵對狀態，達成和平協議，構建兩岸關係和平發展框架，開創兩岸關係和平發展新局面。」並重申「凡是對臺灣同胞有利的事情，凡是對維護臺海和平有利的事情，凡是對促進中國和平統一有利的事情，我們都會盡最大努力做好。」對臺灣同胞釋放出最大的善意。

2008年3月4日，胡錦濤總書記在看望參加全國政協會議的民革、臺盟、臺聯委員時發表對臺重要講話，再次呼籲，「兩岸同胞團結起來，牢牢把握兩岸關係和平發展的主題，共同開創兩岸關係和平發展新局面，共同促進中華民族偉大復興。」

可見，和平發展是新時期中央對臺政策的一個主軸，大陸對於追求兩岸關係和平發展的願望是真誠的，對於實現兩岸關係和平發展的努力是堅決的。從近幾年兩岸關係的走向來看，這一政策也是成功的。在任何時候，我們都要牢牢把握和平發展這個主題，寄希望於臺灣人民，不隨臺獨勢力的挑釁而起舞，從而極大地緩和了兩岸關係，掌握了兩岸關係發展的主導權。

2008年3月22日，在臺灣最高領導人的選舉中，馬英九、蕭萬長以58%的高票當選，而民進黨遭到了慘敗。使兩岸關係和平發展獲得了更為堅實的保證。由於馬英九此前多次表示認同「九二共識」，並主張兩岸在「九二共識」的基礎上展開談判。兩岸在「九二共識」這一原則問題上取得了共識。2008年4月12日，蕭萬長參加亞洲博鰲論壇，並與胡錦濤總書記會面。據臺灣媒體報導，蕭萬長向胡錦濤總書記提出發展兩岸關係要「正視現實、開創未來、擱置爭議、追求雙贏」。4月29日，胡錦濤總書記在會見國民黨榮譽主席連戰時表示，兩岸關係要「建立互信，求同存異，擱置爭議，共創雙贏」。

目前兩岸正在積聚共識，逐步解凍已經冰封了八年的兩岸關係。相信未來兩岸會展開談判，簽署和平協議，共同建構一個兩岸關係「和平發展的穩定架構」，從而實現兩岸的雙贏局面，共同為中華民族的偉大復興而努力。

2009年度兩岸關係展望

2008年是兩岸關係具有轉折性的一年。自馬英九當選以來，兩岸關係可謂高潮迭起，捷報頻傳，一掃過去十餘年來緊張對抗的陰霾，迎來了和平發展的春天。兩岸關係在2008年呈現出一種大開大合的新氣象，從而將兩岸關係帶進了和平發展的新階段。展望2009年的兩岸關係，仍將延續2008年的良好勢頭，推動兩岸關係和平發展繼續向前。

一、兩岸關係和平發展繼續推向深入

經過2008年兩岸的善意互動和共同努力，兩岸關係已經進入了和平發展的新階段。如果說2008年是兩岸和平發展的奠基和開創時期，那麼2009年就正式進入兩岸和平發展的進一步深化和完善階段。這一階段最重要的就是透過兩會協商談判，逐步建立兩岸和平發展的經濟、政治等互動機制，使兩岸關係向制度化、常規化方向發展，從而為兩岸在未來一段時期內的和平穩定創造物質基礎。總體而言，2009年仍然是兩岸關係發展的黃金時期，機遇遠大於挑戰。

1.有利於兩岸關係和平發展的因素繼續增長

自5.20馬英九就職以來短短不到7個月的時間，兩岸關係已經發生了翻天覆地的變化。兩岸關係不僅一舉突破延續十餘年的統「獨」對

抗格局，而且進行了一系列兩岸高層互動以及兩次「江陳會談」，打開了兩岸關係和平發展的新局面。

目前兩岸關係已經進入了一個良性互動的穩定期，在可預見的將來，不會有大的波動和衝突。首先，兩岸都十分珍惜這得之不易的歷史機遇，並對於改善和推進兩岸關係抱有高度的善意和誠意。在這種情況下，兩岸必定能本著「求同存異，共創雙贏」的精神，精心呵護兩岸關係和平發展的勢頭。其次，兩岸的溝通渠道暢通，不容易因為誤判而損害兩岸關係。目前兩岸已經形成了以兩會協商渠道為主，輔之以國共交流平臺的兩岸互動交流格局。兩岸溝通聯繫的渠道十分暢通，這使得兩岸可以隨時溝通，避免因為誤判而做出損害兩岸關係的事情。第三，兩岸關係的改善符合兩岸人民的根本利益，並受到兩岸人民以及國際社會的肯定和支持。目前兩岸的主流民意都是歡迎兩岸關係的改善的，國際社會也持肯定和支持的態度。因此即使臺灣有民進黨等臺獨勢力的阻擾，仍無法扭轉兩岸關係和平發展的局面。第四，臺灣經濟要走出當前困境，改善和加強兩岸關係顯得尤為重要。臺灣經濟經過十多年來的人為限制和捆綁，已經日益陷入邊緣化和空洞化的危機，亟需鬆綁，以恢復臺灣經濟的活力和生機。特別是在當前世界性經濟危機的衝擊下，兩岸的攜手合作對於臺灣度過這場危機十分重要。因此，在未來一段時間內兩岸關係維持和平合作、共創雙贏的局面，這是可以預期的。

2.兩岸經濟合作機制將逐步建立

在「三通」基本實現後，如何實現兩岸經濟關係正常化，將成為兩岸下一階段協商談判的重點。實現經濟關係正常化是建立兩岸經濟合作機制的前提。國臺辦主任王毅在闡述2009年兩會談判的重點的時候，提出將以推動建立兩岸經濟合作機制，實現兩岸經濟合作制度化為主要目標。在11月初進行的臺北「江陳會談」中，兩會對於下一步

協商談判的重點也鎖定在實現兩岸經濟關係正常化方面。

目前兩岸兩會正在圍繞相關議題進行緊張的前期作業,據媒體披露,臺灣方面已經提出六大類十餘項議題。如兩岸金融合作、臺商投資保障、兩岸共同打擊犯罪、兩岸漁業談判、兩岸農業合作、兩岸文教交流等議題都在進行前期作業。兩岸圍繞這些議題也已經開始進行溝通協商的工作,相信在明年上半年的第三次「江陳會談」中,兩岸將簽訂一批協議,從而逐步實現兩岸經濟關係正常化。在國際經濟危機日益嚴重的局面下,兩岸如何攜手合作,特別是加強金融領域的合作就顯得特別重要,也是明年兩會談判優先考慮的議題。下一次「江陳會談」,兩岸簽訂金融監理合作協議(MOU)的可能性應當很高。除了簽訂金融監理合作協定之外,諸如兩岸貨幣自由兌換機制,陸資入臺(加部分內容)等都是必須要解決的問題。相關協議的簽訂可能使兩岸金融領域的合作機制率先建立,為兩岸經濟關係正常化邁出堅實一步。兩岸經濟合作的最終目標是建立兩岸經濟合作機制。臺灣方面認為,為了避免臺灣經濟邊緣化,兩岸需簽署「綜合性經濟合作協議」,即CECA(Comprehensive Economic Cooperation Agreement)作為兩岸經貿合作的基本架構。大陸對於簽訂類似協定也有積極意願,有意借鑑港澳和內地簽署的CEPA(Closer Economic Partnership Arrangement)的經驗,與臺灣也簽訂類似的協議。其實兩岸對於協議名稱的歧異並非關鍵,而在於協議的具體內容。目前兩岸正在圍繞此一議題展開討論,明年協商兩岸綜合性經濟協議取得成果在情理之中。

兩岸經濟合作機制的建立,將對兩岸經貿關係帶來深遠影響。首先,這將使兩岸經濟合作形式直接、雙向、全面。兩岸在人流、物流、資金流等方面都將實現自由流通,兩岸經濟關係全面正常化。其次,兩岸經濟合作基本實現「建置性」安排,使原先自發、鬆散、不穩定的經濟交流,逐步發展成「規範化」的經濟合作關係。兩岸經濟

一體化進程將從自發轉向自覺。第三，兩岸經濟合作機制的建立將使臺資投資布局大陸的進程加速，同時大陸資金也可以循合法渠道進入臺灣，兩岸的產業布局將出現結構性調整，兩岸經濟合作關係將進一步深化。第四，兩岸經貿合作、優勢互補，將使「大中華經濟圈」的實力倍增，在全球的經濟競爭中取得優勢地位。

3.兩岸交流將全面邁向多元化、常態化

兩岸關係大幅度改善，在積極謀求兩岸經濟關係正常化外，也要積極推動兩岸其他方面交流的正常化。未來隨著兩岸經濟關係正常化的逐步推進，兩岸交流也必將同步實現正常化。因此，2009年也應是兩岸交流取得重大突破的一年。

長期以來，由於兩岸官方溝通渠道不暢，兩岸交流基本上處於一種自發狀態，而遲遲不能形成一套規範化的交流秩序。隨著兩岸交流的加深，這一問題的解決已經越來越重要。據臺灣「陸委會」民調顯示，在兩會即將在下一步討論的六項議題中，「規範兩岸交流秩序」成為臺灣人民最為關心的問題，排在其他議題之首[85]。兩岸交流秩序也在具體交流領域內的制度規範，它需要兩岸透過談判簽訂具體的協議來逐步確立，如兩岸農業合作協議、兩岸金融合作協議等等。這些問題在明年兩會談判中將逐步解決。

就兩岸交流的形式而言，包括民間交流、政黨交流、兩會協商等不同層次的交流渠道。民間交流一直是兩岸交流的主流。自2005年連、宋訪問大陸以來，兩岸開闢了政黨交流的新渠道，國共兩黨建立起「國共論壇」這一政黨交流平臺，極大地提升了兩岸交流的層次和內容，對兩岸關係的和平發展產生了積極而重大的影響。在國民黨重新上臺執政後，透過兩岸的積極努力，又迅速恢復和重建了兩會協商談判平臺。目前基本形成了多層次多渠道的交流模式；就兩岸交流的內容而言，既有區域間的交流，如閩臺交流、滬臺交流、京臺交流

等；也有各專業領域的交流，如金融、農業、醫療、科技、教育、學術、傳媒、文化、宗教等等，可謂種類繁多，異彩紛呈。未來隨著兩岸關係的進一步改善，兩岸交流的內容將更加豐富，內涵也更加深化；就兩岸交流的重點和熱點而言，未來兩岸在文化層面的交流可能成為繼經貿交流後的下一個交流熱點。兩岸如何共同弘揚中華傳統文化，共同培育兩岸的文化根基，共同書寫近代以來中國的歷史記憶等等，對於促進兩岸人民的彼此瞭解，增強兩岸人民的民族凝聚力和向心力，並最終實現中國的和平統一具有重大意義。增強兩岸人民的交流，這是大勢所趨，是不以人的意志為轉移的，歸根結底是由兩岸的血緣、族緣、地緣關係等決定的，是實現兩岸最終統一的強大物質基礎。隨著「三通」的實現，兩岸人民往來的日益頻繁，兩岸經濟利益的日益連接，兩岸交流將成為日常所需，成為兩岸人民的一種生存狀態，兩岸關係的和平發展才能更加穩固、持久。

4.有利於兩岸進行政治對話的因素將逐步增加

目前，雖然兩岸達成默契，暫時擱置爭議，不去碰觸敏感的政治議題，但事實上有利於兩岸進行政治對話的因素正在累計，在不遠的將來，兩岸進行政治對話應當是可以預期的。首先，兩岸重新建立了「九二共識」的政治基礎，為兩岸進行政治對話創造了前提。承認「九二共識」是國民黨和馬英九的一貫主張，在國民黨重新上臺執政後，兩岸在此基礎上達成了共識，使兩岸關係迅速取得突破。有了這個前提，兩岸政治對話就有了無限可能。其次，兩岸兩會協商機制已經重新建立，為兩岸進行政治對話搭起了橋樑。兩會協商機制是根據兩岸的政治現實而建立起來的一個對話平臺，兩岸透過這個平臺可以進行準官方性質的對話談判，解決各類問題。兩會協商機制的重新建立，為兩岸進行政治對話打開了通道。第三，兩岸政治互信正在逐步累積，有利於兩岸開展對話。馬英九上臺後，大陸十分珍惜這難得的兩岸關係發展機遇，表示出高度的善意，以推動兩岸關係的和平發

展。這些都有利於兩岸互信的建立,為未來的政治對話創造條件。

應當看到,兩岸進行政治對話的前期準備工作正逐步展開。這主要是因為:其一,兩岸目前仍然處於「先經後政」的經貿談判時期,兩岸經濟合作制度化還需要一段時期去完成,兩岸的互信也還有待進一步的建立。按照「求同存異、共創雙贏」的原則,兩岸在一定時期會儘量避免碰觸政治性議題,而集中精力去推進落實兩岸經濟關係正常化談判進程,從而為下一階段可能的政治談判打下堅實的基礎。其次,「拚經濟」是馬英九的主要政見,在當前臺灣經濟低迷的情況下,如何快速改善臺灣的經濟狀況,已經成為馬英九執政的重中之重,將對其政權的穩固及其兩岸政策造成重大影響。因此,目前兩岸的重點是儘量幫助馬英九儘早擺脫經濟困境,穩固其執政基礎,為將來的政治對話創造條件。第三,臺灣目前的氛圍還不利於兩岸進行政治對話,臺灣的「臺灣主體性意識」對兩岸關係的快速改善本來就充滿疑慮,要臺灣民眾改變思維重新看待兩岸關係還需要時間,特別是當前民進黨正強力杯葛兩岸和解進程,甚至揚言走街頭抗爭路線,對於兩岸進行政治對話可能引起的臺灣政局動盪也要有充分認識。因此,兩岸還需要時間進行充分的溝通與交流,化解敵意,尋求合作,為兩岸的全面和解創造條件。

二、要看到兩岸關係的複雜性

雖然總體而言2009年兩岸關係仍將沿著和平發展的道路前進,但我們同時也要看到兩岸關係的複雜性。畢竟兩岸關係牽涉的因素十分複雜,數十年的敵對情緒不可能一夕化解。臺灣政局的複雜多變,國際勢力對兩岸關係的介入,兩岸之間的結構性矛盾等都將對兩岸關係造成巨大衝擊,這些因素都是橫亙在兩岸關係健康發展道路上的巨石,如果不能有效應對,將對兩岸關係帶來立即的負面影響,破壞兩

岸關係的和平發展進程，甚至造成兩岸關係的倒退。具體而言，2009年兩岸關係將面對以下一些負面因素。

1. 臺灣加入WHA問題

雖然兩岸目前仍然處於「先經後政」的經貿談判時期，本著「求同存異、共創雙贏」的精神，為了維持兩岸關係和平發展的良好局面，兩岸都儘量避免碰觸政治性議題。但明年5月即將召開的世界衛生大會是無法迴避的，臺灣加入WHA的問題將被迫提上議事日程。在李登輝、陳水扁執政時期，兩岸圍繞這一問題展開激烈鬥爭，成為兩岸統「獨」鬥爭在國際上的自然延伸。但馬英九上臺後，兩岸關係已進入和平發展時代，有必要務實協商客觀面對臺灣加入WHA問題。畢竟臺灣訴求加入WHA也存在一定合理性，處理不好，對於當前兩岸關係的健康發展會帶來一些負面影響。兩岸有必要在「九二共識」基礎上進行協商，尋求一個穩妥的辦法。

優先討論臺灣加入WHA的問題，符合2005年胡連會聯合公報的精神。公報第四點即規定「促進恢復兩岸協商後，討論臺灣民眾關心的參與國際活動的問題，包括優先討論參與世界衛生組織活動的問題。」對於臺灣方面來說，馬英九已經把明年能否加入WHA問題作為衡量兩岸是否和解休兵的指標性事件，可見其急於在這方面尋求突破的迫切心態。這種心態雖然有些操之過急，但必須引起足夠重視。由於距明年5月召開世界衛生組織大會只有幾個月的時間，兩岸必須要迅速就相關問題進行溝通，以期尋求一種妥善的方案。總體而言，如何處理明年5月臺灣參與WHA的問題，是對兩岸關係和平發展的一大挑戰。

2. 2010年年底縣市長選舉對兩岸關係的衝擊

2010年年底即將舉行的縣市長選舉對藍綠雙方都十分重要。對於綠營而言，能否鞏固甚至擴大其地方執政版圖，對於其穩住陣腳，凝

聚基本盤相當重要。如果在這次選舉中失敗，則綠營將陷入新的權力重組階段，激化內部分歧。因此，這場選舉對於綠營來說可謂是生死之戰。對於藍營來說，這場選舉可以看做是對於馬英九執政的一個中期信任投票。馬英九推行的一系列政策調整，包括公共政策和兩岸政策等方面能否得到選民的認可，將在這場選舉中有所反映，其結果必將對馬英九的施政造成相當大的影響。特別是馬英九在上臺後大幅度改善兩岸關係，加速推進兩岸經濟合作進程，這些政策究竟能不能給臺灣民眾帶來實惠，臺灣民眾也正在觀望。另外馬英九的經濟政策究竟能不能見效，將臺灣早日帶出當前的經濟困境，臺灣民眾也充滿疑慮。這些社會心態都將會影響投票的結果。可以認為，如果這場選舉國民黨大輸，將沉重打擊馬英九的政策合法性，可能迫使馬英九在兩岸政策上做出某些調整，從而對兩岸關係造成不利的影響。如果國民黨大贏，則將使馬英九的施政更加順暢，其政策的合法性更加穩固。目前看來，這場選舉藍綠陣營維持現有執政版圖的可能性更大，選舉結果不至於對兩岸關係造成太大衝擊。

3.如何進一步化解綠營對改善兩岸關係的強力杯葛

民進黨基於其「臺獨意識形態」，一直以對抗性的思維面對兩岸關係，在其八年執政中將兩岸關係帶入死胡同。如今雖然在野，但其並未檢討臺獨意識形態和大陸政策，反而變本加厲，加大兩岸對立。由於其權力版圖大幅萎縮，透過合法渠道已經很難對國民黨形成有效制約，所以轉而走街頭抗爭路線，從而對臺灣的社會穩定造成威脅。從10月21日臺南的「張銘清事件」，到11月初陳雲林訪臺期間綠營群眾的街頭抗爭，民進黨訴諸暴力的傾向已經越來越明顯。兩岸目前的協商談判還僅僅限於經濟、民生議題，如果未來涉及政治議題，則民進黨的反彈力道可想而知，這也對馬英九的兩岸和解政策造成巨大壓力。馬英九能不能有效應對和化解這種壓力，對兩岸關係的未來發展會產生很大影響。

4.如何應對美日等國際勢力對於兩岸和解的疑慮

美日在臺灣都有特殊利益，並存在複雜的歷史淵源，二者對於臺灣問題的介入也很深。兩岸的適度對抗有利於美國玩弄兩岸平衡，而日本對兩岸和解也抱有很大戒心。因此，對於當前兩岸緩和的局勢美日等國際勢力雖然表示樂觀其成的態度，但私底下卻充滿擔憂。如美國國務卿萊斯在接受媒體採訪時表示，美國雖鼓勵兩岸關係，但也提醒，美國和臺灣也有關係，明顯可以看出美方的警惕[86]。美國私底下對兩岸和解畫線的舉動時有所聞。日本同樣對馬英九的兩岸政策充滿疑慮。可見，美日對於兩岸和解是存在戒心的。未來不排除美國做出破壞兩岸關係的舉動，如今年8月美國推動對臺軍售就對兩岸關係造成衝擊。2009年美國將實現新舊政權輪替，民主黨的奧巴馬政府會不會調整其臺海政策，對於兩岸關係還是一個未定之數，需要密切注意。

雖然2009年兩岸關係存在著以上一些負面因素，但我們相信當前兩岸關係和解合作的大趨勢是無法輕易改變的。首先，兩岸的和解合作符合兩岸人民的根本利益，從根本上來說也是符合中華民族的根本利益的。其次，過去60年來兩岸對抗的歷史，特別是李登輝、陳水扁時代兩岸統「獨」鬥爭的歷史證明，製造分裂是沒有出路的，它不僅損害了兩岸人民的共同利益，也阻礙著中華民族的復興進程。兩岸必須要結束對抗，走向合作，共創雙贏。第三，兩岸的和解與合作對於東亞乃至世界的和平安全也是　大貢獻、符合世界和平發展的時代潮流，必將得到世界上愛好和平的力量的支持。因此，兩岸關係的和平發展是大勢所趨，人心所向。兩岸都將珍惜當前得之不易的歷史機遇，以最大的善意和誠意化解彼此的分歧，推進兩岸關係繼續沿著和平發展的道路前進。

「六點意見」與兩岸關係和平發展架構

的建立

2008年12月31日，胡錦濤總書記在紀念《告臺灣同胞書》發表30週年座談會上發表重要講話，對30年來兩岸關係的發展進行了全面回顧和總結，並系統提出了實現兩岸關係和平發展的六點意見，輿論一般簡稱為「胡六點」。「六點意見」內容豐富，思想深刻，涉及兩岸關係的方方面面，被譽為兩岸關係的「百科全書」。「六點意見」是新時期大陸對臺工作的綱領性文件，對於推動和實現兩岸關係和平發展具有重要的理論和實踐指導意義，將對未來兩岸關係的和平發展產生深遠影響。

一、「六點意見」的時代意義及思想內涵

胡錦濤總書記的講話其主要思想是全面系統地回答了「為什麼要推動兩岸關係和平發展、怎樣推動兩岸關係和平發展的重大問題」。建構和平發展的兩岸關係是新一代中央領導集體在推動對臺工作方面的一個核心概念。為此，中央採取了一系列的戰略布局，從2005年3月的《反分裂國家法》公布，以及「胡四點」的提出，到連宋等相繼登陸，國共交流平臺的構建等，並在隨後的兩年多時間裡與陳水扁為首的極端臺獨勢力展開了針鋒相對的鬥爭，最終將兩岸關係引向和平發展的局面。這一局面的形成可謂來之不易，同時也體現了黨中央對於構建和平發展兩岸關係的堅強意志與決心。2008年3月臺灣舉行「大選」，臺獨政權被臺灣選民拋棄，國民黨重新上臺執政，臺灣政局的這一巨大變化也使兩岸關係柳暗花明，並且一日千里的向和平發展的方向前進。在這種情況下，又恰逢《告臺灣同胞書》發表30週年，胡錦濤總書記在12月31日發表重要講話，系統闡述了兩岸關係和平發展的重要思想，包括實現兩岸關係和平發展的意義、途徑、動力、政治

保障、物質基礎等各個方面，這一講話成為新時期指導對臺工作的綱領性文件。胡錦濤總書記的這一講話精神與30年前的《告臺灣同胞書》是一脈相承的，並依據新時期兩岸關係的具體實際進行了重大的理論創新。我們知道，《告臺灣同胞書》的核心思想就是要實現兩岸「和平統一」，經過30年兩岸關係的風風雨雨，兩岸人民終於找到了實現和平發展的具體途徑，「六點意見」正是指導兩岸關係和平發展的藍圖。可見，「六點意見」的提出有其深刻的時代意義及豐富的思想內涵。

其一，「六點意見」找到了通向兩岸共存共榮，共創雙贏之路。即透過和平發展來解決兩岸的分歧，用發展的眼光，變動的思維來看待兩岸關係。和平發展是一個過程，兩岸在和平發展的過程中尋求共識，解決爭議，化解歧意，從而更進一步的培養和平發展的土壤，使兩岸關係形成一種良性循環。而不是像過去那樣陷入一些概念性的誤區中出不來，使兩岸關係之路越走越窄，陷入死胡同。所以胡錦濤一再強調，當前關鍵是要牢牢把握和平發展這一兩岸關係的時代主題。因為「這有利於兩岸同胞加強交流合作、融洽感情，有利於兩岸積累互信、解決爭議，有利於兩岸經濟共同發展、共同繁榮，有利於維護國家主權和領土完整、實現中華民族偉大復興。」和平發展符合兩岸人民的根本利益，這一過程是誰也無法阻擋的。更重要的是，兩岸關係和平發展的過程也是兩岸人民不斷尋求共識、建立互信，以至於最終形成兩岸命運共同體的過程。因此和平發展是通往和平統一的必由之路。當然，經過和平發展而達到的和平統一，不再僅僅是政治性的剛性統一，而是兩岸社會在意識形態、經濟基礎等全方位相互包容相互滲透相互融合的結果。這一過程是自然而然的，也符合全球化的時代特色，它真正超脫了「誰吃掉誰」的政治困擾。可見，和平發展是打開兩岸統一問題的鎖鑰和密碼，它使兩岸的統一問題從一個高度敏感的政治性問題變成了一個兩岸人民大交流大融合的社會生活問題。

從這裡可以看出兩岸關係和平發展理論的革命性意義。

其二，「六點意見」的發表為兩岸關係和平發展勾畫了藍圖。「六點意見」包括了兩岸關係的方方面面，政治、經濟、軍事、文化、教育等等，無所不包。特別是對於一些影響兩岸關係和平發展的結構性矛盾都提出了實事求是的解決辦法或者指明瞭解決問題的方向。對於未來兩岸關係的推進，「六點意見」明確提出，「我們應該把堅持大陸和臺灣同屬一個中國作為推動兩岸關係和平發展的政治基礎，把深化交流合作、推進協商談判作為推動兩岸關係和平發展的重要途徑，把促進兩岸同胞團結奮鬥作為推動兩岸關係和平發展的強大動力，攜手共進，戮力同心，努力開創兩岸關係和平發展新局面。」未來兩岸可以在「先經後政，先易後難，循序漸進」的原則下逐步累積善意、建議互信，一步步地解決兩岸關係中的許多結構性矛盾，並最終建立起兩岸關係和平發展架構，使兩岸關係和平發展獲得制度性保障。

其三，「六點意見」對臺釋放了充分的善意和誠意。「六點意見」處處呼應了馬英九的相關政見，考慮到臺灣方面發展的具體困難，如關於兩岸建立軍事互信機制，結束兩岸敵對狀態，簽署和平協議等問題，這正是馬英九的具體政見；又如臺灣方面所十分在意的「國際空間」問題，表示「我們瞭解臺灣同胞對參與國際活動問題的感受，重視解決與之相關問題」；在經濟議題方面，明確回應了馬英九關於兩岸簽訂「綜合性經濟合作協議」（CECA）的問題，這也是馬英九的重要政見，等等。對此臺灣方面也不能否認。總體來看，「六點意見」中處處體現出對臺灣同胞的善意，是站在體諒臺灣同胞的立場上考慮問題。

其四，「六點意見」的出發點和落腳點是為了實現中華民族的偉大復興，為謀劃兩岸同胞的共同福祉。「六點意見」提出，「解決臺

灣問題的核心是實現中國統一,目的是維護和確保國家主權和領土完整,追求包括臺灣同胞在內的全體中華兒女的幸福,實現中華民族偉大復興。」兩岸和平統一絕不是為了所謂「爭正統」,也不是為了一黨一己之私,而是為了謀求中華民族的整體利益,為了追求中華兒女的全體幸福。這種思考問題的高度和立場是兩岸在推進統一的過程中必須要謹記的。事實證明,也只有站在實現全中華民族利益的高度,大公無私,胸懷兩岸人民福祉,也才能得到兩岸人民的真心擁護。

二、「六點意見」與兩岸關係和平發展架構的建立

建立兩岸關係和平發展架構是實現兩岸關係和平發展的制度保障。如何儘早建立這一架構,以推進兩岸關係的和平發展,這是一個十分迫切的時代課題。對於這一課題,「六點意見」提出了具體的解決辦法和實現路徑。事實上,兩岸分裂對峙六十餘年,業已形成一些結構性的矛盾,這些矛盾不解決,就很難實現兩岸關係的和平發展。「六點意見」正是針對這些問題,提出了實事求是的解決方案,或者說是指導性原則。包括如下這些方面:

其一,兩岸的政治定位問題。兩岸分裂六十餘年,各自都經歷了天翻地覆的巨大政治變革,兩岸當局應當如何定位彼此的政治關係?這是兩岸關係的最大爭議和癥結所在。由此衍生出兩岸激烈的統「獨」鬥爭及其他方面的惡鬥,極大地損害了兩岸人民的根本利益,也阻礙著中華民族崛起的步伐。如何創造性地定位兩岸的政治關係而又能堅持「一個中國」的基本框架,這是實現兩岸關係和平發展的關鍵。「胡六點」在這方面有許多重大理論創新,比如,用「內戰法理」來定位兩岸關係,認為「大陸和臺灣儘管尚未統一,但不是中國主權和領土的分裂,而是上個世紀40年代中國內戰遺留並延續的政治對立」,「兩岸復歸統一,不是主權和領土再造,而是結束政治對

立」。「內戰法理」即符合兩岸關係的歷史實際，事實上也給臺灣方面十分在意的「尊嚴、對等」等問題留下了很大的想像空間。在第六點中，胡錦濤呼籲「兩岸結束敵對狀態，達成和平協議」。並指出：「兩岸可以就在國家尚未統一的特殊情況下的政治關係展開務實探討。」這些表態其實是為兩岸未來進行政治談判規劃了藍圖。如果兩岸最終能進入政治談判，這些藍圖必不難實現，從而為兩岸關係和平發展打下堅實的政治基礎。

其二，兩岸關係中的臺獨問題。臺獨是兩岸關係中的一個重大變量，是影響和制約兩岸關係和平發展的核心因素。臺獨對兩岸關係的危害是有目共睹的。對於這樣一個因素，必須要積極面對加以化解。臺獨的形成有著複雜的歷史背景和國際因素。應當承認，臺獨在臺灣社會具有一定的社會基礎，如何客觀面對這一事物並有效化解之，確實是我們在對臺工作中的一個核心問題。在「六點意見」中有關臺獨問題的表態有兩點值得注意：一，公開對民進黨喊話，提出「只要民進黨改變『臺獨』立場，我們願意作出正面回應」。二，區分「臺灣意識」與「臺獨意識」。肯定「愛鄉愛土」的臺灣意識，並把它同「臺獨意識」相區隔。在對待民進黨的問題上，雖然民進黨下臺在野，但我們並沒有對其視而不見，輕忽其影響力，相反在作為對臺工作指導方針的「六點意見」中公開點名民進黨，並表示願作「正面回應」，這說明未來我們對於民進黨的工作不僅不會放鬆，反而會加強。兩岸關係和平發展的大門對民進黨始終是敞開的。臺灣意識本來是一種愛先改土的鄉土意識，但在臺灣近代歷史的發展演變過程中，臺灣意識發生了某些異化，並被「臺獨勢力」利用而操作成一種具有獨立性的「臺灣主體意識」，成為臺獨藉以滋生的政治土壤。如何去面對業已形成的「臺灣主體意識」，這也是我們在推動對臺工作時的一個重大挑戰。「六點意見」能夠提出這一問題，並把它植入「中華文化」的大脈絡，並肯定臺灣文化對中華文化的貢獻，這其實為我們

指明了一條出路。

其三,兩岸的經濟整合問題。兩岸的經貿合作是兩岸關係中最有成就的一環,也是維繫和推動兩岸關係和平發展的最強勁動力。兩岸經貿關係雖然在過去一二十年間發展迅速,但從李登輝時期的「戒急用忍」,到陳水扁時期的「積極管理」,兩岸經貿關係受到人為的干擾和破壞,遲遲無法正常化。這十分不利於兩岸經貿的整合,並造成了臺灣經濟日益邊緣化的嚴重危機。兩岸產業具有巨大的互補性,如果兩岸經濟能夠有效整合,必將產生乘數效應的倍增效果,將大大提升大中華經濟圈在全球經貿領域中的地位。兩岸將在這一過程中共創雙贏,共享中華崛起的尊嚴與榮耀,從而成為推動兩岸關係和平發展的堅實物質基礎。對於這樣一種前景,必須要大力去推動。「六點意見」明確提出要「實現兩岸經濟關係正常化,推動經濟合作制度化」,並明確響應馬英九在競選政見中提出的「簽訂綜合性經濟合作協議」的主張,「建立具有兩岸特色的經濟合作機制」。同時提出探索「兩岸經濟共同發展同亞太區域經濟合作機制相銜接的可行途徑」的問題。可見,「六點意見」對於兩岸經濟未來的整合有一套完整的規劃。這一目標的實現,將為兩岸關係的和平發展提供堅實的物質基礎。

其四,兩岸在「涉外事務」上的合作問題。兩岸在「涉外事務」上的對立是兩岸政治軍事對立在國際領域的延續。隨著大陸綜合國力的逐步提升,逐步在國際上確立了「一個中國」原則的國際共識,臺灣的「外交」版圖被極大壓縮,由此而產生了所謂臺灣的「國際空間」問題。在李登輝、陳水扁時代,由於兩岸陷入嚴重的統「獨」鬥爭,在「涉外」領域也進行著一系列的「零和」競爭,兩岸為此都付出了相當沉重的代價。特別是臺灣某些政治勢力常常利用「國際空間」問題來打「悲情牌」,製造兩岸人民的對立,使兩岸人民漸行漸遠。如何處理臺灣的「國際空間」問題,已經成為一個影響兩岸關係

和平發展的關鍵性因素。當然，臺灣的「國際空間」問題事涉敏感，其背後所反映的是兩岸對於臺灣主權的爭議。臺灣要爭取「國際空間」，絕不能弱化或者消解國際間普遍遵循的「一個中國」架構原則。因此絕不是臺灣單方面可以決定的，而是需要透過兩岸協商，以最終找到穩妥的辦法。在馬英九上臺後，提出實現兩岸「外交休兵」，並接受「兩岸政策是外交的上位政策」的建議，積極與大陸尋求和解。在兩岸關係迅速和解的大背景下，臺灣的「國際空間」問題也開始成為一個可以討論的問題。「六點意見」正式提出，「對於臺灣參與國際組織活動問題，在不造成『兩個中國』、『一中一臺』的前提下，可以透過兩岸務實協商作出合情合理安排。」事實上，自去年以來，臺灣在「國際空間」問題上取得了一系列突破，比如2008年12月連戰參加APEC並與胡總書記在國際場合見面，2009年5月臺灣獲邀參加WHA等等。馬英九在總結其一年來的執政成就時把「外交休兵」政策的成功作為一個主要方面。當然，在處理臺灣的涉外事務時，不可能有一個一攬子的計劃，而需要隨著兩岸關係的改善以及兩岸善意和誠信的逐步累積而逐步的個案式的進行解決。未來還有很長的路要走。

其五，兩岸的政治以及軍事互信問題。兩岸分隔對峙六十餘年，彼此之間的政治互信十分缺乏，從而造成兩岸交往中的諸多困擾。兩岸如何重建政治以及軍事互信是推動兩岸關係和平發展的一個重要方面。增進政治互信的基礎是「恪守一個中國」，「六點意見」指出，「兩岸在事關維護一個中國框架這一原則問題上形成共同認知和一致立場，就有了構築政治互信的基石，什麼事情都好商量。」政治互信是一個逐步累積的過程，但關鍵是要「堅持一個中國」。此外，兩岸由於在法理上還處於「內戰狀態」，因此需要談判結束「敵對狀態」的問題。兩岸軍事對峙的事實存在不利於兩岸關係的和平發展，需要逐步建立軍事互信機制，簽署和平協議。以上這些問題，都是在構建

和平發展兩岸關係的過程中必須要解決的問題。「六點意見」對此都有明確的論述。

以上這五個方面的內容，是兩岸關係發展中的核心問題，能不能妥善加以解決，關係到和平發展的兩岸關係能不能持續推進。不難發現，「六點意見」對於這些問題都提出了明確的解決辦法或者指明了方向。這些建議是坦誠的，務實的，具有極強的可操作性。目前兩岸的談判還限於經濟文化層面，未來只要進行政治談判的條件成熟，兩岸關係中的一系列結構性矛盾將迎刃而解。兩岸關係的和平發展將獲得更多制度性的保障。

三、兩岸關係的大發展還需要大力解放思想

當前，在兩岸的共同努力下，兩岸關係已經進入了和平發展的新階段。對於這一局面應當備加珍惜。兩岸關係如何在現有的基礎上繼續向前推進，取得更大的進步，還有賴於兩岸的共同努力。這其中的關鍵問題是如何解放思想的問題。畢竟，構建和平發展的兩岸關係對於兩岸人民來說都是新生事物，都沒有經歷過，需要時間去探索。過去60餘年來，兩岸充滿了對立和衝突。軍事的對峙，政治的敵對，意識形態的隔閡，等等，兩岸關係從來沒有體味過和平發展、共存共榮的新境界。因此不能期望兩岸關係就此一帆風順。兩岸關係肯定還會有摩擦，但這種摩擦不會改變和平發展的大趨勢。

對於兩岸人民來說，要建立和平發展的兩岸關係，都面臨著解放思想的問題。就臺灣方面來說，許多人由於長期對大陸的敵視和不瞭解，從而對大陸產生很多誤解。特別是改革開放30年來，大陸取得了巨大的進步和發展，許多臺灣人民對此並沒有深切感受。因此，兩岸必須要大力加強交流，增加彼此的瞭解，只有這樣才能拋開成見，最終實現和平共榮。

當前，部分臺灣人民對於兩岸關係的發展充滿疑慮，認為兩岸關係的發展是不是太快了，兩岸的和解到底能給臺灣帶來多大切實的利益，臺灣會不會在這一過程中喪失「主體性」，等等。這種思維模式在臺灣還是很有市場的。特別是民進黨的支持群眾，還沒有跳出兩岸對抗的思維，對於大陸釋放的任何善意，對於兩岸關係做出的任何和解的舉動都視為大陸「別有用心」，如果戴上這種有色眼鏡，大陸任何的善意都會被歪曲解讀，這對於兩岸關係的危害是極大的。這些對抗性的傳統思維在臺灣社會普遍存在，並對馬英九的大陸政策形成很大的牽制，客觀上影響了兩岸和解的進程。

　　當然，思想的解放在大陸方面也顯得同樣重要。作為兩岸關係的主導力量，大陸能不能制定出符合兩岸關係實際的對臺政策，對於兩岸關係的發展走向產生著至關重要的作用。我們在過去有著這方面的經驗教訓。兩岸關係有其自身的發展規律，既不能急於求成，也不能無所作為。必須要深入認識兩岸關係的內在規律，並制定出恰當的對臺政策，才能維持兩岸關係的良性發展，並向前推進兩岸統一事業。胡錦濤總書記提出的兩岸關係和平發展觀，正是在深入認識兩岸關係發展規律的基礎上而提出的一套科學決策，幾年來的實踐充分證明了這套對臺理論體系的可行性和有效性。作為廣大對臺工作者來說，必須要深刻領悟胡錦濤總書記關於建構和平發展兩岸關係的思想，並落實到具體的對臺工作中，這對於每一位對臺工作戰線上的人都是一個巨大挑戰。當然這個思想轉變的過程也不會是一蹴而就的。

　　兩岸在經歷了60餘年的敵對和鬥爭之後，當前第一次擁有了和平發展，共創雙贏的機會，這對於兩岸人民來說都是十分難得的機遇，必須要備加珍惜。兩岸人民都必須要明白這一機遇的可貴，因為它可以使兩岸人民免於戰爭的威脅而透過和平發展解決彼此的分歧，最終達到共存共榮。如果這一實踐最終取得成功，必將在中華民族的統一史上留下最濃重的一筆。

那麼，兩岸應當如何解放思想？這是一個十分重大的理論課題，需另外專文加以論述，筆者在此無法展開。

共享、共治、共創——兩岸關係和平發展的必由之路

國臺辦主任王毅2011年7月29日訪美期間在中國駐芝加哥總領館為旅美臺胞代表舉行招待會並發表講話，提出了大陸對於推進當前兩岸關係的「三個共同」：即「兩岸關係和平發展的成果應由兩岸同胞共同享有」；「兩岸關係和平發展的局面需要兩岸同胞共同維護」；「兩岸關係和平發展的未來要靠兩岸同胞共同開創」。這「三個共同」，也可以概括為「共享」、「共治」、「共創」，它指明了推動兩岸關係和平發展的途徑和方式，是當前推進兩岸關係和平發展的必由之路。

首先我們來看「共享」。所謂「共享」，是說「兩岸關係和平發展的成果應由兩岸同胞共同享有」。應當認識到，兩岸關係和平發展的局面來之不易，兩岸經歷了冷戰時期數十年的軍事對峙，又經歷了近二十年嚴峻的反臺獨鬥爭，才最終由國共和解而開闢出兩岸關係和平發展的新局面。2008年馬英九上臺，兩岸達成了「九二共識」和反對臺獨的政治基礎，在這個政治基礎上，兩岸的協商談判、交流交往迅速推進，其成就有目共睹。三年多來，海協和海基兩會舉行了六次「江陳會談」，簽訂了15項協議，透過這些協議，兩岸全面直接雙向「三通」得以實現，兩岸航班數量猛增，兩岸人民的相互往來變得非常便捷，兩岸形成了「一日生活圈」，兩岸大交流大融合的局面初步形成。在經濟領域，《兩岸經濟合作框架協議》（ECFA）的簽署，為兩岸經濟交流制度化創造了條件，ECFA早收清單的實施對於臺灣經濟

的增長、就業機會的增加已經造成明顯拉動作用；大陸居民赴臺旅遊也呈幾何數增長，截至今年6月底，大陸居民赴臺旅遊人數已達到240萬人次，根據臺灣方面的估算，迄今已為臺灣創造了超過1200億新臺幣的收入，而今年（2011年）6月底大陸赴臺個人遊的啟動又將為臺灣更廣泛的縣市、鄉鎮和商戶帶去更多的商機。

以上這些成果說明，兩岸關係和平發展是符合兩岸人民根本利益的，因此也必將得到兩岸人民的共同擁護。兩岸關係和平發展的局面是兩岸人民共同開創而得來的，因此兩岸關係和平發展的成果要由為此而付出努力的兩岸人民共同享有。事實證明，兩岸和平發展的紅利是十分巨大的，兩岸人民擺脫衝突與對立的怪圈，擺脫戰爭的巨大陰影，攜手合作，為兩岸搭起合作之橋，友愛之橋，共創雙贏，共同開創中國人的世紀。這個紅利，是所有中華民族兒女之幸，是所有中華民族子孫之福。所有中國人都必須珍惜這來之不易的福報。

其次，「共治」。所謂「共治」，就是說「兩岸關係和平發展的局面需要兩岸同胞共同維護」。兩岸關係和平發展關係著所有中華兒女之福祉，因此需要大家共同去維護，去推動。那麼，怎麼去維護和推動兩岸關係的和平發展呢？應當認識到，推動兩岸關係和平發展是一項內涵豐富的系統工程，包括政治、經濟、文化等各個領域，需要不斷去創建兩岸在這些方面的合作與連接，消除隔閡與隔膜，為最終的和平統一創造條件。因此，這是一個長時期的系統工程，需要無數人為此付出辛勤努力。

必須要指出的是，在兩岸共建和平發展局面的過程中，必須要有一個基本的政治互信基礎，這個基礎也可以說是一個原則，那就是要堅持「九二共識」，共同反對臺獨。為什麼要堅持這個基礎？因為這是兩岸實現和解的政治前提，也是全中國人民的根本利益。所謂「九二共識」，是說兩岸均堅持「一個中國」原則，但對於「一個中國」

的政治涵義擱置爭議。其核心是兩岸均堅持「一個中國」。兩岸把這個原則用一個模糊的「九二共識」固定下來，從而為兩岸在其他方面的互動交流創造了條件。可以說，「九二共識」是兩岸交流交往的政治基礎，沒有這個基礎，兩岸其他的和平交流都無從談起。這一點是毋庸置疑的，從1993年「辜汪會談」以來，兩岸兩會的談判無不以此為基礎，有這個基礎，兩會談判才能得以進行。失掉了這個基礎，兩會談判必然終止。從1999年到2008年，兩會終止接觸談判近十年，正是因為李登輝、陳水扁否認「九二共識」。因此，一切政治勢力和人物，一切愛好兩岸和平的人們，在這一點是必須要有清醒認識的，不能有半點幻想。

堅持「九二共識」、反對臺獨，是國共兩黨和解的基礎，也是兩岸和平發展的政治前提，但這卻是民進黨難以踰越的政治障礙。眾所周知，民進黨多年來頑固堅持臺獨立場，拒絕承認「九二共識」，這一立場，使得民進黨成立二十多年來，都無法與大陸做黨對黨的交流。2000年民進黨上臺執政，陳水扁屢屢想打開兩岸交流的大門，號稱向大陸伸出了幾十支橄欖枝，但最終都徒勞無功，其原因無它，因其不願放棄臺獨立場耳！最後陳水扁變本加厲，提出了「一邊一國」的激進臺獨路線，兩岸因此而衝突不斷。回顧這一段歷史，愛好兩岸和平的人們應當認識到：其一，大陸對於「一個中國」的立場是堅定的，不可動搖的，這一點不能有半點幻想；其二，民進黨對於臺獨路線的堅持是難以輕易改變的，而在其未改變這一立場之前，如果民進黨上臺執政，兩岸關係的前景是十分黯淡的。兩岸必定重回衝突對峙的局面，這一點大概也是可以肯定的。任何擁護兩岸和平的人們，任何關心兩岸民眾福祉的人們在這一點上都要有一個清醒的認識。

其三，「共創」。所謂「共創」，即「兩岸關係和平發展的未來要靠兩岸同胞共同開創」。兩岸關係和平發展是兩岸人民共同的福祉，需要兩岸人民共同去經營，去維護。不可否認，兩岸之間還存在

著許多障礙,包括政治障礙,如兩岸政治制度的差異,生活方式的差異,兩岸所處經濟發展階段的差異,兩岸人民歷史記憶的差異等等。這些差異都需要我們去客觀面對,認真對待。那麼,我們如何去面對這些差異,並超越這些差異呢?如果糾纏於差異,甚至因此而陷入對立,這顯然是不智的。應對之道,還是要「求同存異,共創雙贏」。要在差異中找到兩岸的共同點、共同利益,顯然,兩岸同屬中華民族,同是炎黃子孫,這就是最大的共同點。兩岸人民應當攜手共同實現中華民族的偉大復興,這就是兩岸人民最大的共同利益。在這個大的共同利益之下,所有的分歧都是可以解決的。也只有這樣,才是解決兩岸問題的根本出路。也只有往這個方向去思考、去努力,才能有大格局、大思維來解開兩岸的諸多現實困境。否則陷入無休止的內耗,必將為天下後世所恥笑。所有汲汲於一己、一撮、一小團體之私利而置中華民族之整體利益於不顧者,也必將為時代為人民所拋棄。所謂「大道之行也,天下為公」,任何以「私」害「公」者都是逆天道而行,最終是要自取滅亡的。一切分裂主義者,能不以此自況!

　　王毅主任的這段講話,是一篇現階段推進兩岸關係和平發展的宏文。它指明了兩岸關係和平發展的途徑和方法,這個途徑就是:「和平紅利共享」—「和平發展共治(共同維護)」—「和平未來共創」。同時,這篇講話也點出了危害兩岸關係和平發展的諸多現實困境,最大的困境當然是臺獨勢力重新上臺執政的巨大風險,如何應對這一危險局面,這需要所有贊成和維護兩岸關係和平發展的人們的共同努力。

兩岸關係和平發展與臺灣統「獨」民意逆向發展的原因分析

自2008年3月臺灣再次實現政黨輪替後，兩岸關係迅速改善，逐步步入和平發展的軌道。一年多來，兩岸關係和平發展的成就有目共睹。在經濟領域，透過三次「江陳會談」，基本實現了兩岸直接「三通」，未來隨著MOU、ECFA等議題的解決，兩岸經濟關係正常化將全面實現。另外兩岸在人員往來、文教交流等領域都有不錯的表現。總體而言，兩岸關係已經進入了大交流、大融合、大發展的階段。但在這種大背景下，也暗藏著許多隱憂，其中最重要的一點，就是臺灣統「獨」民意並沒有隨著兩岸關係的和平發展而出現「統」漲「獨」消的態勢，反而表現出一種逆向發展的態勢，這種趨向值得引起我們高度重視。

一、臺灣統獨民意逆向發展的基本情況

馬英九上臺一年多來，臺灣統「獨」民意逆向發展，這從種種民調可以看出來，我們試列舉幾個關鍵的民調加以說明。

表一　2008年3月以來臺灣臺灣民眾統「獨」立場民調（％）

1.「陸委會」民調						
調查時間	「台灣獨立」	維持現狀				兩岸統一
		緩「獨」	以後決定	永遠維持現狀	緩統	
2008.3	6.0	17.1	43.5	20.0	10.5	1.7
2008.8	8.6	17.5	34.4	22.4	8.3	1.5
2008.10	14.8	12.5	36.2	25.5	4.4	1.8
2008.12	6.0	16.4	40.9	25.5	9.0	2.0

續表

2.TVBS民調						
調查時間	「台灣獨立」	維持現狀				兩岸統一
		緩「獨」	以後決定	永遠維持現狀	緩統	
2008.4	19.0		60.0			6.0
2008.6	19.0		58.0			8.0
2008.10	24.0		58.0			5.0
2009.3	19.0		64.0			5.0

3.《遠見》雜誌、《聯合時報》、《天下》雜誌等							
調查時間	公布機構	「台灣獨立」	維持現狀				兩岸統一
			緩「獨」	以後決定	永遠維持現狀	緩統	
2008.4	《遠見》	14.8	7	44.8	11.1	10.5	4.1
2008.8	《遠見》	16.3	6.7	41.8	12.1	4.3	3.8
2008.12	《聯合時報》	16.0	16.0	48.0		8.0	5.0
2008.12	《天下》	4.9	18.6	57.8		4.9	1.6

分析以上民調數據，我們大致可以得出以下結論，即主張廣義維持現狀的臺灣民眾仍然占絕大多數，主張臺灣「獨立」或者「統一」的占少數。但是，如果將調查問卷設計在「在不提示維持現狀的選項時，請民眾在『獨立』或者『統一』兩者之間做選擇」的情況下，臺灣民眾的統「獨」傾向將會比較明顯地呈現出來。據臺灣「陸委會」在總結2008年度臺灣民眾統「獨」民意走向時發現：「在不提示維持現狀的選項時，請民眾在『獨立』和『統一』兩者之間做選擇，贊成『臺灣獨立』者超過六成（65%至68%），『兩岸統一』僅占一成多（14%至19%）。」[87]而在2007年「陸委會」民意分析的年度報告中，「贊成獨立的比率超過贊成統一的比率約二成五左右」，2006年「贊成獨立」與「贊成統一」的差距僅在「一成五左右」。如果把2006年度、2007年度、2008年度臺灣民眾統「獨」民意走向做縱向比較的話，可以發現，在2008年臺灣政黨再度輪替，也即馬英九上臺之後，臺灣民眾「贊成獨立」的民意相較「贊成統一」的民意有了顯著的上

升。這與兩岸關係和平發展的深入推進呈現出一種明顯的逆向發展態勢，也即「臺灣主體意識」不僅沒有隨著兩岸關係的和平發展而弱化，反而有逆勢走強的趨勢。

臺灣主流民意在統「獨」問題上的這種走向確實值得我們深思，我們究竟應當怎樣解讀這種民意走向？毋庸諱言，如果兩岸關係和平發展並不能有效地扭轉臺灣的民意，無疑會使當前大陸的對臺政策大打折扣。而臺獨人士往往也以這種民調數據證明臺獨的理念並沒有錯，並且其群眾基礎會越來越強化，比如，「臺獨理論大師」林濁水就引用這種數據，強調兩岸交流不僅不會弱化「臺灣主體意識」，反而會強化。因此他認為臺獨的前景是可行的。那麼究竟如何解讀這種統「獨」民意走向？

二、臺灣統「獨」民意逆向攀升的原因分析

要明白臺灣統「獨」民意在當前逆向發展原因，就必須要對近十多年臺灣社會在李登輝、陳水扁等臺獨政治人物的刻意引導下精心建構「臺灣主體意識」的過程有一個全面的瞭解。「臺灣主體意識」源於「臺灣意識」，但又經過人為的干擾和歪曲而異化為臺獨意識。「臺灣意識」是一種鄉土意識，本來無可厚非，但臺獨分子把「臺灣意識」從「大中國意識」中抽離出來，並且將兩者加以對立，形成「臺灣——中國」的衝突對立。按照臺獨分子的「國家建構理論」，他們就是要培養一種臺灣民族主義，並在此基礎上建構「臺灣共和國」。上世紀八九十年代，臺灣的本土化運動高漲，並迅速轉向臺獨運動，民進黨就是在這一過程中迅速崛起的。而李登輝則利用這種力量，從體制內加速瓦解傳統國民黨所代表和堅持的「大中國意識」，推動臺灣社會的本土化轉型。為了對抗大陸的統一訴求，把臺灣從中國分割出去，臺獨分子精心構建起了一套「臺灣主體意識」的理論體

系。從上世紀90年代中期開始，臺灣當局有意地組織一批臺獨學者，建構相關理論體系，再透過當局的宣揚與政策推動，並得到普及化。這其中最典型的代表人物就是杜正勝的「同心圓」理論，以臺灣為中心重新解釋臺灣的歷史。後來杜正勝長期擔任民進黨當局的「教育部長」，在臺灣教育界推行他的臺獨理論體系。民進黨上臺後，大肆推行「去中國化」政策，同時用行政資源強化臺灣人民的「臺灣主體意識」，其影響十分惡劣。

臺獨分子對於如何建構「臺灣主體意識」有著十分明確的認識，他們認為，必須要將臺灣「切離中國，獨自走自己的主體之路」，強調「臺灣意識逐漸取代中國意識，成為臺灣民意的主流」，「臺灣要主體化、一體化，必須『去外來化』」。同時認為，在1990年後，臺灣經過政權的「本土化」、制度的「民主化」，逐漸形成有別於中國大陸的新制度與新政權，人民有了新的生活方式，帶來了新的價值觀，「臺灣主體意識」就是這時候萌芽起來的。[88]2005年前後，臺獨勢力開始大力宣揚「臺灣主體意識」，陳水扁公開強調「臺灣主體意識路線是我們必須堅持的路線」。陳水扁下臺後，在總結他八年執政的政績時說，他最大的成功就是確立了「臺灣主體意識」。2006年一項調查顯示，認同「臺灣前途應由臺灣二千三百萬人民來決定」的「臺灣主體意識」的支持率或認同度達81%。可見，「臺灣主體意識」經過十多年來的社會化和政治化運動，已經深入到臺灣民眾的潛意識中了，很難在短時間內消除。這一具有明顯臺獨傾向的「臺灣主體意識」的存在，是兩岸最終走向統一的巨大障礙，也不利於兩岸關係和平發展，其危害性是十分巨大的。當前臺灣任何政黨都不敢拂逆這種主體意識而行，馬英九的大陸政策就是宣示「以臺灣為主，對人民有利」，本質上，他也是在維護「臺灣主體意識」，不會在這個問題上有什麼太大突破。

從以上的分析可知，「臺灣主體意識」是臺灣社會十多年來逐步

發展演變而形成的一種主流意識，有著深厚的社會基礎。從這個長時段來考察，「臺灣主體意識」在馬英九上臺以來逆勢走強是可以理解的。因為任何一種社會思潮一旦形成，不可能在短期內消失。當前兩岸關係和平發展，有可能在新的時空環境中慢慢地改變「臺灣主體意識」的內涵，起碼弱化它的「反中意識」，但這個過程不可能一蹴而就，甚至在某些時候出現反彈也是完全可能的。這是我們解讀「臺灣主體意識」在兩岸關係和平發展大背景下逆勢走強的一個最為重要的理論背景。

其二，我們認為當前「臺灣主體意識」逆勢走強也是在兩岸關係突飛猛進的大背景下臺灣民意的一種自我保護意識的具體體現。經過幾十年來特別是十多年來兩岸的嚴重對峙，臺灣社會及民眾對大陸有一種天然的敵對和防範心理。這種心理使得臺灣在與大陸交往的時候總是小心翼翼，十分害怕受到傷害。在馬英九上臺以後，由於國共之間已經達成共識，因此馬英九利用國共交流平臺，使得兩岸關係迅速解凍，並取得了異乎尋常的進展。一年多的時間跨越了兩岸60年來的敵對和對立，取得的成果有目共睹。這一方面是順應了時代的需要，是在「補課」，也彌補兩岸十多年來對立所造成的損失，找回臺灣流失的機會。但另一方面，當前兩岸關係和平發展的態勢讓許多臺灣老百姓無法適應，與他們對兩岸關係的記憶和認識發生了很大的落差。因此他們的不安全感迅速上升，這種心理在民調上有所反應。我們試分析以下圖表：

表二　臺灣民眾對兩岸交流開放速度的看法（%）

調查時間	調查機構	對兩岸交流開放速度的看法		
		太快	剛剛好	太慢
2008.3	「陸委會」委託中華徵信所	18.9	40.8	35.2
2008.5	《聯合報》民調中心	9.0	40.0	33.0
2008.5	《中國時報》委託艾普羅民調公司	17.0	32.0	24.0
2008.7	TVBS 民調	22.0	41.0	23.0
2008.8	「陸委會」委託政大選研中心	29.5	40.6	17.5
2008.8	《聯合報》民調中心	31.0	37.0	9.0
2008.10	「陸委會」委託中華徵信所	30.1	38.6	20.5
2008.10	《中國時報》委託艾普羅民調公司	27.9	29.7	9.7
2008.12	「陸委會」委託中華徵信所	37.2	47.5	14.5

從上表可以看出，在2008年5月馬英九就任之前，臺灣民眾對於兩岸交流充滿期待，認為剛剛好和太慢的比率相當大，他們希望馬英九能夠取得突破，改善兩岸關係，許多人認為兩岸交流速度「太慢」。但從5月馬英九就任以來，兩岸談判迅速展開，第一、二次「江陳會談」，兩岸簽訂了一系列協議，大陸觀光客入臺，兩岸交流迅速升溫，許多問題也逐步暴露出來。在這種情況下，許多民眾的不安定全感開始顯露出來，認為兩岸交流「太快」的比率逐步上升。臺灣民意的不安全感主要來自兩個方面：其一，是兩岸交流會不會損害臺灣人民的利益，比如大陸遊客入臺、陸生入臺、陸資入島等等會對臺灣經濟、社會造成什麼樣的影響？老百姓對此無從知曉，因此表現出種種擔憂。其二是對於兩岸交流會不會損害臺灣的主體性，特別是由於綠營支持者對於國民黨的大陸政策天生的就具有很大的不信任感，在臺灣藍綠政治對立的格局下，馬英九的兩岸開放政策很容易被綠營抹黑成「出賣臺灣」，許多民眾不清楚具體狀況，因此也產生對於臺灣前途的焦慮。這兩種情緒會反應在統「獨」傾向的選擇上。其三，當前「臺灣主體意識」逆勢走強也反映了臺灣民眾在兩岸交流大背景下對於自身的政治制度、社會文化以及經濟水平等的認同感和優越感。由

於歷史的原因，兩岸的社會發展程度卻是存在著差距。特別是兩岸的政治制度不同，生活方式等也存在很大區別，臺灣對於中華傳統文化的保護也更完整，這些在兩岸關係和平發展的大背景上是臺灣人民維持其自身的自信心和優越感的一些重要載體。隨著兩岸統「獨」鬥爭的暫時弱化，兩岸的制度競爭將逐步上升為主要矛盾。臺灣民眾對於自己政治制度、生活方式等的認同，在兩岸大交流的背景下反而可能強化。因為透過交流在增進兩岸民眾相互瞭解的同時，也可能使相互間的差異性表現得更明顯，這也可能強化臺灣民眾對於自身的認同感和歸屬感。這種情緒也會在統「獨」民意上表現出來。

三、幾點結論

透過以上的分析，我們應當明確以下一些基本認識：

首先，「臺灣主體意識」是一種具有特殊歷史背景的社會現象，並且已經成為臺灣社會的主流意識，這種社會意識不可能在短期內改變。在當前的臺灣政治氛圍下，任何政治勢力和政治人物都不敢違背「臺灣主體意識」，因此我們不能指望馬英九當局會主動改變「臺灣主體意識」，相反，馬當局還可能利用這種「主體意識」作為與大陸討價還價的政治籌碼。

其次，「臺灣主體意識」有其形成的歷史背景，它經過臺獨勢力的精心塑造，而成為臺獨生存的社會土壤，但畢竟「臺灣主體意識」還不能完全等同於臺獨意識。我們應該認識到「臺灣主體意識」也是可以積極引導和重新塑造的。因為臺獨勢力在塑造「臺灣主體意識」的過程中充滿了歪曲和偏見，我們現在只要恢復臺灣和中國大陸的歷史及文化、血緣聯繫就能夠消解臺灣對中國大陸的敵意和仇視，並最終將臺灣融入到近代中國民族國家的建構歷程中來。因此，現在我們在這個問題上是可以作為並且要積極作為的，但這種改變也絕不是一

朝一夕之功。

第三，當前臺灣統「獨」民意逆勢發展並不能證明兩岸關係和平發展的大方向錯了，而只能看作是在兩岸關係發生巨大變化之後，臺灣民眾對於未來疑慮的情緒化反應。隨著兩岸關係和平發展的深入，這種情緒化的反應是可以恢復正常的。因此，當前我們要繼續推動兩岸關係和平發展，推動兩岸的大交流、大融合，建立各種穩定的交流制度，構建兩岸關係和平發展架構，使兩岸關係在制度化的軌道上運作，使兩岸關係儘早度過不應期，而走向成熟、穩定的道路。

第四，當前「臺灣主體意識」最主要的體現在於臺灣民眾對於其政治制度、生活方式的堅持，兩岸的統「獨」鬥爭已經轉向政治制度及文化等層面，這對我們提出了新挑戰。

ECFA開啟兩岸合作新時代

2010年6月29日，海協會會長陳雲林與海基會董事長江丙坤在重慶舉行第五次領導人會談，雙方正式簽署了《海峽兩岸經濟合作框架協議》（英文簡稱為ECFA）和《海峽兩岸知識產權保護合作協議》。這將極大地推動兩岸經濟關係正常化、制度化和自由化的進程，是兩岸關係史上具有里程碑意義的重大事件。

一、兩岸商簽ECFA的過程與必要性

兩岸商簽ECFA，從醞釀到逐步落實經歷了一個較長的過程。早在2005年4月，中共中央總書記胡錦濤與時任中國國民黨主席連戰在北京共同發布「兩岸和平發展共同願景」，提出兩黨將共同促進兩岸經濟全面交流，建立兩岸經濟合作機制。

ECFA 開啟兩岸合作新時代

2008年3月臺灣舉行地區領導人選舉，國民黨候選人馬英九、蕭萬長把建立兩岸共同市場，簽署「綜合性經濟合作協議」作為其主要競選政見。馬、蕭當選後，積極兌現選舉承諾，著手在臺灣推動兩岸簽訂綜合性經濟協議的相關作業，卻遭到臺灣反對勢力的強力阻撓。為了化解社會疑慮，馬英九將「綜合性經濟合作協議」重新定調為「兩岸經濟合作架構協議」。

2008年12月31日，胡錦濤在紀念《告臺灣同胞書》發表30週年座談會上發表重要講話指出：我們期待實現兩岸經濟關係正常化，推動經濟合作制度化……兩岸可以為此簽訂綜合性經濟合作協議，建立具有兩岸特色的經濟合作機制。這是大陸首次明確提出兩岸簽署綜合性經濟合作協議的概念，也是對馬英九提議的善意回應。

兩岸領導人在商簽ECFA的問題上取得共識，使兩岸協商ECFA得以順利推進。在海協會、海基會舉行4次正式會談，簽署12項協議，並取得全面實現「三通」等重大成果的基礎上，2009年12月在臺中舉行的第四次兩會會談，同意將商簽ECFA作為第五次兩會會談重點推動的協商議題。兩岸商簽ECFA的進程正式啟動。2010年6月，兩會在臺北舉行了第五次會談預備性磋商會議，確定了協議文本及其中的早期收穫計劃內容，為兩岸最終簽署ECFA做好了準備。

兩岸商簽ECFA從根本上說是兩岸經貿關係發展的歷史必然。30年來，兩岸經貿關係從無到有，從小到大，已發展到相互依存、密不可分的地步。據統計，截至2009年底，兩岸貿易額累計超過9600億美元。大陸已成為臺灣最大的出口市場、順差來源地和投資目的地。到2008年，臺灣也已成為大陸第七大貿易夥伴、第九大出口市場、第五大進口來源地。

兩岸經貿關係雖如此密切，但相當長時期內，特別是李登輝、陳水扁執政時期，受到臺獨政治的嚴重干擾，長期處於間接、單向、局

部的不正常狀態,兩岸也一直無法協商建立制度性的保障平臺。這種狀態與兩岸經貿交流的現實需求格格不入,不僅嚴重影響兩岸經濟合作的進一步深入,也限制了臺灣經濟自身的發展。隨著大陸經濟實力的迅速提升,臺灣當局人為限制兩岸經貿的正常交流,只能導致臺灣在經濟全球化和區域經濟一體化的進程中逐步邊緣化。特別是隨著中國——東盟自由貿易區在2010年1月1日啟動,中國與東盟各國之間的關稅水平大為降低。臺灣面臨極為不利的國際競爭環境。

可見,兩岸簽署ECFA不僅是兩岸經貿關係發展的歷史必然,也是臺灣經濟發展的客觀需求,更是兩岸共同面對經濟全球化和區域經濟一體化挑戰的現實需要。

二、ECFA的特點與重大意義

與其他區域經濟合作協議相比,ECFA具有如下幾個特點:其一,這是一個全面、綜合性的經濟協議。其內容涵蓋了兩岸經濟活動的方方面面,為未來兩岸經濟合作設定了框架和藍圖。其二,這是一個開放、漸進的經濟協議。雙方還需要繼續商簽貨物貿易、服務貿易、投資保障等多個單項協議,逐步豐富和完善協議的具體內容。第三,這是一個具有鮮明的兩岸特色的經濟合作協議。大陸本著兩岸是「同胞兄弟」的宗旨,在談判過程中對臺充分「讓利」,無論是早期收穫計劃方面,還是對臺灣弱勢產業、中小企業的照顧方面,大陸都作出了儘可能的讓步,充分體現了大陸的善意與誠意。

ECFA作為一項充分兼顧兩岸特色,全面推進兩岸經濟深入合作的特殊制度安排,它為兩岸經濟合作制度化提供了一個平臺。ECFA的簽署代表著兩岸經濟關係進入制度化合作的新階段,開啟了兩岸交流合作的新時代,表明兩岸構建和平發展框架首先在經濟領域取得重大進展。

首先，ECFA的簽署將極大地促進兩岸經濟關係正常化、經濟合作制度化的進程。協議的實施將逐步消除兩岸貿易壁壘、合理配置資源、拓展合作領域，代表著兩岸經濟關係進入穩定運行與不斷深化的成熟期，有助兩岸建立投資雙向化、形態多元化、產業鏈合作化的新模式。

其次，ECFA的簽署有利於兩岸經濟共同提升競爭力。當前世界經濟在金融危機衝擊下面臨著深刻變革。大陸面臨的主要任務是轉變經濟發展方式，臺灣也面臨著經濟轉型升級的壓力。ECFA的簽署，能夠加速推進兩岸經濟的整合，促進兩岸形成更合理的產業布局和更有效的資源配置方式，從而使兩岸經濟最大限度地實現優勢互補、互利雙贏，提升兩岸經濟競爭力，攜手應對日趨激烈的國際競爭。未來「兩岸聯手賺世界的錢」將成為現實。

其三，ECFA的簽署將使兩岸經濟迎來大交流、大合作、大發展的新時代。ECFA簽署後，兩岸經濟交流中的一些制度性障礙將逐步清除，兩岸的人流、物流、資金流將實現自由流動。這將釋放兩岸經貿關係的巨大潛力，兩岸經貿合作將迎來一個新的發展高潮。

其四，兩岸簽署ECFA將為臺灣經濟注入源泉活水，為臺灣經濟發展提供新的動力。一方面，臺灣經濟將走出過去10年來僵化封閉的死胡同，並借助大陸市場重新布局，提升臺灣經濟的競爭力。另一方面，臺灣可以借助ECFA應對東亞經濟一體化可能帶來的衝擊，有利於臺灣融入東亞經濟一體化進程，避免陷入邊緣化。馬英九說，兩岸簽署ECFA等於「打通臺灣經濟的任督二脈」，這形象地說明了ECFA對於臺灣經濟的重要意義。

此次同時簽署的《海峽兩岸知識產權保護合作協議》，事實上是《海峽兩岸經濟合作框架協議》的一個有機組成部分。海協會常務副會長鄭立中認為，這份協議既立足當前，有效解決商標搶注、專利仿

冒、網絡盜版等急迫問題，又著眼未來，將提升兩岸知識產權的創新、應用、管理及保護，更好地推動兩岸經濟文化交流。

當然，兩岸簽署ECFA也將對兩岸某些產業造成衝擊。對於這些產業，需要採取相關配套措施，為其轉型升級提供服務保障。兩岸經濟在進行產業分工與合作時，也存在利益衝突與競爭。如何進行有效協調，防止局部的利益競爭影響兩岸關係大局，也將是一個需要應對的挑戰。

三、全面推動落實ECFA任重道遠

ECFA的簽署既是一個終點，更是一個全新的起點。ECFA只是為兩岸經濟合作建立了一個框架。除早期收穫計劃外，具體內容還需要透過後續談判，逐一簽署單項協議來補充和完善。因此，兩岸後續圍繞ECFA的談判依然任重道遠。推動ECFA的具體實施，需要做好如下一些工作：

首先，兩岸需要盡快批準ECFA，以使該協議早日生效，儘早使兩岸產業和民眾受益。由於民進黨的阻撓，馬英九當局最緊迫的任務，就是讓該協議盡快在臺灣最高民意機關獲得通過。

其次，兩岸將聯合組建「兩岸經濟合作委員會」，以處理未來協議的執行、監督、爭端解決和後續單項協議的協商等各項事宜。這對推進兩岸經濟合作具有重大作用和長遠影響。

第三，兩岸需要按照協議的規定，盡快修訂相關配套政策及措施，以確保早期收穫計劃盡快實施，為ECFA的進一步落實提供良好的示範效應。

第四，兩岸需加強對各自民眾的政策宣傳和解讀，讓更多民眾認識、理解、支持ECFA，使ECFA獲得更為廣泛的群眾基礎。這一點對

臺灣方面顯得尤為重要。

第五，兩岸要抓住機遇加快各自產業結構的調整步伐，推動相關產業的轉型升級，為下一步兩岸進行全面、深入的經濟合作打下堅實基礎。

總之，ECFA作為一個框架協議，要全面落實並發揮作用還有大量的工作要做，兩岸必須共同努力，互諒互讓，著眼長遠，平等協商，以保證這項協議能夠真正造福兩岸人民，增進中華民族的整體利益。

兩岸民間交流步入「共同生活」新階段

一、兩岸關係和平發展帶來兩岸人民大交流

自1987年臺灣當局被迫開放民眾赴大陸探親以來，兩岸民間交流從小到大，逐步彙集成一股不可阻遏的歷史潮流，成為推動兩岸關係不斷向前發展的重要力量。但是，由於眾所周知的原因，兩岸交流長期處於單向、間接、局部的非正常狀態。尤其是民進黨執政期間的一些不得人心的政策，一度使兩岸關係瀕臨危機的邊緣。

2008年3月，國民黨重新上臺執政，兩岸關係也因此迎來新的發展契機。兩岸之間很快恢復了海協、海基兩會的協商談判，在短短兩年多的時間裡，兩會先後舉行了5次協商談判，簽訂了14項協議，達成了兩項共識。從開放大陸觀光客入臺及週末包機正常化，到兩岸「三通」的全面實現，再到2010年6月29日兩會簽訂《海峽兩岸經濟合作框架協議》（ECFA），14項協議就像14條高速公路，使兩岸的連接之路頓時暢通。尤其是「大三通」的實現、ECFA的簽署，堪稱兩岸關係史上的兩座里程碑，極大地方便了兩岸交流及人員往來，將對兩岸關係的和平發展產生深遠影響。

與此同時,兩岸有關方面還積極採取措施,進一步消除兩岸人員往來和各項交流中的障礙,為兩岸交流交往的擴大和深化提供了有力的支持。如大陸方面調整和簡化大陸居民應邀赴臺審批管理程序,向臺胞開放多項專業技術人員資格考試,等等。臺灣方面也正在推動落實包括開放大陸學生入島就學、承認大陸學歷、開放大陸遊客自由行等等一系列政策。政策環境的不斷優化,極大地方便了兩岸人民的交流交往。近兩年來,兩岸人員往來規模繼續擴大,特別是大陸居民赴臺呈現激增趨勢。據臺灣觀光部門推估,2010年全年赴臺大陸旅客可望達到150萬人次。可以說,兩岸人民大交流的局面基本形成。

為更進一步推動兩岸民間交流向縱深發展,中央適時出臺新的戰略舉措。2009年5月14日,國務院正式公布了《關於支持福建省加快建設海峽西岸經濟區的若干意見》,將海西經濟區定位為兩岸人民交流合作的先行先試區域,並在原海西論壇的基礎上升格舉辦海峽論壇。海峽論壇是為促進兩岸民間交流而搭建的一個平臺,它具有鮮明的民間性、大眾性、廣泛性。上萬名臺灣民眾參與,來自兩岸的基層民眾在論壇上互動交流,彼此瞭解,成為論壇的主角,這預示著兩岸民間交流已經不斷深入到社會生活層面。

二、兩岸民間交流正逐步構建兩岸「生活共同體」

兩岸「生活共同體」是近年來有學者針對兩岸民間交流大發展的具體情況而提出的一個新概念。它是指兩岸同胞透過實實在在的社會生活來用心經營,彼此感受到作為「兩岸一家」的溫馨、和諧與幸福。兩岸「生活共同體」與兩岸「命運共同體」一脈相承,但它又更世俗化和大眾化,因而更容易成為兩岸普通民眾的自覺行為。

兩岸民眾「共同生活」新階段的到來,是兩岸民間交流不斷深入、細化的結果,也是兩岸關係日益走向成熟的具體表現。

近兩年來,由於兩岸交流政策環境的不斷優化,交流條件的不斷改善,兩岸民眾交流的規模日益擴大,內容日益豐富和深化,從而推動兩岸「生活共同體」逐步成為現實。

首先,兩岸民眾的交流交往日益密切,往來交通日益便捷,交流規模日益擴大,兩岸社會已經逐步形成了你中有我、我中有你的人際網絡。全面「三通」的實現,讓「兩岸一日生活圈」成形。兩岸民眾交流交往的政策環境不斷優化,臺灣同胞在大陸的學習、工作、投資等越來越便利,大陸同胞入島觀光、投資、就學等也已經或者即將成為現實。兩岸民眾的這種緊密聯繫,為兩岸「生活共同體」的形成創造了條件。

其次,兩岸經濟關係逐步實現正常化、制度化,經濟交往密切,相互依存度加深,兩岸民眾的共同利益關係也逐步加深。海協、海基兩會所簽訂的14項協議將兩岸經濟關係帶入制度化合作的新紀元,兩岸已形成密不可分的利益共同體。此外,海峽西岸經濟區上升為國家戰略,海峽論壇的舉辦,將充分發揮閩臺之間的「五緣」優勢,加強兩岸民間的融合,使兩岸「生活共同體」率先在海西地區成為現實。

第三,隨著兩岸民眾交流交往的日益密切,利益聯結的逐步加深,兩岸民眾的「心靈相通」也進入了加速期。「人之相知,貴在知心」。兩岸同根同祖同源,這種歷史文化聯繫是兩岸關係最為牢固的精神紐帶。隨著兩岸交流的深入,許多共同歷史文化記憶也被喚起,臺灣青年廖信忠的《我們臺灣這些年》,在兩岸讀者中引起廣泛迴響。兩岸媒體的溝通互動也日益加強,報導更為全面客觀,有利於引導兩岸民眾重新審視和認識對方。

三、繼續推動兩岸民間交流走向深入

兩岸民間交流始終是兩岸關係中最具活力的部分。30多年來，兩岸關係每向前推進一步，都無不得益於兩岸民間交流的不斷突破與創新。然而我們也應當看到，兩岸民間交流進一步發展的空間還很大，兩岸之間還存在許多限制兩岸民眾正常交流的制度障礙，比如承認大陸學歷，開放陸生、陸資入島，開放大陸觀光客自由行等有待突破。另外，雖然兩岸民眾往來日益便捷、密切，但迄今為止還有多數臺灣同胞沒有來過大陸。推動和吸引更多的臺灣同胞，特別是臺灣中南部同胞到大陸參觀訪問，增加與大陸同胞的直接接觸，有利於增進彼此的瞭解，從而消除部分臺灣同胞對大陸的隔閡與誤解。

　　兩岸關係的轉變，根基在民間，動力在人民。正如中共中央政治局常委、全國政協主席賈慶林在首屆海峽論壇的講話中所指出，今後，在兩岸關係向前發展的道路上，兩岸雙方還要協商解決許多經濟文化問題，乃至要逐步破解政治難題。這一過程能否順利，能否取得實際成果，還取決於兩岸民眾怎麼看、怎麼想、怎麼做。

　　顯然，當前兩岸民間交流要在現有成果的基礎上，繼續向前推進，進一步走向深入，為兩岸關係的和平發展提供更堅實的民意基礎，為未來兩岸破解政治難題創造更為有利的條件。推動兩岸民間交流任重道遠！

[1]主要代表人物有陳其南和他的導師李亦園、王松興教授以及莊英章等。與此相對應的還有所謂「內地化」派，主要以李國祁為代表，他們認為臺灣社會在清代的發展趨勢是不斷「內地化」。大陸學者陳孔立對這兩派的觀點曾有評議。見陳孔立著《清代臺灣社會發展的模式問題——評「本土化」和「內地化」的爭論》，載《臺灣研究十年》，陳孔立主編，廈門大學出版社，1990年版。

[2]施明輝：《臺灣意識論戰選集》，臺灣前衛出版社，1988年版，第10頁。

[3]見陳孔立：《清代臺灣社會發展的模式問題——評「本土化」和「內地化」的爭論》。

[4]連橫：《臺灣通史·獨立紀》，中華書局，1995年版。

[5]劉國深教授也認為應當始於1895年。劉國深著《試論百年來「臺灣認同」的異化問題》，載《臺灣研究集刊》1995年第3期。

[6]以上參考了徐博東教授的部分觀點。見《小悲情無視大悲情——析臺獨產生與發展的歷史根源》，收入徐博東著《透析臺灣民進黨》，臺海出版社，2003年7月出版。

[7]關於近代中華民族國家觀念的形成問題可具體參見黃興濤《現代「中華民族」觀念形成的歷史考察——兼論辛亥革命與中華民族認同之關係》，《浙江社會科學》，2002年第1期。此外作者還有多篇文章討論近代「中華民族國家觀念」的形成問題。一般認為近代中華民族國家觀念的形成發端於甲午中日戰爭之後，經過清末立憲運動，到辛亥革命初具雛形，此後經歷五四運動的洗禮，到抗日戰爭最終形成了「中華民族」這一國族認同。可見，臺灣人民正是在中華民族國家觀念形成的關鍵時期游離於中國歷史的演進之外，這種歷史的缺位對於臺灣民眾國家認同所造成的後果是應當有清醒估計的。

[8]關於近代臺灣人民反日運動中所表現出的民族認同意識莫世祥先生有過很好的論述,可具體參看《臺灣近代反日獨立運動中的國家認同問題》一文,《臺灣研究集刊》,1995年第2期。

[9]1944年3月,蔣介石下令成立臺灣調查委員會,為戰後接受臺灣進行準備工作,陳儀被指派為主任委員。臺灣調查委員會成立後進行了大量的工作,包括編輯臺灣資料,訓練各類專業人才,制定接收後的統治政策等等。這些工作有些是成功的,但有些是比較脫離臺灣實際情況的,特別是政策的制定方面,就沒有充分考慮臺灣社會的民意,這些政策設計的失誤,成為「二二八」事件爆發的一大誘因。詳見白純:《簡析抗戰時期的臺灣調查委員會》,《江海學刊》,2005年第1期。

[10]戴國輝:《臺灣結與中國結——睪丸理論與自立‧共生的構圖》,臺灣遠流出版事業股份有限公司,1994年版,第30頁。

[11]轉引自林震:《論臺灣民主化進程中的國家認同問題》,《臺灣研究集刊》,2001年第2期。

[12][日]若林正丈:《分裂國家與民主化》,臺灣月旦出版社,2000年版,第8頁。

[13]一說四次收復臺灣,即加上明萬曆三十年(1602年),明將沈有容入臺平定倭寇之戰,但此次規模太小,且其意義無法和後三次相提並論,此文取三次之說。

[14]關於如何看待鄭成功的抗清事跡,學術界有過一些爭議。一段時期以來,一些學者為了強調康熙收復臺灣的正當性而對於鄭成功的抗清事跡採取迴避、貶低甚至抹殺的態度,我們認為這是不對的。其實,鄭成功的抗清和驅荷復臺是不可分割的統一體,收復臺灣是從屬於抗清事業的。這兩件事都是鄭成功的光輝業績,沒必要為了凸現康

熙統一臺灣的正當性而貶低鄭成功抗清事業的意義。事實上，鄭成功與滿清勢力作為明末清初爭奪對中國統一主導權的兩股政治勢力，他們之間的鬥爭不存在誰褒誰貶的問題。只是後來鄭氏政權蛻變成偏安割據政權，而清政府基本完成對全國的統一大業之後，康熙收復臺灣的正當性才凸現出來。這其中有一個轉化的過程，是需要研究者加以注意的。

[15]關於鄭成功收復臺灣的具體過程可以參考鄧孔昭《鄭成功收復臺灣的戰略運籌》等文，收入鄧孔昭著《鄭成功與明鄭臺灣史研究》，臺海出版社，2000年版。

[16]關於清政府對鄭氏集團的招降政策和清與明鄭之間的和談過程可以具體參看鄧孔昭《清政府對鄭氏集團的招降政策及其影響》、《論清政府與臺灣鄭氏集團的談判和「援朝鮮例」問題》，均收入《鄭成功與明鄭臺灣史研究》，臺海出版社，2000年版。

[17]見陳昭瑛：《當代儒學與臺灣現代化運動》，《當代儒學論集：挑戰與回應》，劉述先主編，臺北市，中研院文哲所，1995年。

[18]黃俊杰：《儒家思想與戰後臺灣：回顧與展望》，收入黃俊杰、賴澤涵合編《光復後臺灣地區發展經驗》，中央研究院中山人文社會科學研究所，1991年10月。

[19]見陳昭瑛：《論臺灣的本土化運動：一個文化史的考察》，《中外文學》月刊，1995年2月。

[20]陳映真：《臺灣的文化人需要反省》，載《南方週末》，2004年3月18日。

[21]連橫：《臺灣通史·獨立紀》。

[22]陳仁端：《海峽兩岸關係與臺灣本土化運動》，載中國網，http：//www.china.org.cn/chi-nese/zhuanti/13lagxyth/657263.htm。

[23]以上內容轉引自陳仁端《海峽兩岸關係與臺灣本土化運動》。

[24]顧炎武：《日知錄》，「正始」條。

[25]黃俊杰：《論「臺灣意識」中「文化認同」與「政治認同」的關係》，收入《臺灣意識與臺灣文化》，臺北，臺大出版中心，2006年版。

[26]彭明敏：《自由的滋味》，臺北，前衛出版社，1988年版，第281頁。

[27]黃俊杰：《戰後臺灣文化中的儒家思想：存在形式、內涵與功能》，收入《臺灣意識與臺灣文化》，臺北，臺大出版中心，2006年版。

[28]相關批評材料可參見王仲孚編：《為歷史留下見證——〈認識臺灣〉教學參考文件新編》，海峽學術出版社，2001年出版。

[29]《歷史教育要如何鬆綁》，載《聯合報》，1995年1月23日。

[30]可具體參見王仲孚《臺灣中學歷史教育的大變動：歷史教育論集二編》中「有關國中〈認識臺灣〉課程的討論」、「論所謂同心圓教學」等篇章。《臺灣中學歷史教育的大變動：歷史教育論集二編》，海峽學術出版社，2005年3月版。

[31]臺灣出版的有《為歷史留下見證：〈認識臺灣〉教科書參考文件新編》（王仲孚編，海峽學術出版社2001），大陸出版的有《〈認識臺灣〉教科書評析》，廈門大學臺灣研究院編，九州出版社，1999年版等。

[32]可參見王仲孚《高中歷史課程綱要草案何以如此荒謬》，收入王仲孚著《臺灣中學歷史教育的大變動：歷史教育論集二編》。

[33]《郝柏村：正視中學史地課本》，載（臺）《聯合報》，2012

年2月21日。

[34]《郝柏村籲臺灣教科書正視歷史引臺各界不吐不快》，載《人民日報海外版》，2012年2月28日。

[35]如王仲孚：《臺灣中學歷史教育的大變動：歷史教育論集二編》、《為歷史留下見證——〈認識臺灣〉教科書參考文件新編》，分別為海峽學術出版社，2005、2001年出版；廈門大學臺灣研究院編《〈認識臺灣〉教科書評析》，九州出版社，1999年版；李理：《教育改造與改造教育——「教育部」審定高中臺灣史課程綱要及教科書研究》，海峽學術出版社，2010年版；郭譽孚：《應以史實更正教科書的相關論述》，海峽學術出版社，2010年版等。

[36]倪永杰先生《民進黨二次轉型初探》比較詳細地討論了民進黨二次轉型的動因、主要內容及受挫原因問題，可具體參看。《民進黨二次轉型初探》，《華東理工大學學報》（社會科學版），2003年第3期，第111—115頁。

[37]徐博東教授認為，民進黨逐步演化為臺獨黨大致經歷了四個階段：「住民自決論」階段；「有條件主張態度論」階段；「事實主權獨立論」階段；「臺灣共和國」階段。具體參見《論民進黨的質變——過程、原因及其影響》，收入徐博東著《透析臺灣民進黨》，臺海出版社，2003年出版，第41—74頁。

[38]筆者認為，所謂「臺灣主體性意識」是臺灣特殊的歷史經歷與現實政治相互糾纏、共同作用的結果，臺灣由於在近代經歷了50年的殖民統治，並且隨後又經歷了「二二八」事件及1950年代初白色恐怖統治的巨大挫折，使得臺灣民眾產生了十分複雜的歷史心態。而在臺灣社會轉型的過程中，這種歷史心態被某些政治勢力加以塑造、利用，從而形成了具有某種獨立傾向的「臺灣主體性意識」。

[39]按照美國學者魯斯托（Dankwart A·Rustow）的觀點，發展中國家進行民主轉型的唯一前提條件是「國家統一」。因為只有一個國家的全體人民對其所從屬的政治體制具有高度的認同感，這樣才能保證一個國家在「當時多數」（temporary majorities）統治的民主制度下「國家領土疆界的穩固和國民構成的延續性」。見Dankwart A·Rustow：「Transitions to Democracy：Towatd a Dynamic Mod-el」，in Lisa Anderson（ed·），Transitions to Democracy， Columbia University Press， New York，1999，p26.而臺灣恰恰在國家認同問題上存在著先天不足，這是造成臺灣民主化過程中種種亂象的重要根源。這種困境同樣體現在民進黨自相矛盾的政黨定位中。

[40]（臺灣）《聯合報》，2001年10月21日。

[41]林勁：《評析民進黨執政之後政黨轉型的兩項舉措》，《臺灣研究集刊》，2002年第3期，第58頁。

[42]陳水扁在2000年5月20日就職演說中承諾，「本人保證在任期之內，不會宣布獨立，不會更改國號，不會推動兩國論入憲，不會推動改變現狀的統獨公投，也沒有廢除國統綱領和國統會的問題。」這即是所謂「四不一沒有」的承諾。

[43]此是臺灣前「陸委會」副主委陳明通先生對陳水扁當局大陸政策的概括。陳明通：《中國（實指臺灣地區）大陸政策的檢討與前瞻》，未刊論文。

[44]胡錦濤總書記在2005年3月4日就新形勢下發展兩岸關係提出四點意見，在第一點「堅持一個中國的原則絕不動搖」中對此有明確表態。在2005年5月與親民黨主席宋楚瑜先生的會面中又再次重申此一立場。

[45]其中國民黨14席，親民黨、新黨、無黨籍各1席。以無黨籍身

分參選而勝出的臺東縣長吳俊立因涉嫌貪瀆被判刑而遭停職。在補選中，其前妻鄺麗貞以國民黨籍候選人身分當選。

[46]http：//www.stats.gov.cn/tjgbndtjgb/qgndtjgb/t20060227-402307796.htm，中國國家統計局《中華人民共和國2005年國民經濟和社會發展統計公報》，其中大陸從臺灣進出口額分別為747億美元和165億美元。

[47]具體參看徐博東：《民進黨臺獨轉型之困》，《透析臺灣民進黨》，臺海出版社，2003年版，第213—225頁。

[48]《蔡英文：保護主權團結人民為前提朝野對話》，（臺灣）「中央社」，2008年11月9日電。

[49]《民進黨擬增社運部519全面體檢馬政府》，（臺灣）「中央社」，2009年2月1日電。

[50]徐博東、郭慶全編著：《近十年來民進黨大陸政策大事記》（下），海峽出版社，2011年5月出版，第512頁。

[51]《近十年來民進黨大陸政策大事記》（下），第535頁。3月29日，蔡英文談話。

[52]《近十年來民進黨大陸政策大事記》（下），第538頁。4月8日，民進黨政策會副執行長劉建忻談話。

[53]《近十年來民進黨大陸政策大事記》（下），第543頁。5月2日，蔡英文談話。

[54]臺北，聯合新聞網，4月25日。

[55]「再執政，延續前朝兩岸政策」，《蘋果日報》專訪，2010年9月18日。

[56]《近十年來民進黨大陸政策大事記》（下），第537頁。11月

30日，蔡英文談話。

[57]「放眼2012『大選』民進黨智庫興起大陸議題研究」，華夏經緯網，http：//www.huaxia.com/xw/twxw/2010/12/2222330.html。

[58]「府黨問小英是否支持九二共識」，（臺灣）「中央社」，2010年12月27日。

[59]《美官員：奧巴馬政府擔心蔡英文當選會與大陸緊張》，環球網，2011年9月16日。

[60]《蔡英文：中華民國就是臺灣》，（臺灣）「中央社」，2011年10月8日。

[61]《蔡：勝選成立兩岸對話工作小組》，（臺灣）「中央社」，2011年12月2日。

[62]《近十年來民進黨大陸政策大事記》（下），第543頁，蔡英文談話。

[63]比較有代表性的文章有嚴安林《蔡英文的兩岸政策論述及其困境》，載《中國評論》，2011年6月號。邵宗海《剖析蔡英文的「中國政策」》，載《中國評論》，2011年11月號。

[64]《近十年來民進黨大陸政策大事記》（下），第538頁。4月8日，民進黨政策會副執行長劉建忻談話。

[65]《蔡英文：不要「一中」底下的中華民國》，「中評社」臺北2011年10月17日電。

[66]《蔡英文：中華民國是流亡政府》，《自由時報》，2010年5月26日。

[67]「中評社」臺北2011年2月23日電。蔡英文在民進黨智庫成立儀式上的講話。

[68]本文與徐博東教授合作完成。

[69]《馬王配？綠委：王金平有十足把握讓馬選不下去》，鳳凰網，2007年3月8日。

[70]石之瑜：《陳水扁不必再挨子彈，將迎春暢笑？》，中國評論新聞網，2007年3月8日。

[71]相關報導可見《破局不在有無傳話 關鍵還在馬英九》，香港《中國評論新聞》，2007年3月12日。

[72]《臺灣關係法》第二條（B）3款。

[73]《臺灣關係法》第二條（B）4款。

[74]見中美1982年「八一七公報」第四、五款。

[75][美]茲比格紐·布熱金斯基：《大棋局——美國的首要地位及其地緣政治》，中國國際問題研究所譯，上海人民出版社，1997年版，第86頁。

[76]Robert B.Zoellick,「Whither China：From Membership to Responsibility？」Remarks to National Committee on U.S.China Relations on September 21，2005，http：//www.state.gov/s/d/rem/53682.htm；Pual Kelly,「US Seeks New Path to China,」Australian, December 10，2005。

[77][日]若林正丈：《分裂國家與民主化》，臺灣月旦出版社，2000年版，第8頁。

[78]轉引自吳玉山：《臺灣的大陸政策：結構與理性》，收入《爭辯中的兩岸關係理論》，包宗和、吳玉山主編，臺灣五南圖書出版公司，2004年出版，第180頁。

[79]轉引自吳玉山：《臺灣的大陸政策：結構與理性》，收入《爭

辯中的兩岸關係理論》，包宗和、吳玉山主編，臺灣五南圖書出版公司，2004年出版，第181—182頁。

[80]2006年陳水扁在元旦講話中將此政策調整為「積極管理，有效開放」，但從政策的具體執行來看，其實並沒有採取更多的經貿緊縮政策。

[81]關於美國國會在臺灣問題上扮演的重要作用，可以參看孫哲主編《美國國會與臺灣問題》，此書對此有深入的討論。復旦大學出版社，2005年版。

[82]http：//www.fapa.org/TaiwanCaucus/SENATE/index.html。

[83]楊開煌：《出手——胡政權對臺政策初探》，臺灣海峽學術出版社，2005年版，第83頁。

[84]「九二共識」的基本精神就是在雙方都承認「一個中國」原則的基礎上，對於「一個中國」的具體內涵在表述上保留了一定的模糊空間。

[85]見臺灣「陸委會」民調，2008年11月8日。

[86]臺灣「中央社」，臺北23日電，2008年10月。

[87]見「陸委會」，《2008年兩岸關係各界民意調查綜合分析》。

[88]詳見李永熾等編著：《臺灣主體性的建構》，臺灣允晨文化出版社，2004年6月出版。

國家圖書館出版品預行編目(CIP)資料

大陸角度思考下的臺灣問題和平發展 / 胡文生 著. -- 第一版.
-- 臺北市：崧燁文化，2019.01

　面；　　公分

ISBN 978-957-681-684-0(平裝)

1.臺灣問題 2.臺灣政治

573.09　　　　107022177

書　　名：大陸角度思考下的臺灣問題和平發展
作　　者：胡文生 著
發行人：黃振庭
出版者：崧燁文化事業有限公司
發行者：崧燁文化事業有限公司
E-mail：sonbookservice@gmail.com
粉絲頁　　　　　　網　址：
地　　址：台北市中正區重慶南路一段六十一號八樓 815 室
8F.-815, No.61, Sec. 1, Chongqing S. Rd., Zhongzheng
Dist., Taipei City 100, Taiwan (R.O.C.)
電　　話：(02)2370-3310　傳　真：(02) 2370-3210
總經銷：紅螞蟻圖書有限公司
地　　址：台北市內湖區舊宗路二段 121 巷 19 號
電　　話：02-2795-3656　傳真：02-2795-4100　網址：
印　　刷：京峯彩色印刷有限公司（京峰數位）

　　本書版權為九州出版社所有授權崧博出版事業股份有限公司獨家發行電子書繁體字版。若有其他相關權利及授權需求請與本公司聯繫。

定價：500 元

發行日期：2019 年 01 月第一版

◎ 本書以POD印製發行